DAS INTELLIGENTE INTERFACE

Neue Ansätze für die Entwicklung interaktiver Benutzerschnittstellen

Jef Raskin

 ADDISON-WESLEY

An imprint of Pearson Education

München • Boston • San Francisco • Harlow, England
Don Mills, Ontario • Sydney • Mexico City
Madrid • Amsterdam

Die Deutsche Bibliothek – CIP-Einheitsaufnahme

**Ein Titeldatensatz für diese Publikation ist bei
Der Deutschen Bibliothek erhältlich**

Die amerikanische Originalausgabe trägt den Titel: The Humane Interface.
© 2000 by ACM Press, A Division of the Association For Computing Machinery, Inc. (ACM)

10 9 8 7 6 5 4 3 2 1

03   02   01   01

ISBN 3-8273-1796-7

© 2001 by Addison-Wesley Verlag,
ein Imprint der Pearson Education Deutschland GmbH
Martin-Kollar-Straße 10–12, D-81829 München/Germany
Alle Rechte vorbehalten

Einbandgestaltung: Helmut Kraus, Düsseldorf
Übersetzung: Gabriele Broszat, München
Lektorat: Klaus Hofmann, khofmann@pearson.de
Herstellung: Anna Plenk, aplenk@pearson.de
Satz: mediaService, Siegen
Druck und Verarbeitung: Media Print, Paderborn

Printed in Germany

Inhaltsverzeichnis

Vorwort

*Ich weiß nicht, wie viel Zeit bei Computerprojekten damit
zugebracht wird, die Ausrüstung zum Laufen zu bringen, aber
wenn ich einen Gärtner hätte, der so viel Zeit mit der Reparatur
seiner Schaufeln zubringt wie wir mit der Instandsetzung unserer
Computer, dann würde ich ihm eine gute Schaufel kaufen. Eine
gute Schaufel ist wenigstens zu haben.*

— Erasmus Smums

Eine Oberfläche zu entwerfen ist ein bisschen wie ein Haus zu bauen: Wenn das
Fundament nicht solide ist, kann keine noch so schöne Gestaltung diesen struk-
turellen Schaden wieder beheben. In dem Buch *Interface-Design* sollen jene Aspekte beleuchtet werden, die das Fundament einer erfolgreichen oder fehlge-
schlagenen Zusammenarbeit zwischen Mensch und Computer sind. Eine
Erkenntnis aus der vorliegenden Untersuchung lautet: Die heutigen grafischen
Benutzeroberflächen, wie sie von den Betriebssystemen Windows und Macintosh sowie den zugehörigen Anwendungsprogrammen angeboten werden, sind
schon an sich mangelhaft. Wenn Computer zu den erfreulichen Gegenständen
unseres Alltags gehören und Benutzer damit produktiver umgehen sollen, ist ein
anderer Ansatz dringend geboten. Dieses Buch deckt einige typische Fehler von
Benutzeroberflächen auf und bietet Alternativen an.

Die hier beschriebenen Techniken gelten zwar für ein großes Spektrum an
Produkten – Websites, Anwendungssoftware, Handheld-Datenverwaltungen,
andere informationsverarbeitende Anwendungen und Betriebssysteme –, dennoch soll dieses Buch kein Überblick über den Bereich Mensch und Maschine
unter dem Aspekt des Oberflächendesigns sein. Vielmehr streckt dieses Buch
seine Fühler in neue Richtungen aus und nimmt dabei natürlich das bereits eta-
blierte Oberflächendesign als Ausgangsbasis für die Entwicklung neuer Ideen.
Wenn wir die vorhandenen Probleme an den heutigen Schnittstellen zwischen
Mensch und Maschine lösen möchten, müssen wir die Lehren aus diesem Buch
verstehen – doch dies allein genügt nicht. Viele wichtige Aspekte zum Themen-
bereich des interaktiven Designs werden hier nicht behandelt, denn es gibt
bereits aufschlussreiche Literatur darüber. Dieses Buch soll eine Ergänzung –
oder ein verlängerter Arm in die Zukunft – für den Umgang mit dem Interface-
Design sein.

Zielpublikum dieses Buches sind:

• Webdesigner und Manager, die ihre Sites mit einer besonders komfortablen Bedienerführung ausstatten möchten, um das Publikum anzusprechen, den Kunden die gewünschten Informationen zu liefern und die Kaufentscheidung zu erleichtern.

• Produktdesigner und Product Manager, die Websites oder Produkte entwickeln, um damit neue Kunden zu gewinnen und sich alte Kunden zu erhalten, und dafür einfach zu bedienende und verständliche Anwendungen bereitstellen und ein hochrangiges Instrumentarium für die Zukunft bieten möchten.

• Manager aus großen Unternehmen, die mit vollem Recht die Herstellung von Produkten mit geringen Kundendienst- und Wartungsanforderungen fordern.

• Programmierer, die Interface-Designs entwickeln – welcher Programmierer tut das heutzutage nicht – und mehr über jene Faktoren wissen möchten, die zu sinnvollen Ergebnissen ihrer Arbeit führen.

• IT(Informationstechnologie)-Manager, die wissen müssen, welche Interface-Funktionen die Kosten für Schulungen minimieren und welche Interface-Designs dazu geeignet sind, die Produktivität zu steigern.

• Verbraucher, die erfahren möchten, worauf sie in Zukunft im Umgang mit dem Computer und anderen Geräten hoffen können und was am heutigen Softwaredesign falsch ist.

• Studenten aus dem Bereich der Informatik und der erkenntnistheoretischen Psychologie, die verstehen wollen, was sich hinter der Methodik des Interface-Designs verbirgt.

Und schließlich ist dieses Buch für all jene gedacht, die den Gedanken ertragen können, dass sie nach der Lektüre von *Interface-Design* nie wieder eine Oberfläche mit denselben Augen betrachten wie vorher.

Danksagung

Freundlicher Rat verhindert viele Feinde.

— *William Shakespeare (König Heinrich VI, Akt III, Szene 1)*

Es ist nicht einfach, all jene Menschen aufzuzählen, die bei diesem Buch geholfen haben, denn es sind so viele, denen ich großen Dank schulde. Dazu gehören viele Freunde, Kollegen, Bekannte, Lektoren und einige großzügige Unbekannte, deren Beiträge, Kritiken, Vorschläge und redaktionelle Arbeiten mich über das Internet erreichten. Bitte verzeihen Sie mir (oder informieren Sie mich), wenn Sie mir geholfen haben und ich Ihren Namen oder Titel nicht erwähnt oder falsch angegeben habe.

Ich danke dem Team aus dem Lektorat, dem Satz, der PR-Abteilung, dem Marketing und allen anderen Abteilungen von Addisson Wesley nicht nur für ihre kompetente Arbeit, sondern auch für ihre Freundlichkeit und Geduld. Doch auch für die gnadenlose Kritik der anonymen Bearbeiter im Hintergrund bin ich dankbar.

Die folgende Liste umfasst Freunde, Bekannte, Kollegen, meinen Bruder, den Musiklehrer meines Sohnes, einen von Modellflugzeugen begeisterten Freund – eine kunterbunt zusammengewürfelte Gesellschaft. Nur wenige sind Experten im Design von Schnittstellen zwischen Mensch und Maschine, aber alle haben mein Manuskript gelesen und wesentliche Beiträge zu diesem Buch oder den in den letzten Jahren entwickelten Konzepten geleistet: David Alzofon (der auch Quasimodo gezeichnet hat), Bill Atkinson, Thomas Atwood, Jerry Barenholtz, John Bumgarner, David Caulkins, William Buxton, Dr. Renwick, Robert Fowles, Josh Garrett, Jean-François Groff, Scott Kim, Kathleen Mandis, Pamela Martin, Miriam Meisler, Douglas McKenna, Michael S. Miller, David Moshal, Andrew Nielsen, Jakob Nielsen, Juie Ososke, Ian Patterson, Michael Raskin, Spider Robinson, Minoru Taoyama, Shay Telfer, Yesso Tekerian, Bruce Tognazzini, David Wing, Terry Winograd, die Ortsgruppe (BayCHI) der *ACM Special Interest Group in Computer-Human Interaction*, denen ich meine Thesen vorgetragen habe und mit denen ich diskutieren durfte, sowie den Studenten am *Center for Computer Research in Music and Acoustics* der Universität Stanford und dessen Direktor John Chowning.

Ich freue mich, eine ebenso gebildete wie liebevolle Frau zu haben, Linda Blum, die den Wert meiner Arbeit schätzte und sich nicht darüber beklagte, dass das Schreiben eines technischen Buches womöglich nicht die richtige Art sei, eine Familie zu unterhalten. Ihre Aufmerksamkeit gegenüber den Ideen, Stoßrichtungen und Details dieses Buches hat viel zu dessen Verbesserung beigetragen.

Zur Wahl meiner Eltern kann ich mich selbst nicht beglückwünschen, aber ihnen schulde ich Dank dafür, dass sie mich gelehrt haben, Menschen einen höheren Stellenwert als Dingen einzuräumen und die Künste ebenso zu genießen wie die Wissenschaften – Interessen, die direkt mit diesem Buch zusammenhängen. Mein Sohn Aza hat zu dieser Arbeit mehr beigetragen, als einem Mensch in diesem Alter in der Regel zugetraut wird. Er hat Ideen eingebracht, den Text redigiert und an den Illustrationen mitgearbeitet. Er und seine Schwestern waren erstaunlich geduldig mit mir.

Besonders wichtig in meinem Leben ist L. Roland Genise, mein bester Lehrer, der mir in der High School zwei Geschenke mit auf den Weg gab: intellektuelles Selbstvertrauen und die Liebe zur Mathematik.

Für ihre Freundschaft, den intensiven Gedankenaustausch und die gemeinsame Freude an der Musik möchte ich mich bei Brian Howard und Douglas Wyatt bedanken, die meine früheren Arbeiten bereits kritisch begleitet haben.

Mit den Werken von Donald Norman stimme ich in einzelnen Punkten nicht überein, dabei handelt es sich aber nur um Kleinigkeiten, denn ich betrachte sein Werk als grundlegende Literatur auf diesem Gebiet. Ohne seine Kritik und seine Erkenntnisse wäre dieses Buch nicht entstanden.

Sehr dankbar bin ich Bill Verplank für seine ruhige und verständnissvolle Art. Seine Einwände waren so freundlich formuliert, dass ich erst dann, als ich schon weich gelandet war, bemerkte, dass mir der Boden unter den Füßen weggezogen worden war. Er gehörte zu jenen, die mich davon überzeugten, den Ton und die Ausrichtung des Buches noch einmal komplett zu verändern – was der Sache nur gut getan hat.

Auch Lyn Dupré, eine unerbittliche, ebenso genaue wie professionelle Lektorin war maßgeblich daran beteiligt, diesem Buch seine Form zu geben.

Viele Konzepte, die zum Teil in diesem Buch erwähnt werden, stammen von meinem Freund James Winter bzw. haben sich aus den Diskussionen und Arbeiten mit ihm herauskristallisiert.

Der erfreulich bissige Computerexperte Dick Karpinski, der sich selbst erfolgreich als der Welt größte Kobold stilisiert, hat mir auf vielfache Weise geholfen. Er erläuterte mir so manchen technischen Aspekt, stellte mir entscheidende Leute vor, machte mich auf wichtige Bücher aufmerksam und ließ gelegentlich seine Schlussfolgerungen einfließen.

Bis zum Schluss meiner Danksagung habe ich mir Peter Gordon aufgehoben, einen klugen, ausdauernden und besonders geduldigen Mann, der mein Fürsprecher bei Addison-Wesley war. Unsere Korrespondenz sollte besser nicht veröffentlicht werden, denn sie würde unseren Hang zu ausgiebigen Wortgefechten und peinlichen Wortspielen dokumentieren, wodurch unser beider Ruf für immer geschädigt würde. Doch dadurch konnten wir uns von der drückenden Last endloser Detailfragen befreien, die auch bei einem so schmalen Buch zu berücksichtigen waren.

Dank an die Agfa Corporation für die Bereitstellung der Digitalkamera, mit der einige der Abbildungen in diesem Buch erstellt wurden.

Dank auch an die folgenden Leser für ihre konstruktiven Korrektur- und Änderungsvorschläge, die ich bereitwillig in dieses Buch übernommen habe: Eric Blossom, Jon Bondy, Cam Mitchner, Rich Morrin, Martin Portman und Elisabeth Riba.

Einführung

Die Bedeutung des Wesentlichen

Ein Mensch, ein Computer

—*Slogan von Apple Computer*

Stellen Sie sich vor, Sie haben gerade an Bord eines luxuriösen Flugzeugs Platz genommen: ausgestattet mit einer großen Auswahl an Videos und Musik für jeden einzelnen lederbezogenen Komfortsessel. In der Küche warten bereits die feinsten Speisen und Getränke. Von Ihrem Sitz aus blicken Sie durch ein großes, frisch geputztes Fenster. Sie seufzen entspannt und sehen einem ausgesprochen angenehmen Flug entgegen. Neugierig untersuchen Sie das kleine Fach vor sich. Zuerst bekommen Sie eine nicht allzu kleine Flasche Ihres Lieblingsgetränks zu fassen, gefolgt von einer Broschüre über dieses bemerkenswerte Flugzeug.

Als die Flugbegleiter die Türen geschlossen und Sie es sich bequem gemacht haben, lesen Sie die Broschüre. Hier erfahren Sie, dass das Flugzeug von den besten Innenraumgestaltern der Welt entworfen wurde und Küchenchefs aus Fünf-Sterne-Restaurants das Menü zusammengestellt haben und persönlich zubereiten werden. International anerkannte Künstler sind für das äußere Erscheinungsbild des Flugzeugs verantwortlich, das diese Maschine schneller als jede andere aussehen lässt, weshalb es keinen Grund gab, bei der Entwicklung auch noch professionelle Ingenieure der Aeronautik hinzuzuziehen.

Im Kleingedruckten warnt die Broschüre vor unruhigen Flügen – nicht nur bei Turbulenzen – und vor regelmäßigen Abstürzen. Trotz solch widriger Umstände werden große Bequemlichkeit und gute Unterhaltung garantiert.

Plötzlich nimmt das Geräusch der einrastenden Türen bedrohliche statt vielversprechender Untertöne an. Ihre Ruhe ist dahin; Sie sitzen in der Falle. Dieser Flug, der einzige zu Ihrem Zielort, ist dem Untergang geweiht und Sie sind an Bord. An diesem Punkt würden Sie lieber auf einem harten Stuhl sitzen, keinen

Drink in der Hand halten und auf das Fenster verzichten, wenn es nur ein verlässliches und gut konstruiertes Flugzeug wäre.

Eine ähnlich absurde Situation ließe sich auch mit den meisten heute üblichen Schnittstellen zwischen Mensch und Maschine durchspielen. In unseren Computern und Mobiltelefonen befinden sich die neuesten Chips und elektronischen Bauteile, unsere Betriebssysteme sind der reinste Augenschmaus mit herrlichen Hintergrundfarben und illusionistischen 3D-Effekten. Sie klicken auf ein Symbol und schon beginnt ein höchst realistischer Bewegungsablauf vor Ihren Augen. Sie klicken auf ein Symbol – hören dabei das Simulationsgeräusch eines geknipsten Schalters in digitaler Stereophonie – und lauschen anschließend einem hellen Harfen-Glissando, während sich ein Fenster vor Ihnen öffnet.

Doch sobald Sie das System wirklich benutzen möchten, werden Sie mit dem seltsamsten und unerwarteten Verhalten konfrontiert. Sie können den gewünschten Befehl nicht finden, weil das System Tausende von Befehlen vorsieht. Einfache Routineaufgaben dauern unendlich lange. Das Programm, das Sie letztes Jahr gekauft haben, läuft nicht auf dem neuen verbesserten Betriebssystem, also muss ein Upgrade besorgt werden. Und selbstverständlich stürzt das gesamte System regelmäßig ab.

Es gibt einige, nicht sehr bekannte technische Grundlagen, die guten Interfaces zugrunde liegen. Doch warum sollte man sich mit diesen Grundlagen befassen? Wie Oberflächen aussehen und funktionieren sollten, scheint doch allgemein bekannt: Schließlich werden sie nun schon seit zwei Jahrzehnten immer weiter entwickelt. Selbst die großen Softwarehersteller haben Richtlinien für die Interface-Gestaltung veröffentlicht, um künftige Annehmlichkeiten zu garantieren. Die Entwicklungs-Tools helfen uns dabei, schnell die einzelnen Oberflächenelemente so miteinander zu verbinden, dass sie wie die anderen modernen Oberflächen aussehen – ebenso wie das bereits erwähnte Flugzeug *aussieht,* als sei es ein gut konstruiertes, sicheres und komfortables Fortbewegungsmittel.

Aber denken Sie einmal darüber nach, was die Interfaces nicht für uns tun. Wenn Sie beispielsweise einen Gedanken aufschreiben möchten, sollte es doch eigentlich möglich sein, an den Computer oder ein anderes informationsverarbeitendes Gerät zu gehen und einfach mit der Eingabe zu beginnen: Was interessiert uns das Booten, der Aufruf eines Textverarbeitungsprogramms, die Vergabe von Dateinamen, das Betriebssystem? (Meine Definition von Betriebssystem ist: Alles womit man sich herumärgern muss, bevor der Ärger mit den Anwendungen beginnt.) Ist es wirklich notwendig, zuerst eine komplett neue Anwendung zu erlernen, nur um ein paar einfache Aufgaben zu erledigen, die genauso zum Repertoire eines Systems gehören könnten? Bedauerlicherweise hat das Interface-Design eine falsche Richtung eingeschlagen und damit Schwierigkeiten hervorgebracht, die sich durch technologische oder logische Notwendigkeiten nicht rechtfertigen lassen.

Viele von uns haben eine Art Hassliebe zur Informationstechnologie entwickelt: Wir können nicht ohne sie leben, aber gleichzeitig ist es schwierig, mit ihr zu leben. Es gibt zwar Lösungen für das Problem, die Technologie annehmbar zu gestalten, doch diese Lösungen lassen sich im Moment noch nicht kaufen. Sie werden uns erst dann zur Verfügung stehen, wenn wir viele Entwicklungen aus der Vergangenheit hinter uns lassen. Die üblichen Interfaces für Desktops und Anwendungen sind dabei selbst ein Teil des Problems. Dieses Buch bietet einige Alternativen dazu an. Immerhin ist es bei Computerproblemen nicht wie beim Wetter: Wir *können* etwas dagegen tun.

Angesichts der Verbreitung des Internets und der offensichtlichen Bedeutung von Produkten, die Interaktionen zwischen mehreren Personen ermöglichen, mag es etwas seltsam erscheinen, dass sich *Interface-Design* auf das Design von Oberflächen für den einzelnen Anwender beschränkt. Ein Grund dafür ist, dass das Problem der Interfaces für den Endanwender noch nicht gelöst ist. Der wesentliche Grund ist aber, dass die Qualität jeder Oberfläche letzten Endes durch die Qualität der Interaktion zwischen Mensch und Maschine bestimmt wird – zwischen Ihnen und dem Gerät also. *Wenn die direkte Interaktion zwischen einem Anwender und dem System keinen Spaß macht und schwierig ist, wird sich dieser Mangel auf die Leistung des gesamten Systems auswirken – wie gut dieses System auch in anderer Hinsicht sein mag.*

Eins

Hintergrund

Es ist unmöglich, ein Buch zu schreiben, das jedem Leser gefällt.

— Miguel de Cervantes

Dieses Kapitel erläutert, welche Missverständnisse in Bezug auf das Wesen von Interfaces und Oberflächen-Design bestehen. Interfaces beschränken sich nicht nur auf Fenster, Symbole, Pulldown-Menüs und die Maus. Häufig wird die Notwendigkeit übersehen, das Design von Interfaces bereits in einem sehr frühen Stadium der Entwicklung einzubeziehen. Ebenfalls häufig übersehen wird der Faktor des Wahrnehmungsvermögens der Menschen. Wir müssen diese allgemeingültigen Faktoren viel stärker in Betracht ziehen, ehe wir die individuellen Unterschiede der Menschen berücksichtigen. Leider eignen sich die meisten Tools, die heute für die Konstruktion von Interfaces verwendet werden, nicht für diese Aufgabe.

Ich verweigere mich dem Argument, Computer seien nun mal schwierig zu benutzen, weil das, was wir damit tun möchten, immer komplizierter wird. Wie komplex eine Aufgabe auch sein mag, die mit einem Produkt ausgeführt werden soll, die einfachen Teile der Aufgabe sollten auch einfach bleiben. Am Ende dieses Kapitels wird erläutert, wie Interfaces aussehen sollten, die für Menschen gemacht werden.

1-1 Definition des Begriffs Interface

*Wählen Sie unsere oben angegebene Rufnummer und testen Sie
Ihre Widerstandsfähigkeit gegen die unglaublichen Frustrationen,
die unser Voice-Mail-System für Sie bereithält.*

— Hinweis am unteren Rand einer Werbeanzeige der Schuhmarke Simple

In diesem Buch werde ich den Begriff „Schnittstelle zwischen Mensch und Maschine oder Mensch und Computer" einfach mit Interface, Schnittstelle oder Oberfläche abkürzen. Viele Menschen glauben, dass der Begriff *Interface* nur die heute üblichen grafischen Benutzeroberflächen (GUIs) mit ihren Fenstern und mausgesteuerten Menüs bezeichnet. In einem Artikel des Magazins *Mobile Office* stand zum Beispiel geschrieben: „Schon bald werden Sie sich mit Interfaces überhaupt nicht mehr befassen müssen: Sie sprechen dann nämlich einfach mit ihrem Computer." Den Unsinn dieser Feststellung habe ich in einem Leserbrief wie folgt kommentiert: Ein Voice-System mag zwar keine Fenster besitzen, aber dies ist auch bei automatischen Telefonansagen nicht der Fall. Das schützt allerdings in keinster Weise vor äußerst miserablen Schnittstellen. Ein Interface bezeichnet nämlich die Art und Weise, wie ein Produkt eine bestimmte Aufgabe ausführt – also was der Benutzer tun kann und wie das System darauf reagiert (siehe auch Raskin 1993).

1-2 Das Einfache einfach lassen

*Die Technologie ist mit Vorsicht zu genießen: Mit der einen Hand
reicht sie uns große Errungenschaften, mit der anderen stößt sie uns
den Dolch in den Rücken.*

— C.P. Snow (Zitat aus Jarman 1992)

Trotz einer stark anwachsenden Gemeinde von Interface-Designern, meinen nur wenige Kunden, die neuen Produkte, wie zum Beispiel elektrische Armbanduhren mit vier Knöpfen, seien einfacher zu bedienen als vor wenigen Jahrzehnten. Wenn mir dann jemand entgegnet, die Armbanduhren hätten heute, ebenso wie die Computer, auch einen viel größeren Funktionsumfang (wahr) und deshalb seien die Interfaces zwangsläufig komplexer (diskutierbar), dann antworte ich darauf, dass aber leider auch die einfachen Aufgaben zunehmend komplex werden. Komplexe Aufgaben mögen komplexe Interfaces erfordern, aber das ist keine Entschuldigung dafür, dass auch ehedem einfache Aufgaben heute nur noch in komplizierten Schritten zu erledigen sind. Bleiben wir beim oben erwähnten Beispiel: Wie umständlich ist es, bei einer elektronischen Armbanduhr mit vier Knöpfen die Zeit einzustellen im Vergleich zu den früheren mechanischen Modellen. Wie komplex das gesamte System auch sein mag, es gibt keine Entschuldigung dafür, einfache Aufgaben nicht einfach zu lassen.

Unter den vielen Absurditäten, die uns durch schlechtes Interface-Design aufgezwungen werden, ist die Verkomplizierung des Einfachen vermutlich jener Aspekt, der den Comicstrips und Komödianten die besten Vorlagen liefert. In dem Film *Die Großstadt-Helden* spielen drei Freunde Cowboy. Einer der Akteure, Bill Crystal, versucht stundenlang ohne Erfolg zu erklären, wie sich mit einem Videorekorder auf einem Kanal eine Show aufzeichnen lässt, während man gleichzeitig eine Sendung auf einem anderen Kanal ansieht. Als seine Freunde schließlich ob der langatmigen Erläuterungen explodieren, willigt Crystal freudig ein, das Thema zu wechseln und bietet stattdessen eine Erklärung dafür an, wie sich die Uhr eines Videorekorders einstellen lässt. Doch diese Wendung erzürnt seine Kumpel erst recht und ruft hysterisches Lachen im Publikum hervor. Der Humor dieser Szene entsteht aus der Diskrepanz zwischen der Einfachheit der Aufgabe und der Komplexität der Schnittstelle: Hätte ein Videorekorder beschriftete Schaltknöpfe über und unter der Ziffernanzeige, wie in Abbildung 1.1 dargestellt, dann gäbe es dieses Problem vermutlich nicht.

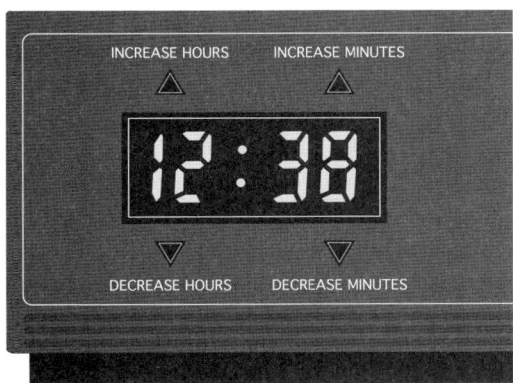

Abbildung 1.1:
Einfach einzustellende Digital-
uhr an einem Videorekorder.
Noch besser wäre eine Uhr, die
sich selbst aufgrund von Funk-
signalen einstellt.

1-3 Menschen- und benutzergerechtes Design

Nicht nur Interface-Designer, sondern auch Manager aus der Elektronik- und Computerbranche wissen um die Notwendigkeit von benutzerfreundlichem Design. Der erste Schritt in diese Richtung besteht eigentlich darin, die Anwender kennen zu lernen. Doch in der Praxis ist diese Phase meist darauf reduziert, den Fachleuten auf dem Gebiet der aufgabenspezifischen Entwicklung Gehör zu schenken. Diese Fachleute besitzen zwar Kenntnisse über die Parameter und Details einer Aufgabe; Fragen zur menschlichen Psychologie beziehen ihre Expertisen jedoch nicht mit ein. Auch wenn die einzelnen Anforderungen je nach Aufgabe und Anwender sehr verschieden sein können, gibt es auch viele gemeinsame Aspekte, die alle Anwender betreffen. Ehe also die Erforschung der Anwendung oder die Ausarbeitung der Unterschiede zwischen den einzelnen Anwendern beginnt, sollten Interface-Designer zunächst einen Blick auf jene Anforderungen werfen, die alle Menschen stellen. Nachdem dieser Prozess abgeschlossen ist, können die Interface-Designer sich dann den individuell oder gruppenspezifisch unterschiedlichen Anforderungen widmen. Doch dieser wesentliche erste Schritt – sicherzustellen, dass das Design Rücksicht nimmt auf die Aufnahmefähigkeit und die Verhaltensmuster des Nutzers – wird beim Design-Prozess meistens ausgelassen. Interface-Designer übernehmen diese Verantwortung für „industrielle Standards" größtenteils erst gar nicht. Alle gängigen Oberflächen beruhen auf einem Fundament, das unseren Kenntnissen über die menschlichen Denk- und Verhaltensweisen zutiefst widerspricht. Zum Beispiel: Die Dateien mit ihren Dateinamen sind eine beinahe universelle Funktion auf jedem Computersystem. Doch wir alle wissen, dass die Menschen Probleme damit haben, sich an einen Dateinamen zu erinnern, unter dem ein Dokument vor sechs Monaten abgespeichert wurde. (Eine Lösung für dieses Problem wird in Abschnitt 5-3 erörtert.) Wir wünschen uns eine verständliche Software, die uns zeigt, dass die Designer sich mehr auf die Verwendbarkeit als auf den äußeren Schein konzentriert haben.

1-4 Falsche Tools für Designinnovationen

Gelungene Schnittstellen zu entwerfen kann viel Arbeit kosten und eine kostspielige Angelegenheit sein. Deshalb wird für Tools zum Interface-Design, z.B. Visual Basic oder Visual C++, mit niedrigen Entwicklungskosten und einer schnellen Implementierung geworben. Trotz ihrer häufigen Verwendung werden diese Tools in diesem Buch nicht oft erwähnt, weil sie lediglich die aktuellen Paradigmen berücksichtigen und dadurch das eigentlich Machbare beschränken. Auch die Interface-Richtlinien von Microsoft und Macintosh sowie einige andere gängige Methoden, die in Büchern zum Interface-Design vorgestellt werden, geben häufig falsche Ratschläge.

Häufig geschieht dies nur, um die notwendige Kompatibilität einer Schnittstelle mit einer Vorgängerversion zu erhalten, oder aus der falschen Vorstellung heraus, die Anwender würden an einer bereits bekannten, wenn auch mangelhaften Oberfläche hängen und sich gegen eine Umstellung wehren. Wenn wirkliche Verbesserungen nur durch große Änderungen möglich sind, muss der Interface-Designer abwägen, ob er tatsächlich den legitimen Aspekt der Vertrautheit und die Einfachheit des Umlernens bevorzugt.

In Situationen schnellen Personalwechsels oder immer neuer Kundenorientierung kann Vertrautheit die bessere Wahl beim Design sein. Verbringt der Anwender jedoch die meiste Zeit mit Routineaufgaben und widmet dem Lernen nur wenig Zeit, ist ein Design im Hinblick auf mehr Produktivität – trotz erhöhten Lernaufwandes – eher die richtige Entscheidung.

1-5 Interface-Design im Designzyklus

In der Projektplanung wird es häufig versäumt, aus dem vorhandenen Wissen über das Interface-Design größtmöglichen Nutzen zu ziehen. Dieser Mangel resultiert zum Beispiel oft daraus, dass Interface-Designer in den Entwicklungsprozess erst dann einbezogen werden, wenn viele Möglichkeiten zur Qualitätsverbesserung in Bezug auf die Interaktion zwischen Benutzer und Produkt bereits vertan sind. Dabei sind Designs zu Beginn äußerst flexibel. Wird ein Interface-Designer erst dann hinzugezogen, wenn die Software bereits entworfen ist und die Software-Tools gewählt sind oder die Software fast komplett ist, kommt der richtige Ratschlag – nämlich noch einmal von vorn zu beginnen – meist zu spät. Das Budget ist fast aufgebraucht, die gesamte Planung fertig und kein Project Manager wird wohl begeistert sein, wenn er dann aufgefordert wird, alles in den Papierkorb zu werfen und den bereits fertigen Code wieder einzustampfen. Selbst das kürzlich erschienene Buch über Projektmanagement *UML Toolkit* (von Eriksson und Magnus, 1998) weist nicht daraufhin, dass die Schnittstelle bereits Teil der Anforderungsanalyse sein muss – die von Eriksson und Magnus definierte erste Phase einer Projektabwicklung. Anders als sie meinen, kann das Interface-Design aber nicht erst in der technischen Designphase (ihrer dritten Phase) erfolgen. *Sobald bekannt ist, welche Aufgabe ein Produkt ausführen soll, sollte zuerst die Oberfläche entworfen werden, die Implementierung erfolgt dann in das Interface-Design.* Dies ist ein iterativer Vorgang: Die Aufgabendefinition wird sich während des Interface-Designs ändern und die Implementierung wird sowohl von der Aufgabendefinition als auch von dem interaktiven Design beeinflusst. Flexibilität an allen Fronten ist gefragt. Die Implementierung sollte erst dann beginnen, wenn genau aufgelistet wurde, was der Benutzer tun möchte, um seine Ziele zu erreichen, und wie das System auf die einzelnen Benutzeraktionen reagieren wird.

Benutzer interessieren sich nicht für das Innere der Kiste, solange die Kiste das tut, was sie möchten. Welcher Prozessor verwendet wird, ob die Programmiersprache objektorientiert ist oder auf Multithreading basiert oder ob sich darin noch irgendein anderes Ding mit tollem Namen verbirgt – das alles interessiert den Benutzer nicht. Die Anwender wünschen eine einfache Bedienung und gute Ergebnisse. Und alles, was sie sehen können, ist die Oberfläche. Soweit es den Verbraucher betrifft, ist die Oberfläche das eigentliche Produkt.

Ihre Zeit und Ihre Arbeitsergebnisse sind zu wertvoll, um versehentlich verloren zu gehen

Ich habe mir angewöhnt, meine Arbeit am Computer häufig zu speichern, damit ich im Falle eines Systemausfalls nicht viel Zeit verliere. Dazu verwende ich nach fast jedem Satz oder Absatz einen eigens definierten Tastenbefehl. Dieser Befehl legt eine Kopie meiner Arbeit auf der Festplatte ab und dort ist sie relativ sicher vor Beschädigung durch einen Systemausfall. Außerdem sichere ich meine Arbeit fast stündlich auf einem Speichermedium, das ich aus dem Computer entfernen kann, um es getrennt vom Computer aufzubewahren. Zusätzlich sichere ich einmal pro Woche das gesamte System auf einem externen Laufwerk. Ich bin nicht paranoid, sondern realistisch. Alle diese Aktionen könnten natürlich auch überflüssig sein. Das System sollte Benutzereingaben von vornherein als heilig betrachten. Wenn wir Isaac Asimovs erstes Robotergesetz „Ein Roboter darf Menschen nicht verletzen oder zulassen, dass sie verletzt werden" ein wenig abwandeln, müsste das erste Gesetz für das Interface-Design lauten: Ein Computer darf Ihre Arbeit nicht beeinträchtigen oder zulassen, dass sie beeinträchtigt wird.

Während der Arbeit an diesem Buch und an den Änderungsvorschlägen meiner Lektoren, habe ich eine Programmfunktion verwendet, die es mir erlaubt, Änderungsvorschläge zu übernehmen oder zu verwerfen. Nach einigen solcher Entscheidungen habe ich den Speicherbefehl aktiviert. Bei einem Systemausfall hätte ich aufgrund meiner kontinuierlichen Abspeicherung nichts zu befürchten gehabt. Aber als ich mich auf die Suche nach meinen zuletzt durchgeführten Änderungen begab, waren diese bereits verloren und ich musste die Arbeit noch einmal machen. Nach einigen Experimenten fand ich heraus, dass der Tastaturspeicherbefehl bei der Arbeit mit Änderungsvorschlägen nicht funktioniert, weshalb ich die zuletzt gesicherte Dateiversion auch nicht laden konnte. Kein Meldungsfenster erschien, um mich davor zu warnen. Auf diese Weise habe ich mehr als drei Stunden für die Arbeit und das Aufspüren der Fehlerquelle verloren, um das erneute Auftreten dieses Problems zu verhindern. Neben der ungeheuren Komplexität der modernen Computersysteme sind es auch kleine verhängnisvolle Details wie dieses, die eine Verbesserung des Interface-Designs notwendig machen.

Als zweites Gesetz des Interface-Designs ließe sich also folgende Regel formulieren: Ein Computer sollte nicht Ihre Zeit verschwenden oder Ihnen mehr Arbeit abverlangen als notwendig. In Abschnitt 4-3 wird die Frage behandelt, wie viel Arbeit notwendig ist, um eine Aufgabe auszuführen.

1-6 Definition einer gelungenen Schnittstelle für den Menschen

In ein Flugzeug lässt sich jede Ausstattung einbauen,
die vom Luftfahrtministerium gewünscht wird,
aber erwarten Sie nicht, dass es dann noch fliegt.

— Willy Messerschmidt (deutscher Flugzeugingenieur im Zweiten Weltkrieg)

Eine Schnittstelle ist dann gelungen, wenn sie auf die Bedürfnisse des Menschen eingeht und die menschlichen Schwächen berücksichtigt. Wenn Sie eine Oberfläche für Menschen entwerfen möchten, müssen Sie ein Verständnis sowohl für die menschliche Arbeit als auch für die maschinellen Operationen entwickeln. Außerdem müssen Sie ein Bewusstsein für die Probleme entwickeln, die den Menschen bei ihrer Arbeit begegnen. Dies ist kein ganz einfaches Unterfangen, denn wir gewöhnen uns alle sehr schnell daran, wie ein Produkt funktioniert, und akzeptieren diese Technik als gegeben. Eine kritische Betrachtung fällt schwer, weil wir uns bereits an die unnötig komplexen, verwirrenden, ineffektiven und menschliche Fehler unterstützenden Funktionsweisen gewöhnt haben.

Viele sind zum Beispiel von den langen Boot-Zeiten bei einem Computer genervt. 1999 erschien eine Werbeanzeige für ein computerbasiertes Autoradio mit folgendem Text „Bei unserem Radio gibt es keine so langen Startzeiten wie bei Ihrem Computer zu Hause." Sie können durch sechs renommierte Bücher über Interface-Design blättern, die alle in einer Zeit erschienen sind, in der das Interface-Design bereits ein anerkanntes Forschungsfeld war – und werden dort nirgendwo das Thema Booten finden (Shneiderman 1987, Norman 1988, Laurel 1990, Tognazzini 1992, Mayhew 1992 und Cooper 1995). Ich bin mir sicher, dass jeder dieser Autoren eine Reduzierung dieser Startverzögerung sofort aus ganzem Herzen als deutliche Verbesserung bezeichnen würde. Ich kenne keinen Anwender, dem diese Zeitverzögerung nicht lästig ist. Doch die Startverzögerung ist uns schon ein vertrauter Mangel geworden, den wir akzeptieren und der in der Literatur zum Interface-Design kaum noch thematisiert wird. Es gab aber noch nie eine technische Notwendigkeit dafür, warum ein Computer mehr als ein paar Sekunden nach dem Anschalten benötigen sollte, bis er betriebsbereit ist. Die Computer booten nur deshalb so langsam, weil viele Designer und Entwickler diesem Aspekt der „Menschenfreundlichkeit" keine hohe Priorität einräumen. Außerdem scheinen einige zu glauben, die Verkaufszahlen in Millionenhöhe bewiesen, dass langsam bootende Computer trotzdem eine feine Sache seien.

Die Ungeduld beim Warten auf den Start einer Maschine ist in vielen anderen Produktbereichen nicht so hartnäckig ignoriert worden. Der nicht mehr erhältliche Apple Newton, der Palm Pilot und viele andere Handheld-Computer starten sofort und die Einführung des Schlafmodus – ein Zustand, in dem der Computer weniger Strom verbraucht, als im normalen Betriebszustand, aus dem er aber schnell in den Betriebszustand gebracht werden kann – ist ein Schritt in die richtige Richtung.

Die Technik hat bisher schon einige schwierige Probleme lösen können. Bei den ersten Fernsehgeräten dauerte es zum Beispiel fast eine Minute, bis die Kathode der Bildröhre sich genügend erwärmt hatte. Bei bestimmten Fernsehgeräten fügten die Techniker deshalb einen Kreislauf ein, um die Kathode konstant warm zu halten und dadurch die Anlaufzeit bis zur kompletten Erhitzung zu reduzieren. (Eine komplette Erhitzung der Kathode hätte einen zu großen Stromverbrauch und eine verkürzte Lebensdauer bedeutet.) Bei anderen Geräten wurden Bildröhren entwickelt, deren Kathoden sich in Sekundenschnell erhitzen ließen. Wie auch immer, die Wünsche des Verbrauchers wurden jedenfalls zufrieden gestellt. Anfang des 20. Jahrhunderts blieb dem *Stanley Steamer*, einem dampfbetriebenen Automobil, das in vielerlei Hinsicht hochklassig war, der Durchbruch versagt, weil es zwanzig Minuten dauerte, bis nach dem Anwerfen des Motors endlich ein so hoher Druck entstanden war, dass sich das Auto in Bewegung setzen konnte.

Es ist also ein oberstes Designprinzip, den Benutzer nicht warten zu lassen. Genauso sollte ein Benutzer nicht zur Eile angetrieben werden. Als allgemeine Regel gilt: *Benutzer sollten das Tempo der Interaktion selbst bestimmen können.*
Man braucht keine großen technischen Kenntnisse, um zum Beispiel festzustellen, dass das Laden von Webseiten über Breitbandkabel bedeutend schneller geht. Andere Zusammenhänge sind aber nicht ganz so offensichtlich. Für Interface-Designer ist es deshalb grundsätzlich wichtig, die „Eingeweide" der Technologie zu verstehen. Andernfalls haben sie keine Möglichkeit, die Behauptungen – etwa von Programmierern oder Hardwaredesignern – zu prüfen, ob etwa ein bestimmtes Interface-Detail möglich ist oder nicht.

Zwei

Im Zentrum der Aufmerksamkeit – Fragen der Wahrnehmung

Er ächzte und hatte Probleme, gab aber noch nicht auf.

— *Dominic Mancini, nicht über einen defekten Computer, sondern über Edward V von England. Occupatione Regni Anglie per Riccardum Tercium (1483). Zitat aus The Princes in the Tower (1992) von Alison Weir.*

So kompliziert Computer und andere Geräte dieser Technologie auch sein mögen, ist es einfacher, die Maschine zu verstehen, als die weitaus komplizierteren Aspekte der Schnittstelle Mensch–Maschine zu begreifen. Dies trifft zu, obwohl überraschend viele Faktoren des menschlichen Verhaltens unabhängig von Alter, Geschlecht, kultureller Prägung oder Erfahrungshintergrund sind. Diese gemeinsamen menschlichen Eigenschaften des Lernens und des Umgangs mit Geräten lassen sich unmittelbar als Grundlage für jedes Interface-Design verwenden. Besonders wichtig für das Design von Schnittstellen zwischen Mensch und Maschine ist der Umstand, dass wir ein Zentrum der Aufmerksamkeit haben.

2-1 Ergonomie und Kognetik: *Was wir tun und nicht tun können*

Erkenne Dich selbst!

— Inschrift des Orakels von Delphi, zitiert aus der *Moral* von Plutarch

Wenn eine Maschine oder ein Werkzeug in Einklang mit ihren Stärken und Beschränkungen verwendet wird, erfüllt sie ihren Zweck auch meist gut. Das Design für Schnittstellen zwischen Mensch und Maschine sollte also den Fähigkeiten und Schwächen der Menschen gerecht werden, damit der Anwender nicht nur seinen Job damit erledigen kann, sondern auch zufriedener und produktiver dabei wird.

Die Designrichtlinien für Produkte, die auf physischer Ebene mit uns in Interaktion treten, sind vernünftigerweise einfach und unkompliziert. Die Größen und Möglichkeiten des menschlichen Skeletts und der Sinne wurden bereits durch wissenschaftliche Studien im Bereich der Ergonomie erfasst und katalogisiert. Stühle, Tische, Tastaturen und Bildschirme lassen sich so entwerfen, dass ein vorteilhafter Einsatz für den Menschen mit großer Wahrscheinlichkeit zustande kommt. Trotzdem darf auch auf diesem Gebiet eine sorgfältige Prüfung nicht fehlen. Niemand würde eine Maschine entwerfen, an der eine Person zwei Schalter gleichzeitig bedienen muss, die drei Meter von einander entfernt liegen. Denn jeder weiß: Menschen sind nicht so groß. Deborah Mayhew (1992, Kapitel 12) erörtert die computerrelevante Ergonomie in ihrem Überblick zum Interface-Design, doch das soll nicht Thema dieses Buches sein. Die Ergonomie trägt jedenfalls der statistischen Beschaffenheit des Menschen Rechnung. So wird zum Beispiel ein Autositz produziert, der nur 95 Prozent der Bevölkerung entspricht, also für 5 Prozent der potenziellen Kunden unbequem ist. Es kann sein, dass es zu kostenintensiv oder technisch unmöglich ist, den Sitz so anpassungsfähig zu gestalten, dass auch Personen mit einer Körpergröße von einem oder zweieinhalb Metern bequem darin Platz nehmen können.

Die meisten Maschinen, die unsere Zivilisation erschaffen hat, waren mechanischer Natur und mussten nur in Einklang mit unserem physischen Erscheinungsbild arbeiten. Aus diesem Grund sind unsere physischen Grenzen bestens bekannt. Doch immer mehr Erfindungen unterstützen unsere geistigen Tätigkeiten und nicht unsere physischen. *Wir müssen also eine Ergonomie des Geistes entwickeln, wenn wir Schnittstellen entwerfen möchten, die ebenso gut arbeiten.* Es mag überraschen, aber wir sind unseren eigenen mentalen Grenzen gegenüber oft blind. Es sind sorgfältige Experimente und Beobachtungen notwendig, um die Beschränkungen unserer geistigen Möglichkeiten zu erfassen.

Die wissenschaftliche Beschäftigung mit dem passenden technischen Umfeld für unsere geistigen Fähigkeiten nennen wir **Kognetik**. Bestimmte geistige Beschränkungen liegen auf der Hand: Von einem durchschnittlichen Anwender wird nicht erwartet, dass er zwei 30-stellige Zahlen in fünf Sekunden im Kopf multiplizieren kann. Niemand würde ein Interface entwerfen, das derartige Fähigkeiten voraussetzt. Aber häufig sind wir uns der mentalen Beschränkungen nicht in diesem Maße bewusst — besonders im Bereich des Umgangs mit Schnittstellen zwischen Mensch und Maschine — obwohl diese allen Menschen gemeinsam sind. Bemerkenswerterweise sind alle bekannten Computer-Interfaces — und auch viele andere Schnittstellen zwischen Mensch und Maschine — so konzipiert, als erwarteten die Designer bestimmte kognitive Fähigkeiten von uns, die wir aber — wie Experimente zeigen — gar nicht besitzen. Viele Schwierigkeiten, die wir mit Computern und ähnlichen Geräten haben, resultieren aus schlechtem Interface-Design und nicht aus dem Schwierigkeitsgrad der Aufgabe oder mangelnder Bemühung oder Intelligenz des Benutzers.

Die Kognetik sollte ebenso wie die Ergonomie die statistisch erfassbare Beschaffenheit des Menschen als Ausgangspunkt verwenden. Nachdem jedoch noch so wenig über die Grenzen der geistigen Fähigkeiten des Menschen bekannt ist, soll zuallererst darauf ein Blick geworfen werden.

Glücklicherweise müssen wir dazu nicht die Struktur des menschlichen Gehirns erforschen — wenn auch nur deshalb, weil unsere gegenwärtigen Erkenntnisse über dieses Thema nicht gesichert sind. Ein erfolgreiches Interface-Design lässt sich auch mit einem pragmatischen und empirischen Blick auf die Leistungsfähigkeit des menschlichen Geistes erzielen. Interessant sind zum Beispiel die Fragen, wie lange Geist und Körper eines Menschen bestimmte Aufgaben ausführen können und welche Umstände die Wahrscheinlichkeit erhöhen, dass ihm dabei Fehler unterlaufen.

2-2 *Kognitives Bewusstsein und kognitives Unbewusstes*

O Doktor Freud, O Doktor Freud,
hätten Sie doch nur einen anderen Beruf ergriffen!
— „Doctor Freud," David Lazar, 1951

Der Umgang mit psychologisch, philosophisch und historisch überladenen Begriffen wie *bewusst* oder *unbewusst*, mit denen wir das Funktionieren unseres Geistes beschreiben, ist schwierig. In einem technischen Kontext scheint es deshalb sinnvoll, mit den etwas begrenzteren Konzepten des **kognitiven Bewusstseins** und des **kognitiven Unbewussten** zu arbeiten. Noch treffender wären die Begriffe *empirisches Bewusstsein* und *empirisches Unbewusstes*, aber Kihlstroms wohlklingendere Wortbildung soll den Vorrang erhalten (Cohen und Schooler 1997, S. 137). Zu verstehen, dass wir diese beiden begrenzten mentalen Fähigkeiten besitzen, und zu wissen, wie diese in Bezug auf die Schnittstellen zwischen Mensch und Maschine funktionieren, ist für das Interface-Design ebenso wichtig wie die Kenntnis von der Größe und Stärke einer menschlichen Hand für das Design einer Tastatur.

Hier eine erste Definition: Unbewusste mentale Vorgänge sind jene, über die sich der Mensch zum Zeitpunkt ihres Auftretens nicht bewusst ist. Das kognitive Unbewusste ist kein undurchschaubares, mystisches Prinzip aus der Freudschen Psychologie, sondern ein Phänomen, das sich mit einem Experiment – folgt in Kürze – gut demonstrieren lässt. Obwohl es zahlreiche Bücher über die Fragen und Paradoxien des Bewusstseins gibt, sollen die Ausführungen in Barnard J. Baars Werk *A Cognitive Theory of Consciousness* (1988) als Grundlage für dieses Kapitel dienen und dabei helfen, bestimmte Probleme zu vermeiden, indem wir uns nur daran orientieren, was wir direkt beobachten und konkret produzieren können. Wir folgen damit sozusagen bereits dem Hinweis in Baars Vorwort, dass „eine zeitsparende Strategie in der Wissenschaft darin besteht, die philosophischen Ansätze zunächst einmal bei Seite zu lassen und sich auf die erfahrbaren Aspekte zu konzentrieren." Die Kognetik ist eine praktische Lehre. Theoretische Untersuchungen mögen zwar erhellend sein und auch zu praktischen Ergebnissen führen, aber solange sie das nicht tun, vermeiden wir sie besser. (Analog wäre das Studium vom Wachstum des menschlichen Knochens sicher für die Ergonomie interessant, doch fiele eine solche Untersuchung eher in den Bereich der Physiologie als in den der Ergonomie.)

Das Bewusstsein und seine Modelle

Auch wenn hier auf den sinnvollen Ausführungen von Baar in Bezug auf die kognitiven Eigenschaften des Bewusstseins aufgebaut wird, soll damit nicht automatisch seine Theorie vom Bewusstsein übernommen werden. Diese Theorie verwendet ganz zeitgemäß digitale Computerstrukturen als Modelle. Ich stehe diesem Ansatz misstrauisch gegenüber, denn im Laufe der Jahrhunderte haben die Denker sich immer an den neuesten Technologien orientiert, um Modelle für den Menschen zu entwerfen. Und sobald eine neue Technologie entstand, wurden diese Modelle sehr schnell wieder aufgegeben.

Don Norman, ein Kognitionspsychologe, der mit Computern besonders vertraut ist, sprach in Begriffen wie Prozessor und Rechner vom Bewusstsein des Menschen (Norman, 1981). J. R. Anderson baute sein Modell von den mentalen Vorgängen erstmals 1976 auf dem Begriff der industriellen Produktionsabläufe auf, ein damals beliebtes Mittel zur Beschreibung der Syntax von Computersprachen (Anderson, 1993). Obwohl all diese Analogien auch erhellend sein können, werden sie von vielen Gelehrten überstrapaziert. Ich wage es, für die nächsten Jahre eine Blüte psychologischer Theorien vorherzusagen, die als Modelle des menschlichen Bewusstseins die Client-Server-Architektur, das Internet und das World Wide Web mit seinen Hyperlinks und Browsern verwenden.

Wir sollten dieser Tendenz gegenüber vorsichtig sein, denn solche Analogien entbehren meist jegliche neurophysiologische Grundlage. Im 17. Jahrhundert wurde das Universum und seine Bewohner häufig in der Terminologie von Uhrwerken beschrieben (siehe Dijksterhuis 1961, S. 495). Mit unseren heutigen Wissen über das Funktionieren von Uhrwerken und Organismen erscheint diese Metapher ziemlich blaß. Im 19. Jahrhundert erfreute sich die Metapher der Dampfmaschine in philosophischen Betrachtungen über die Funktionsweise des Menschen großer Beliebtheit. Heute wissen wir, das diese Analogie bestenfalls zur Erklärung des Stoffwechsels ausreicht, insoweit als er ebenfalls Verbrennungsvorgänge beinhaltet.

In den letzten Jahren erschienen zwei bekannte Bücher zum Thema Bewusstsein: The Emperor's New Mind von Roger Penrose (1989) und Spielarten des Geistes von Daniel Dennett (1999). Diese Abhandlungen, so faszinierend sie auch sind, bieten leider keinerlei Ansätze für das Design von Schnittstellen zwischen Mensch und Maschine. Es ist bestimmt ratsam, Vergleiche zwischen dem Computer und dem Gehirn zu vermeiden, solange keine konkreten Beweise für eine funktionale Parallelität auf der Hand liegen.

Da wir im Alltag scheinbar selten mit der Frage nach dem Bewussten und Unbewussten konfrontiert werden, soll die Auswirkung auf unsere Realität einmal durch folgende Frage demonstriert werden: Wie lautet der letzte Buchstabe Ihres Namens? Ehe Sie den vorherigen Satz gelesen haben, haben Sie sich vermutlich noch nie über diesen Buchstaben und seinen Bezug zu Ihrem Namen Gedanken gemacht. Sie kennen diesen Buchstaben aber schon seit langem und wissen, wo er in Ihrem Namen vorkommt, aber Sie haben diesem Wissen noch keine Aufmerksamkeit geschenkt. Sie haben noch nie daran gedacht oder darüber nachgedacht. Oder, um unsere Terminologie zu verwenden: Sie waren sich dessen nicht bewusst. Die Information wurde noch nie abgerufen und doch waren Sie auf Nachfrage sofort dazu in der Lage. Der Ort, an dem die Informationen über diesen Buchstaben „geschlummert" haben, nennen wir kognitives Unbewusstes. Das kognitive Unbewusste ist vermutlich kein physikalischer Ort, auch wenn es in unserem Gehirn ein physisches Äquivalent dazu geben muss. Um die Vorstellung zu verbannen, dass das Unbewusste oder Bewusste Stellen im Gehirn haben *müssen* – was ein Unterschied zu *können* ist –, sollten wir uns alternative Mechanismen überlegen. Als Sie sich dieses Buchstabens bewusst geworden sind, kann dadurch auch einfach ein anderer Zustand eingetreten sein. Es gäbe auch die Möglichkeit, dass unsere Gehirne eine Art Zeigermechanismus verwenden. Dieser Zeiger hat seine Position geändert, während das Gedächtnis oder die Gedanken in unserem Gehirn unverändert blieben.

Wir könnten uns noch einige andere Mechanismen oder Beschreibungen für diesen Vorgang ausdenken, aber das ist nicht notwendig. Für unsere Zwecke genügt es zu wissen, dass Sie sich in dem einen Moment des Buchstabens nicht bewusst waren, im nächsten Moment aber schon. Man verwendet für diesen Vorgang häufig eine ortsbezogene Metapher und spricht davon, dass ein Gedanke sich vom Bewussten ins Unbewusste oder zurück verschoben hat. Diese sprachliche Bequemlichkeit bedeutet aber nicht, dass dies das korrekte Modell für die Funktionsweise unseres Gehirns ist. (Die Erforschung des physikalischen Gehirns mag zwar ein solches Modell bestätigen, aber darum geht es hier nicht.)

Wenn ich in diesem Buch die Begriffe *Bewusstsein* und *Unbewusstes* verwende, dann grundsätzlich als Abkürzungen für das kognitive Bewusstsein und das kognitive Unbewusste. Sobald Sie einmal über den letzten Buchstaben in Ihrem Namen nachgedacht haben – ein Gedanke, der durch einen Satz in diesem Buch ausgelöst wurde –, wird dieser Gedanke zu einem Teil Ihres bewussten Wissens. Diese Änderung im Zustand Ihrer Gedanken, vom Unbewussten zum Bewussten, zeigt, dass es mindestens zwei Formen des Wissens gibt. Um eine Wissenschaft der Kognetik aufzubauen, müssen wir uns von jeglichem Solipsismus verabschieden und davon ausgehen, dass andere Menschen dieselben Beobachtungen über ihre mentalen Prozesse anstellen wie Sie und ich.

Eine solche Stimulanz, wie hier das Lesen eines bestimmten Satzes, kann eine Wanderung nicht nur von Informationen, sondern auch von Eindrücken, Gefühlen oder anderen Aspekten des Gedächtnisses oder des Unbewussten – wo es gespeichert ist – in das Bewusstsein, wo es wahrgenommen wird – auslösen. Achten Sie einmal auf Ihre Kleidung: Wo sitzt sie eng und wo locker? Ehe Sie diesen Satz gelesen haben, der Ihre Aufmerksamkeit auf die Kleidung lenkt, waren Sie sich vermutlich des Drucks, den die Kleidung auf Ihren Körper ausübt, nicht bewusst. Auf ähnliche Weise werden auch Erinnerungen wach gerufen, z.B. von einem kürzlichen freudigen Ereignis – und eventuell lässt sich auch ein wenig von dem begleitenden Gefühl aus dem kognitiven Unbewussten herauf-beschwören und die Erinnerungen daran in das kognitive Bewusste hinüberfüh-ren. Als Nächstes nehmen Sie einmal dieses Buch in die Hand und überlegen, wie es sich anfühlt – falls Sie diesen Text in Buchform lesen; andernfalls richten Sie Ihre Aufmerksamkeit auf jenes Wiedergabegerät, das den Text enthält, z.B. einen Bildschirm oder ein Display. Ich bin sicher, dass diese Experimente Sie be-reits davon überzeugt haben, dass es ein kognitives Unbewusstes und ein kogni-tives Bewusstsein gibt. Sie wissen jetzt, dass es nur einer Stimulanz bedarf, um ein mentales Konstrukt von dem einen zum anderen zu befördern.

Laut Definition ist es unmöglich, sich eines unbewussten Vorgangs bewusst zu sein. Ein unbewusster Vorgang, z.B. die permanente Überwachung des Blasen-drucks, kann zu einem Stimulus führen, bei dessen Eintreten Sie sich dann der Notwendigkeit bewusst werden, sich zu erleichtern.

In Bezug auf den letzten Satz lässt sich eine knifflige philosophische Frage stellen: Wer ist denn dieses „Sie“, mit dem ich spreche? Kann ich zwischen Ih-nen und Ihrem Bewusstsein unterscheiden? Aus technischer Sicht lässt sich diese Frage umgehen, indem ich einfach entscheide: Das „Sie“ ist eine Einheit aus dem physikalischen Selbst und allen anderen physikalischen und mentalen Phä-nomenen, die Ihr physikalisches Selbst manifestieren. Wir müssen diese Frage nach einer möglichen Unterscheidbarkeit von Ihnen selbst, Ihrem Bewusstsein und Ihrem Unbewussten auch nicht stellen, um die Prinzipien des Interface-Designs zu verstehen.

Es ist anzunehmen, dass die Erinnerungen oder der Schlüssel dazu an physika-lischen Orten in unserem Gehirn gespeichert sind, denn in manchen Fällen lässt sich durch direkte elektrische Stimulation bestimmter Bereiche im Gehirn – wie sie bei chirurgischen Eingriffen vorgenommen werden – eine Erinnerung wach-rufen, d.h. eine Erinnerung bewusst machen. Durch die Stimulierung eines be-stimmten Bereichs lässt sich eine bestimmte Erinnerung oder ein bestimmtes Gefühl reproduzieren, durch die Stimulierung eines anderen Bereichs lässt sich vielleicht eine andere Erfahrung wieder wach rufen. Studien zum Gehirn, die mit den Techniken der Magnetresonanzaufzeichnung (MRI) und der Positron-Emissions-Tomographie (PET) durchgeführt werden, helfen den Forschern dabei, die physikalischen Wechselwirkungen zwischen den verschiedenen mentalen Aktivitäten zu erkennen. Ich erwähne diese Techniken hier, weil sie vielleicht eines Tages hilfreich für das Design, insbesondere das Testen, von Interfaces sind. Es gibt zum Beispiel einen direkten Zusammenhang zwischen der örtlichen Glukoseaufnahmefähigkeit einer Person – ein Indikator dafür, wie viel Energie das Gehirn in einer bestimmten physikalischen Struktur verwendet – und der Leichtigkeit, mit der diese Person eine getestete Interface-Funktion bedienen kann. Auf der Basis dieser Erkenntnis könnte das Interface-Testen in der Zukunft zunehmend Gebrauch von direkten Messungen der Gehirnaktivitäten machen. Doch eine weitere Erforschung dieser Methoden soll nicht Ziel dieses Buches sein.

In unseren Beispielen sind wir bisher mentalen Konstrukten vom Unbewussten zum Bewussten gefolgt. Es gibt auch Beispiele für die umgekehrte Richtung: Ein plötzliches Geräusch oder ein unerwartetes Ereignis kann Ihre Aufmerksamkeit von Ihrer augenblicklichen Tätigkeit ablenken – etwa dem Lesen dieses Buches – und auf die Frage richten, woher dieses Geräusch kommt. Zum Beispiel könnte das Geräusch einer Lampe, die vom Regal fällt, zu der Frage führen: „Was macht die Katze dort oben?" Wenn Sie dann wieder zu Ihrer ursprünglichen Tätigkeit zurückkehren, sinkt das Wissen um dieses Ereignis vom kognitiven Bewusstsein ins kognitive Unbewusste.

Es gibt auch Grenzfälle und vieles, was wir vom Bewusstsein und Unbewussten noch nicht verstehen. So kennen Sie sicher die Situation, wenn Ihnen der Name einer Person buchstäblich „auf der Zunge liegt", aber doch nicht oder nur unvollständig einfällt, also letztlich nicht bis ins Bewusstsein vordringt. Manchmal schafft der Name den Weg dann noch in das Bewusstsein, manchmal nicht. Gibt es also noch ein Stadium zwischen Bewusstsein und Unbewusstem? Haben wir in solchen Fällen den Gedanken gerade in der Mitte der „Bewegung" von einem Bereich des Gehirns in einen anderen „erwischt"? Ist ein fast erinnerter Name ein Beweis für eine nur teilweise ausgebildete Verknüpfung oder eine unterbrochene Verbindung – vergleichbar mit einem lockeren elektronischen Kontakt? Diese offenen Fragen sind interessant, aber wir müssen sie nicht beantworten. Auch in der Astronomie verstehen wir zwar, dass sich das Universum ausdehnt, doch wir wissen nicht das Geringste darüber, was vor dem Beginn der Ausdehnung geschah – also vor dem berühmten Urknall, den viele Astronomen für den Ursprung des Universums halten.

Wie bereits gesagt, möchte ich keine bestimmte Metapher für die Funktionsweise des Gehirns prägen, aber es lässt sich wohl nicht vermeiden, bestimmte mentale Modelle zur Beschreibung heranzuziehen. Diese mentalen Modelle des Gehirns entwerfen wir in unserem Gehirn – ein verrückter Gedanke. Im Moment genügt es, sich das Bewusstsein und das Unbewusste als zwei getrennte Abteilungen des Gehirns vorzustellen. Diese Abteilungen sind nicht nur verschiedene Orte oder verschiedene Formen des Abspeicherns von Gedanken oder Erinnerungen – sie verwenden auch jeweils unterschiedliche Arten der Interaktion mit der Welt. Wie von Kognitionspsychologen im letzten Jahrhundert erkannt wurde, besitzen das kognitive Bewusstsein und das kognitive Unbewusste Eigenschaften, die jenseits unserer Wahrnehmung liegen.

In Tabelle 2.1 sind die Unterschiede zwischen dem kognitiven Bewusstein und dem kognitiven Unbewussten aufgeführt. Diese Tabelle zeigt uns, dass das kognitive Bewusstein dann ins Spiel kommt, wenn Sie einer Situation gegenüberstehen, die neu oder bedrohlich erscheint, oder wann immer Sie eine Entscheidung treffen müssen, die nicht zu Ihrer Routine gehört. Also eine Entscheidung, die vom Hier und Jetzt abhängt. Erst wenn Sie sich eines Vorschlags bewusst sind, können Sie bestimmen, ob dieser logisch konsistent ist. Das KOGNITIVE BEWUSSTEIN operiert in einer Abfolge und kann daher immer nur ein Problem nach dem anderen bearbeiten oder eine Aktion nach der anderen überwachen. Sie können sich gleichzeitig nur vier bis acht verschiedener Gedanken oder Dinge bewusst sein. Das bewusste Gedächtnis wird bestenfalls für wenige Sekunden aktiviert.

Das Bewusstsein wird bei sich verzweigenden Aufgaben angesprochen. Es ist nicht ganz einfach, verzweigende Aufgaben von nicht verzweigenden zu unterscheiden. Zum Beispiel: Das Bremsen an einer Ampel kann beides sein. Es ist nicht verzweigend – und wird vom kognitiven Unbewussten verarbeitet –, wenn Sie einfach auf das Rotlicht reagieren und das Bremspedal drücken. Wenn Sie sich aber einer Ampel mit Gelblicht nähern und entscheiden müssen, ob Sie schnell noch über die Kreuzung fahren oder anhalten sollen, kommt dabei das kognitive Bewusstsein ins Spiel. Wenn Sie eine neue Aufgabe lernen, reagieren Sie darauf vermutlich wie auf ein verzweigendes Ereignis, das Ihre bewusste Aufmerksamkeit erfordert. Bei Wiederholungen werden solche Aufgaben dann zu nicht verzweigenden Ereignissen und automatisierten Geschehnissen. Im nächsten Abschnitt werfen wir einen Blick auf diese Eigenschaften und ihre Bedeutung für das Interface-Design.

Tabelle 2.1: Eigenschaften des kognitiven Bewusstseins und des kognitiven Unbewussten

Eigenschaft	Bewusstsein	Unbewusstsein
Angesprochen durch	Neuheiten	Wiederholungen
	Notfälle	erwartete Ereignisse
	Gefahr	Sicherheit
Verwendet bei	neuen Umständen	Routinesituationen
Kann bearbeiten	Entscheidungen	nicht verzweigende Aufgaben
Akzeptiert	logische Vorschläge	Logisches oder Inkonsistentes
Agiert	in Folge	simultan
Steuert	Willen	Gewohnheiten
Kapazität	gering	riesig
Hält an	Zehntelsekunden	Dekaden (ein Leben lang)

2-3 Zentrum der Aufmerksamkeit

Sie besitzen ein bestimmtes Maß an Kontrolle darüber, unbewusste Gedanken bewusst werden zu lassen, zum Beispiel als Sie sich den letzten Buchstaben Ihres Namens „in Erinnerung riefen". Doch es liegt nicht in Ihrem Ermessen, bewusste Gedanken wieder ins Unbewusste zu bringen. „Denke nicht an einen Elefanten", flüstert das Mädchen dem Jungen zu – wohl wissend, dass dieser nicht anders kann, als genau dies zu tun. Aber nach wenigen Augenblicken – sofern der Dialog über den Elefanten nicht länger anhält – wird das Tier in das Unbewusste des Jungen wechseln. Wenn dies geschieht, widmet der Junge dem Gedanken an den Elefanten keine Aufmerksamkeit mehr: Der Elefant ist nicht mehr im Zentrum seiner Aufmerksamkeit.

Ich verwende hier den Begriff Zentrum, weil er einen Ort oder eine Stätte beschreibt, die von wesentlicher Bedeutung ist. Wenn Sie wach sind oder bewusst leben, ist Ihr **Zentrum der Aufmerksamkeit** eine Funktion oder ein Objekt in der physikalischen Welt oder eine Idee, über die Sie intensiv und aktiv nachdenken. Sie können den Unterschied erkennen, wenn Sie einmal über folgenden Satz nachdenken: „Wir können unsere Aufmerksamkeit absichtlich auf einen bestimmten Punkt konzentrieren." Das Wort *absichtlich* beinhaltet zwar einen Akt des Willens, doch eine vollständige Kontrolle unserer Aufmerksamkeit lässt sich damit nicht erzielen. Wenn in der nächsten Sekunde ein Feuerwerkskörper hinter Ihnen explodiert, wird Ihre Aufmerksamkeit auf die Quelle dieses Geräuschs gelenkt. Auch bei der Arbeit am Computer gibt es ein willentlich gelenktes Zentrum der Aufmerksamkeit, zum Beispiel auf das jeweils aktive Element einer Oberfläche. Dennoch sind auch die anderen Elemente präsent und werden von uns erfasst. Im Zentrum der Aufmerksamkeit kann jedoch immer nur ein Objekt liegen. Worum auch immer es sich bei diesem Objekt handelt – ob Handlung, Erinnerung, Gedanke oder Konzept –, es ist Ihr Zentrum der Aufmerksamkeit. Der Begriff „Aufmerksamkeit", wie er hier verwendet wird, beinhaltet nicht nur das aktive *Aufmerksamsein,* sondern auch die passive Form *im Fluss der Dinge zu sein* oder wahrzunehmen, was augenblicklich geschieht.

Doch die Wahrnehmung erstreckt sich weit über das jeweilige Zentrum der Aufmerksamkeit hinaus. Wenn Sie ein Zimmer betreten, um dort nach einem verlegten Gegenstand zu suchen, so mag das, was Sie suchen in Ihrem Blickfeld liegen, aber trotzdem unbemerkt bleiben. Durch optische Untersuchungen lässt sich belegen, dass das Bild des gesuchten Objekts auf der Netzhaut Ihres Auges eingetroffen ist. Es mag sogar innerhalb der 5 Grad des eigentlichen Sehzentrums der Netzhautkrümmung liegen. Mit neurophysiologischen Experimenten kann außerdem bewiesen werden, dass jenes Signal, welches das Objekt symbolisiert, auch erzeugt und über den Sehnerv weitergeleitet wurde – und doch bemerken Sie den Gegenstand nicht, weil er nicht zum Zentrum Ihrer Aufmerksamkeit wurde. Wenn ich darauf achte, bemerke ich, wie die Neonröhren im

Gang neben meinem Büro summen, meistens höre ich sie aber nicht. Der Ton ist aber immer da, wie eine Bandaufzeichnung beweisen kann, auch wenn ich ihn nicht wahrnehme. Am deutlichsten höre ich das Summen, wenn ich selbst das Licht an- oder ausschalte. Der plötzliche Beginn des Summens lenkt meine Aufmerksamkeit darauf. Das plötzliche Aufhören des Summens lässt mich erkennen, dass ich es die ganze Zeit gehört habe – was erstaunlich ist, weil es bereits vorbei ist. Obwohl der Ton also nicht mehr vorhanden ist, richtet sich das Zentrum meiner Aufmerksamkeit so gezielt darauf, dass ich ihn kurze Zeit danach noch in voller Klangstärke empfinden kann. Experimente zeigen, dass direkte Wahrnehmungen – also der Inhalt dessen, was von Psychologen als Wahrnehmungsgedächtnis bezeichnet wird – noch eine kurze Weile nachwirken. Das bekannte Phänomen der Augenträgheit ist der Grund dafür, warum die einzelnen Bilder eines Films in einer kontinuierlichen Bewegung zu befinden scheinen. Die visuelle Wahrnehmung erfolgt normalerweise mit einer Verfallszeit von 200 Millisekunden innnerhalb eines Bereichs, der sich von 90 bis 1.000 Millisekunden erstrecken kann. Die Wahrnehmungen des Gehörs verfallen meist in 1.500 Millisekunden, innerhalb eines möglichen Bereichs von 900 bis 3.500 Millisekunden (siehe Card, Moran und Newell 1983, S. 29ff). Jetzt, wo ich immer noch an meinem Schreibtisch sitze, kann ich das Summen nicht mehr in derselben lebhaften und unmittelbaren Art in mir wach rufen, wie ich dies direkt nach dem Ausschalten des Lichtes konnte, als mir das plötzliche Eintreten der Stille die vorherige Anwesenheit des Geräuschs sehr deutlich machte. Und Stunden später ist die Wahrnehmung komplett entschwunden und es bleibt nur eine relativ blasse Erinnnerung an das enervierende Summen – eher eine Beschreibung des Geräuschs als eine Empfindung.

Wahrnehmungen gehen nicht automatisch in das Gedächtnis über. Die meisten Wahrnehmungen gehen nach der Verfallsphase ganz verloren. Eine Lehre, die sich aus dem rapiden Verfall von Wahrnehmungen für das Interface-Design ziehen lässt, lautet: Sie können nicht davon ausgehen, dass eine Person, die vor fünf Sekunden eine Meldung gesehen oder gehört hat, sich später noch an deren Wortlaut erinnern kann. Wenn eine solche Meldung entscheidende Mitteilungen enthält oder wichtige Details – zum Beispiel die Meldung „Hier liegt ein Fehler vom Typ 39-152 vor", wobei die Zahl das entscheidende Detail angibt – sollten Sie dafür sorgen, dass diese Meldung entweder so lange angezeigt wird, bis sie nicht mehr benötigt wird (beste Strategie) oder der Benutzer diese Informationen sofort verwenden kann, ehe seine Erinnerung daran entschwindet. Wenn eine Information in das Zentrum der Aufmerksamkeit rückt, findet sie Eingang in das Kurzzeitgedächtnis, das in Abschnitt 2-3-4 erläutert wird; dort bleibt sie etwa zehn Sekunden bestehen.

2-3-1   *Ausbildung von Gewohnheiten*

Alles, was es wert ist, getan zu werden, ist es auch wert,
zunächst einmal nicht optimal gemacht zu werden.

— Dick Karpinski

Wenn Sie eine Aufgabe wiederholt ausführen, wird diese meist immer einfacher zu erledigen sein. Jonglieren, Tischtennisspielen, Klavierspielen sind Beispiele aus meinem Leben. All dies schien mir unmöglich, als ich es das erste Mal versuchte. Das Laufen ist ein weit verbreitetes Beispiel. Mit Wiederholung oder Übung wird die Fähigkeit zur Gewohnheit und Sie können Aufgaben häufig ausführen, ohne darüber nachzudenken. Thomas Lewis (1974), dessen Texte zur Biologie immer eine erfreuliche Lektüre sind, äußerte sich zu diesem Thema wie folgt sehr anschaulich.

> *Blind Schreibmaschineschreiben oder Fahrradfahren gelingt am besten, wenn Sie nicht darüber nachdenken. Sobald Sie Ihre Aufmerksamkeit auf die Finger richten, stolpern diese und drücken die falsche Taste. Um Aufgaben auszuführen, die praktische Fähigkeiten erfordern, müssen Sie das System aus Muskeln und Nerven locker lassen, das für diese Manöver verantwortlich ist. Lassen Sie es alleine machen und halten Sie sich raus. Dies beinhaltet keinen Autoritätsverlust, weil Sie nach wie vor entscheiden, ob eine Sache gemacht werden soll oder nicht; außerdem können Sie jederzeit intervenieren und die Technik verbessern. Wenn Sie rückwärts auf einem Fahrrad fahren möchten oder lieber im exzentrischen Zickzack-Gang laufen, nach jedem vierten Schritt einen Zwischenhüpfer machen und sich dabei um sich selbst drehen, so bleibt Ihnen das alles unbenommen. Wenn Sie jedoch Ihre Aufmerksamkeit auf diese Einzelheiten richten, jeden Muskel kontrollieren möchten, um bei jedem Schritt einen möglichen Fall zu verhindern, immer gewappnet dafür sind, notfalls im rechten Moment noch schnell den anderen Fuß vorzustrecken, um den Fall zu verhindern, dann werden Sie wie festgeschraubt auf dieser Erde verharren – zitternd vor Angst.*
> *(S. 64)*

Als ein Fernsehreporter einmal vorschlug, ein Baseballspieler solle doch über seine Technik nachdenken, während er schlägt, antwortete Baseball-Star Yogi Berra ebenso wie Lewis, aber kurz und knapp: „Wie soll man denken und gleichzeitig schlagen?" (Kaplan 1992, S. 754)

Jede Gewohnheit entsteht aus der Aufgabe kompletter Kontrolle, aber Gewohnheiten sind wichtig für die höheren Lebensformen auf der Erde. Auf der anderen Seite ist auch dann Leben möglich – z.B. Mikroben –, wenn jede Form des Bewusstseins fehlt – zumindest soweit unser heutiger Kenntnisstand reicht bzw. wofür es berechtigte Annahmen gibt. Wir verwenden den Begriff Gewohnheit auch in negativem Sinn. Trotz Lewis These, dass es zu keinem Autoritätsverlust kommt, können sich schlechte Gewohnheiten einschleichen. Gewohnheiten können auch zu starken Abhängigkeiten führen und manchmal sogar einen Punkt erreichen, der zu einem totalen Verlust an Kontrolle durch das Bewusstsein führt. (Ich spreche hier nicht von physiologischen Abhängigkeiten, wie sie durch Nikotin oder Opiate entstehen, sondern von unerwünschten, angelernten Gewohnheiten, z.B. dem Nägelkauen.) Sofern unser bewusstes Ich noch uns selbst entspricht, sind wir uns über die Bedeutung von Unamunos Beobachtung im Klaren: „Eine Gewohnheit anzunehmen, bedeutet ein wenig aus dem Leben zu scheiden." (Unamuno 1913) Unamuno wollte uns wohl vor den verhängnisvollen Aspekten warnen, die das Entwickeln von Gewohnheiten mit sich bringen kann. Wenn es jedoch darum geht, Routineaufgaben des täglichen Lebens zu meistern, sind wir meistens sehr daran interessiert, „aus dem Leben zu scheiden".

Stellen Sie sich vor, wie kompliziert es wäre, ein Auto zu steuern und ständig zu denken: „Oh, ich möchte anhalten. Da muss ich erstmal nachdenken: Die Umdrehungszahl im Motor soll weniger werden, also muss ich meinen Fuss vom Gaspedal nehmen. Dann muss ich die kinetische Energie des Wagens in Hitze umwandeln, indem ich auf das Bremspedal trete..." Als geübter Fahrer führen Sie diese Tätigkeiten Gott sei Dank gewohnheitsmäßig aus. In ähnlicher Weise haben Sie sich viele kleine Gewohnheiten angeeignet, die Ihnen dabei helfen, einen Computer, eine Armbanduhr, einen Wecker, ein Telefon und viele andere Geräte zu bedienen, die eine Bedienungsoberfläche bzw. ein Interface besitzen.

Häufige Benutzung von Oberflächen führt unweigerlich zur Entwicklung bestimmter Gewohnheiten. Unser Auftrag als Designer ist es, Oberflächen so zu gestalten, dass diese Gewohnheiten nicht zum Problem für den Benutzer werden. Wir müssen also Interfaces entwerfen, die in Rechnung stellen, dass der Mensch Gewohnheiten entwickelt, und es dem Anwender dann auch erlauben, Verhaltensmuster zu entwickeln, die sich nahtlos in den Arbeitsfluss integrieren lassen. *Die ideale Oberfläche würde die Interface-Komponenten in der Arbeit eines Anwenders zugunsten der Gewöhnung reduzieren. Viele Probleme, die Produkte kompliziert und schwerfällig in der Bedienung machen, werden von einem Design zwischen Mensch und Maschine hervorgerufen, das die Ausbildung von Gewohnheiten nicht einbezieht.* Ein gutes Beispiel hierfür ist die Tendenz, für die Durchführung ein- und derselben Aufgabe viele verschiedene Wege anzubieten. Wenn Sie erst einmal auswählen müssen, ehe Sie eine Aufgabe ausführen, verschiebt sich dadurch das Zentrum der Aufmerksamkeit fort von der Aufgabe und hin zur Auswahl der geeignetsten Methode (dieses Thema wird in Abschnitt 3-7 ausgeführt).

Eine Gewohnheit lässt sich nicht immer wieder durch einen Willensakt durchbrechen. Wie oft oder heftig Sie sich auch selbst dazu aufrufen, eine Operation nicht mehr nach dem gewohnten Muster durchzuführen, es kann sein, dass Sie nicht immer dazu in der Lage sind, sich selbst aufzuhalten. Stellen Sie sich vor, nächsten Samstag würde die Funktionsweise der Pedale in Ihrem Auto ausgetauscht: das Gaspedal würde zum Bremspedal und umgekehrt. Ein rotes

Licht erscheint auf dem Amaturenbrett, um Sie an diese Änderung zu erinnern. Vielleicht schaffen Sie es, mit einem solchen Auto um ein paar Ecken zu fahren, aber Sie würden sicher schon bald den ersten Fehler begehen. Sobald das Zentrum der Aufmerksamkeit nämlich von dieser neuen Anordnung abgelenkt wird – zum Beispiel, weil ein Kind auf die Straße rennt –, würde die gewohnheitsmäßige Reaktion überhand gewinnen und Sie dazu verleiten, auf das falsche Pedal zu drücken. Das Rotlicht wäre keine große Hilfe. Ich möchte deutlich machen, dass eine Gewohnheit sich nicht durch einen einmaligen Willensakt zurücknehmen lässt; dies ist nur dann möglich wenn erneut ein zeitaufwändiges Trainingsprogramm die verinnerlichte Gewohnheit durch eine neue ersetzt. Ein Designer kann auf diese Weise dem Benutzer unabsichtliche Fallen stellen, wenn er es ermöglicht, auf einem Computer zwei oder mehr komplexe Anwendungen laufen zu lassen, die sich nur in einigen wenigen, aber häufigen Details unterscheiden. Unter solchen Umständen ist der Benutzer geradezu dazu verdammt, Fehler zu begehen, denn er wird Angewohnheiten entwickeln, die in einer Anwendung zu Fehlern führen, während sie in der anderen angemessen sind.

2-3-2 Simultane Durchführung von Aufgaben

In der Sprache der Kognitionspsychologen wird jede Aufgabe als automatisiert bezeichnet, die man gelernt hat und dann ohne bewusst darüber nachzudenken ausführen kann. Durch diese Automatisierung wird es möglich, mehr als eine Aufgabe gleichzeitig zu erledigen. Alle Aktionen, die Sie simultan ausführen, sind zumindest bis auf eine automatisiert. Bei dieser einen, die nicht automatisiert ist, handelt es sich natürlich um jene, die das Zentrum der Aufmerksamkeit auf sich zieht. Wenn Sie zwei Dinge gleichzeitig tun, die sich beide nicht automatisch erledigen lassen, sinkt die Leistungsfähigkeit, die Sie jeder dieser Aufgaben zukommen lassen können – ein Phänomen das Psychologen als »Interferenz« bezeichnen – und Sie müssen Ihre Aufmerksamkeit dann zwischen diesen beiden Aufgaben aufteilen. Je überschaubarer und automatisierbarer Aufgaben sind, desto weniger Aufmerksamkeit werden sie von anderen Aufgaben abziehen (Baars 1988, S. 33).

Wir simulieren auch häufig die gleichzeitige Durchführung von Aufgaben, die unsere bewusste Kontrolle erfordern, indem wir rasch zwischen verschiedenen Aufgaben wechseln und die Aufmerksamkeit dabei zuerst der einen und dann der anderen Tätigkeit zuwenden (Card, Moran und Newell 1983, S. 42). Doch tatsächliche Gleichzeitigkeit wird nur dann erreicht, wenn alle bis auf eine Aufgabe automatisiert ausgeführt werden können. Sie können z.B. ein mathematisches Problem durchdenken und dieses lösen und zugleich einen Imbiß zu sich nehmen, ohne sich zu verschlucken, oder auch laufen, ohne zu stolpern.

(Sie können unbewusst auch noch an einem anderen mathematischen Problem arbeiten, aber laut Definition des kognitiven Unbewussten würden Sie das selbst nicht bemerken. Ich behaupte hier nur, dass Sie nicht gleichzeitig *bewusst* an zwei verschiedenen mathematischen Problemen arbeiten können.)

Die meisten Menschen haben all diese Aufgaben – mit Ausnahme des mathematischen Problems – so gut gelernt, dass sie diese wie mit einem Autopilot ausführen. Wenn Sie jedoch all diese Dinge gleichzeitig tun und plötzlich auf ein schlecht schmeckendes Stück Ihrer Käsesemmel beißen, sind Sie sich nur noch dessen bewusst, was Sie essen. Das mathematische Problem befindet sich dann nicht mehr in Ihrem Bewusstsein.

Ebenso wichtig wie die Tatsache, dass Sie nicht mehrere Dinge gleichzeitig bewusst erledigen können, ist der Umstand, dass Menschen es nicht vermeiden können, Reaktionen zu automatisieren. Diese Feststellung ist sehr wichtig und kann deshalb getrost noch einmal wiederholt werden: Kein noch so intensives Training kann einen Benutzer davon abhalten, *keine* Gewohnheiten zu entwickeln, wenn ein Interface wiederholt bedient werden muss.

Die Ausbildung von Gewohnheiten ist ein fester Bestandteil unserer mentalen Schaltung und lässt sich nicht durch bloßen Willen außer Kraft setzen. Wenn Sie samstags schon einmal unabsichtlich in Richtung Arbeit gefahren sind, wurden Sie dabei von einer Gewohnheit geleitet, die sich durch Wiederholung immer derselben Aktion eingestellt hat. Als Sie lesen gelernt haben, sprachen Sie die Worte zuerst laut aus und achteten auf jeden Buchstaben und jede Silbe. Jetzt (so hoffe ich) lesen Sie ohne bewusste Aufmerksamkeit auf den Vorgang, wie sich Zeichen in Worte übersetzen lassen.

Jede Aktion, die wiederholt durchgeführt wird, wird schließlich zu einem Automatismus. Auch eine Reihe von Aktionen, die in Folge ausgeführt werden, kann sich zu einer einzigen Aktion verdichten; wenn Sie eine Folge beginnen, die weniger als eine oder zwei Sekunden beansprucht, werden Sie diese nicht anhalten können, sondern alle Aktionen nacheinander ausführen, die zu dieser Sammlung gehören. Auch Abfolgen, die länger als ein paar Sekunden dauern lassen sich nicht unterbrechen, es sei denn, die Folge selbst rückt ins Zentrum der Aufmerksamkeit. Nachdem Sie also samstags den Weg zur Arbeit eingeschlagen haben, erkennen Sie plötzlich, dass Sie eigentlich in die entgegengesetzte Richtung fahren wollten. Diese Erkenntnis stellt Ihre Ortskenntnisse in das Zentrum der Aufmerksamkeit. In diesem Moment können Sie die automatische Abfolge von Aktionen unterbrechen, die Sie andernfalls zu Ihrem Arbeitsplatz geführt hätte.

Wenn Sie eine Folge von Aktionen wiederholen und verhindern möchten, dass sich daraus eine Gewohnheit entwickelt, gibt es dagegen nur ein Rezept: Das, was Sie augenblicklich tun, muss im Zentrum Ihrer Aufmerksamkeit stehen und auch dort bleiben, bis es abgeschlossen ist. Dies ist ein sehr schwieriger Vorgang, denn – um es mit einer geläufigen Wendung auszudrücken – unsere Aufmerksamkeit wandert.

Die Unvermeidbarkeit der Entstehung von Gewohnheiten hat auch Auswirkungen auf das Interface-Design. Angenommen, auf einem Computersystem erscheint beim Löschen einer Datei die bekannte Meldung: „Sind Sie sicher?" Sie müssen dann J für Ja oder N für Nein als Antwort auf diese Frage eingeben. Dahinter steht folgender Gedanke: Indem Sie Ihre Entscheidung noch einmal bestätigen müssen, gibt Ihnen das System die Chance einen andernfalls nicht revidierbaren Fehler zu korrigieren.

Dieser Gedanke hat weite Verbreitung gefunden. Smith und Duell sagen zum Beispiel: „Wenn Sie aus Versehen einen Teil der permanenten Aufzeichnung löschen (was kaum möglich ist, weil der Computer immer fragt, ob Sie sicher sind)..." (S. 86). Leider gehen Smith und Duell aber von einer unrealistischen Behauptung aus: Sie können schnell einmal aus Versehen etwas löschen, auch wenn diese Art von Sicherheitsabfrage erfolgt. Da Fehler relativ selten sind, geben Sie als Antwort auf diese Abfrage wahrscheinlich meistens Ja ein. Aufgrund ständiger Wiederholung dieser Aktion bei Löschvorgängen, die korrekt sind, gewöhnen Sie sich daran, ein J einzugeben. Sobald Sie sich aber daran gewöhnt haben, ist dies kein mentaler Vorgang mehr, bei dem Sie noch einmal überlegen, ob Sie die Datei wirklich löschen möchten. Sie pausieren an dieser Stelle nicht mehr, um Ihre Absichten zu prüfen, sondern geben automatisch J ein. Die Abfrage des Computersystems war als Sicherheitsmaßnahme gedacht, die aber in dem Moment fast zur Farce wird, in dem die Gewohnheit die Oberhand gewonnen hat. Die Meldung ist dann nur noch ein Zwischenschritt, der das Löschen von Dateien umständlicher macht.

Das bedeutet: *Jeder Schritt zur Bestätigung, der eine zur Gewohnheit werdende Antwort beinhaltet, ist sinnlos.* Designer, die diese Art von Bestätigungen verwenden, und Systemverwalter, die glauben, dass solche Bestätigungen Schutz bieten, sind sich über die Macht der Gewohnheitsbildung des kognitiven Unbewussten nicht im Klaren (siehe Abschnitt 6.4.2).

Eine effektivere Strategie besteht darin, die Benutzer einen fehlerhaften Befehl zurücknehmen zu lassen, auch wenn sie seit dessen Ausführung bereits andere Arbeitsschritte unternommen haben. Bei Bestätigungen gibt es keinen Schutz gegen die Entwicklung von Gewohnheiten auf Seiten des Anwenders. Die einzige Möglichkeit, die Entscheidung bei einer Bestätigung wieder in das Zentrum der Aufmerksamkeit zu rücken, liegt darin, die erforderliche Aktion zur Bestätigung unberechenbar zu machen. Ein Beispiel: Der Benutzer muss ein Wort – das durch einen Zufallsgenerator ermittelt wird – entweder zweimal oder rückwärts in ein Dialogfeld eingeben.

> Die aufgerufene Aktion kann nicht rückgängig gemacht
> werden. Sie führt zu einem endgültigen Verlust der
> Informationen in der Datei. Wenn Sie sicher sind, dass
> die Informationen dauerhaft gelöscht werden sollen, geben
> Sie das zehnte Wort in diesem Dialogfeld rückwärts ein.

Diese Art von Bestätigungsabfrage ist eine drakonische Maßnahme: Jeder wirksame Bestätigungsschutz erfreut sich bei den Anwendern nicht gerade großer Beliebtheit, denn er verhindert eine gewohnheitsmäßige Reaktion. Soll jedoch aus rechtlichen oder anderen Gründen unbedingt sichergestellt werden, dass sich eine Datei nicht vom Benutzer löschen lässt, dann sollte am besten gänzlich ausgeschlossen werden, dass ein Löschvorgang durchgeführt werden kann. Wenn Sie die oben dargestellte Methode einsetzen, verschiebt sich das Zentrum der Aufmerksamkeit beim Anwender. Vielleicht vergisst er sogar, über den Sinn des Löschvorgangs nachzudenken, wodurch dann schließlich der Benutzer frustriert wird und der Zweck der Abfrage auch nicht erreicht ist.

Keine Bestätigungsabfrage ist perfekt. Auch wenn Sie den Benutzer eine Begründung für seine Löschabsichten eingeben lassen –, eine Technik, die in Situationen sinnvoll ist, die rechtliche Folgen haben können – kann dies schon bald dazu führen, dass er sich ein paar Standardfloskeln als Antwort zurechtlegt, die er dann ebenso unbedacht eintippt. Wenn eine irreversible Aktion ausgeführt wird, der von Anfang an ein Denkfehler zugrunde liegt, kann auch keine Warnung oder Bestätigung, den Anwender daran hindern, diesen Fehler zu begehen.

Gefangen in der Automatisierungsfalle

Ich war in die Automatisierungsfalle gegangen, während ich dieses Kapitel schrieb: Ich setzte ein Wort kursiv und versuchte dann, die Kursivschrift wieder aufzuheben. In den meisten Textverarbeitungsprogrammen auf dem Macintosh lässt sich ein Text in den normalen Status zurück versetzen, indem man die Apfeltaste gedrückt hält und dann die Buchstabentaste T drückt. Im englischen Microsoft Word jedoch ändert Ctrl-T das Absatzformat. Wenn Sie mich gefragt hätten –, und damit mein Zentrum der Aufmerksamkeit auf diesen Punkt gelenkt hätten – hätte ich Ihnen mitteilen können, dass ich mit Microsoft Word arbeite und doch habe ich automatisch (!) meine Finger nach Apfeltaste-T ausgestreckt und diese Tasten gedrückt, wodurch das ganze Absatzformat durcheinander geriet. Die einzige Möglichkeit, solche Fehler auszuschließen, besteht darin, ein Interface-Design zu entwickeln, das der unvermeidlichen Ausbildung von Gewohnheiten Rechnung trägt.

2-3-3 *Einzigartigkeit des Zentrums der Aufmerksamkeit*

Ich kann nicht an X denken, wenn ich gerade an Y denke.

— Chris, aus der Fernsehshow Northern Exposure, 31. Oktober 1994

Für unsere Zwecke liegt die wesentliche Erkenntnis über das Zentrum der Aufmerksamkeit in der Tatsache, dass es nur eines gibt. Diese Beobachtung kann als Lösung zahlreicher Interface-Probleme dienen. Viele Menschen glauben nicht, dass sie ihre Aufmerksamkeit immer nur einer Sache zuwenden können. Die Experimente aus der zitierten Literatur stützen aber die Hypothese, dass wir nicht auf mehrere gleichzeitige Stimulanzen reagieren können. Diese Erkenntnis, die sich gut in unsere Diskussion zu den Beschränkungen des kognitiven Bewusstseins einfügt, ist überraschend genug, um ihr ein wenig auf den Grund zu gehen.

Als Roger Penrose (1989) anmerkte, „Ein Charakteristikum des bewussten Gedankens […] ist seine 'Einmaligkeit' – im Gegensatz zu den vielen Handlungen, die sich gleichzeitigen ausführen lassen." (S. 398). Bernard Baars (1988), eine Kapazität auf dem Forschungsgebiet des kognitiven Bewusstseins, erläutert seine Erkenntnis folgendermaßen: „Wenn Menschen einen anspruchsvollen Informationsfluss überwachen sollen, sind sie sich alternativer Informationsflüsse, die gleichzeitig auf dasselbe Sinnesorgan treffen, weitgehend unbewusst. Ähnlich lässt sich feststellen, dass jemand, der tief in einen einzigen Informationsstrang verwickelt ist, alternative Ereignisse aus seinem Bewusstsein ausklammert." (S. 33) Die alternativen Ereignisse stehen nicht im Zentrum der Aufmerksamkeit.

Auch die Sprache trägt diesem Umstand Rechnung. Wir sprechen zwar davon, dass wir einen oder auch mehrere Gedanken haben können, aber wir sagen niemals, dass wir unsere *Aufmerksamkeiten* einer oder mehreren Angelegenheiten zuwenden. Der Plural des Wortes »Aufmerksamkeit« wird nur in anderen Zusammenhängen benutzt. Obwohl Sie sich also aller anderen Dinge unbewusst sind, wenn Sie einem Gedankengang bewusst folgen, kann ein unerwartetes Ereignis Ihre Aufmerksamkeit von diesem Gedankengang ablenken. Ich habe bereits beschrieben, wie überraschende Ereignisse eine bewusste Aufmerksamkeit auslösen können. Der springende Punkt ist hier, dass Sie ein neues Zentrum der Aufmerksamkeit gewonnen und das alte verloren haben. Es kommt also kein zweites Zentrum gleichzeitig ins Spiel.

Ein solch überraschendes Ereignis muss nicht externer Natur sein. Ein plötzlicher Schmerz oder die Erkenntnis, dass es Zeit ist, einer Verabredung zu folgen, kann auch genügen, um in das kognitive Bewusstsein einzubrechen, den aktuellen Gedankengang abzubrechen und einen neuen einzuführen[1]. Wenn solche äußeren und inneren Ereignisse zu unserer Routine gehören und keinen Druck auf uns ausüben, erkennt unser Unbewusstes diesen Status und ignoriert diese Ereignisse – ohne dass wir uns darüber bewusst werden, dass wir sie nicht zur Kenntnis nehmen. Mit anderen Worten: Ist nur das Übliche anwesend, lenkt dies unsere Aufmerksamkeit nicht ab. Es ist möglich, sich die übliche Umgebung von Zeit zu Zeit bewusst einzuprägen, um Ereignisse wahrzunehmen, die Ihrer Aufmerksamkeit andernfalls entgehen würden. Piloten werden zum Beispiel darin trainiert, regelmäßig ihre Instrumente zu überwachen – auch ohne äußere Stimulanz. Durch diese Überwachung können sie Instrumente erkennen, die einen anomalen Zustand anzeigen (nicht jedes Instrument in einem Flugzeug ist mit einem Alarm ausgestattet). Trotzdem vergessen Piloten diese Instrumentenprüfung immer wieder, wenn Ereignisse ihre Aufmerksamkeit auf einen bestimmten Punkt richten.

Sie können sich von der Aufgabe, die im Zentrum Ihrer Aufmerksamkeit liegt mehr oder weniger „absorbieren" lassen. Je intensiver Sie sich auf etwas konzentrieren, desto schwieriger wird es, zu einem anderen Zentrum der Aufmerksamkeit zu wechseln, d.h. desto stärker muss die Stimulanz sein, damit ein solcher Wechsel erfolgt. Im Extremfall, wenn wir vollkommen von einer Aufgabe vereinnahmt werden, können wir unsere Umgebung nicht mehr wahrnehmen. Vielleicht kennen Sie diesen Zustand, wenn Sie ein spannendes Buch lesen, intensiv über ein Problem nachdenken oder sich gerade in einer Krisensituation befinden, die Ihre ganze Aufmerksamkeit erfordert, wie es so schön heißt.

Die Bedienung eines Computers ist oft so vereinnahmend und schwierig, dass der Anwender von der Arbeit am Computersystem absorbiert und dadurch von der Ausführung seiner eigentlichen Aufgabe abgelenkt wird. Unser Ziel muss es also sein, die Aufgabe selbst im Zentrum der Aufmerksamkeit des Benutzers zu lassen.

---

1. Beträchtliche Aufmerksamkeit ist den biologischen Mechanismen gewidmet worden, die es Tieren ermöglichen, eine Abstimmung mit externen Zeitzyklen zu erreichen. Ich kenne aber keine Arbeiten, die sich damit befassen, wie wir unsere inneren Alarmglocken einrichten bzw. darauf reagieren.

Konzentration auf ein Problem tötet 101 Menschen

Ein extremes Beispiel ist ein Unfall, der im Dezember 1972 das Leben von 101 Menschen kostete. Üblicherweise zeigt eine grüne Anzeige im Cockpit eines Flugzeugs an, dass das Fahrgestell ausgefahren und zur Landung bereit ist. Als diese Anzeige nicht leuchtete, beschloss der Pilot in einer Höhe von 2.000 Fuß zu kreisen und der Copilot schaltete den Autopiloten ein. Alle drei Crewmitglieder versuchten dann, die Glühbirne auszuwechseln, aber sie klemmte und war nicht herauszubekommen. Vermutlich schalteten sie beim Herumhantieren und der Arbeit an der Leuchtanzeige aus Versehen den Autopiloten aus, jedenfalls war er nicht mehr aktiv. Wie die Aufzeichnungen aus dem Cockpit später ergaben, erklang schon bald ein automatischer Warnton mit einer Länge von 0,5 Sekunden, der darauf hinwies, dass die Maschine 250 Fuss unter der festgesetzten Höhe lag. Auch ein gelbes Warnblinklicht leuchtete auf. Die Crew, konzentriert auf ihr Problem mit der grünen Glühbirne, nahm keine der beiden Warnungen wahr. Etwas später, immer noch im Kampf mit der Glühbirne, bemerkte der Copilot, dass der Höhenmesser 150 Fuss anzeigte, was bereits alarmierend tief war. Er fragte den Piloten: „Wir sind doch noch auf 2.000 Fuss, oder?" Der Pilot antwortete „Mist, was ist hier los?"

Während der Pilot sprach, ging ein weiterer Alarmton aufgrund der zu geringen Höhe los. „Trotz Höhenmesser, der gegen Null ging, einem gelben Lichtsignal am Höhenmesser, das anzeigte, dass sie die mindestens vorgesehene Flughöhe unterschritten hatten, und einem deutlichen Warnton, war sich die gesamte Crew der Flughöhe von 2.000 Fuss so sicher, dass keiner sich aufraffen konnte, einmal nachzusehen. Acht Sekunden, nachdem der erste Offizier den Höhenmesser bemerkt hatte, zerschellte das Flugzeug in den Everglades." (Zitierte Unterlagen aus Garrison 1995).

Die Vereinnahmung durch eine Aufgabe oder ein Problem senkt die Leichtigkeit, mit der ein Wechsel im Zentrum der Aufmerksamkeit stattfinden kann. Auf der anderen Seite ist ein bestimmtes Maß an Vertiefung – sofern sie sich auf die Aufgabe und nicht auf das System richtet –für jede Form von Produktivität notwendig. Optimale Systeme besitzen also ein Design, das es dem Benutzer ermöglicht, sich auf seine Aufgabe zu konzentrieren. Interfaces sollten so stabil entworfen werden, dass auch ein Benutzer, der intensiv mit einer Aufgabe beschäftigt ist, mit dem System kommunizieren kann. Ein Interface muss funktionieren, unabhängig vom Grad der Versunkenheit des Benutzers. Viele Interface-Designer gehen zum Beispiel davon aus, dass der Cursor im Zentrum der Aufmerksamkeit eines Benutzers steht, woraus geschlossen wird, dass eine Veränderung der Cursorform automatisch die Aufmerksamkeit des Benutzers erregt. Die Cursorposition ist ein guter Ort, um Anzeigen einzubauen, aber selbst dort kann eine Anzeige einmal unbemerkt bleiben. Die Form des Cursors ist nämlich nicht im Zentrum der Aufmerksamkeit, sondern jener Ort oder jenes Objekt, auf das er deutet. Ein Beispiel dazu finden Sie in Abschnitt 3-2.

Viele Beispiele für diese Art von Vereinnahmung scheinen unglaublich, bis man selbst eine ähnliche Erfahrung gemacht oder genügend Berichte über solche Vorfälle gelesen hat, die von der Kraft und Macht einer solchen Vereinnahmung überzeugen. Da Unfälle in der Luftfahrt häufig gut recherchiert und sorgfältig dokumentiert werden, bieten sie eine gute Quelle für diesbezügliche Fallstudien. Hier ein weiteres Beispiel (Garrison 1994): Ein erfahrener Pilot flog ein ihm unbekanntes Flugzeug, dessen einziehbares Fahrgestell beim Landeanflug ausgefahren werden musste. Als Erinnerungsstütze erklingt in diesem Flugzeugtyp ein Warnton, wenn die Maschine nur noch einen bestimmten Abstand zum Boden hat und das Fahrgestell noch nicht ausgefahren ist. „Ich landete mit eingezogenem Fahrgestell, weil ich davon überzeugt war, dass der Warnton, den ich bei der Annährung an die Landebahn hörte, etwas mit den Bremsklappen zu tun hatte. (Dies war eine meiner ersten Lektionen dafür, wie mentale Unpässlichkeit zu Unfällen führen können.)“ (Garrison 1994) Aber es gab keine mentale Unpässlichkeit. Der Pilot war einfach nur zu sehr darauf konzentriert, eine gute Landung hinzukriegen – eine der schwierigsten Aufgaben eines Piloten, die große Konzentration erfordert[1].

Die Fähigkeit des Menschen, Störungen einfach aus seiner Wahrnehmung auszublenden, muss nicht in Alles-oder-nichts-Reaktionen münden, wie in den vorherigen Beispielen beschrieben. Das Ausblenden der Störung kann sich proportional zum Grad der Aufmerksamkeit und der Störung verhalten. Je größer der Stress, „desto mehr konzentriert sich der Mensch auf einige wenige Funktionen in seiner Umgebung, wodurch immer weniger Aufmerksamkeit für andere Dinge übrig bleibt.“ (Loftus 1979, S. 35) *Wenn sich der Computer nicht erwartungsgemäß verhält, während Sie eine Oberfläche benutzen, wird es immer unwahrscheinlicher, dass Sie Hinweise, Meldungen oder andere Hilfen für den Benutzer zur Kenntnis nehmen, weil Sie immer mehr von dem Problem absorbiert werden.*

Je wichtiger eine Aufgabe, desto unwahrscheinlicher ist es, dass Benutzer Warnungen beachten, die sie vor potenziell gefährlichen Aktionen bewahren sollen. Eine Warnmeldung wird dann am ehesten übersehen, wenn sie eigentlich am wenigsten übersehen werden sollte. Dieser Satz klingt wie eine humorige Ableitung von Murphys Gesetz[2] – ist es aber nicht. Abhilfe lässt sich schaffen, indem wir sicherstellen, dass der Benutzer keine elementaren Fehler auf der Be-

---

1. Ein Interface-Designer würde an diesem Punkt vielleicht einwenden, warum ein Flugzeug, das einen Warnton auslösen kann, nicht auch automatisch das Fahrgestell ausfahren kann? Dieses Buch ist zwar kein Diskussionsforum für derartige Details, aber es soll gesagt sein, dass das automatische Ausfahren des Fahrgestells in manchen Fällen zu einer Gefahrenquelle für die Insassen werden kann. Aus diesem Grund kann der Pilot immer wählen, ob er das Fahrgestell ausfahren möchte.
2. Wenn etwas schief gehen kann, dann geht es auch schief. Die erste Ableitung von Murphys Gesetz lautet: Wenn nichts schief gehen kann, geht es trotzdem schief.

dienungsoberfläche machen kann, oder dafür zu sorgen, dass solche Aktionen wieder zurückgenommen werden können, anstatt den Benutzer nur auf die möglichen Konsequenzen seiner Aktionen hinzuweisen. Die meisten Interface-Funktionen lassen sich so entwerfen, dass Fehlermeldungen oder Warnhinweise überflüssig sind. Eine beeindruckende Schmähschrift gegen die Verwendung von Fehlermeldungen finden Sie in *About Face (Cooper 1995, S. 421–440).*

2-3-4 Ursprung des Zentrums der Aufmerksamkeit

Es mag merkwürdig erscheinen, dass wir nur ein einziges Zentrum der Aufmerksamkeit besitzen. Lassen Sie uns erforschen, wie wir zu diesem Merkmal gekommen sind. Baars (1988) spricht ausführlich zu dieser Frage; er sucht nach einem biologischen Grund dafür, warum wir diese Beschränkung entwickelt haben und behauptet:

Bewusstsein und die zugehörigen Mechanismen lassen sich aufgrund der paradoxen Beschränkungen der Bewusstseinsfähigkeiten nur schwer funktional erklären. Warum können wir nicht zwei „Dinge" gleichzeitig erfahren? Warum ist das Kurzzeitgedächtnis[1] auf eine Kapazität von etwa sechs einzelnen Dingen beschränkt? Wie konnten wir uns innerhalb solch enger Grenzen anpassen? Naiv gedacht, wäre es doch wunderbar, bewusst ein Buch lesen zu können, ein anderes zu schreiben, mit einem Freund zu sprechen und ein gutes Essen zu genießen – und das alles zur selben Zeit. Das Nervensystem wäre sicherlich groß genug, um all diese Dinge simultan auszuführen. Die übliche Antwort, dass diese Beschränkungen „physiologischer" Natur sind oder wir nur zwei Hände und einen Mund zur Verfügung hätten, sind sehr unbefriedigend, denn sie führen nur noch einen Schritt weiter zurück: Warum haben Organismen mit den am höchsten entwickelten Gehirnen aller Lebewesen es nicht geschafft, genügend Hände oder Münder hervorzubringen, um eine echte parallele Verarbeitung zu ermöglichen? Und warum lässt sich eine parallele Aufnahme von Informationen nur mit einer erhöhten Automatisierung und einer abnehmenden bewussten Teilnahme erreichen? (S. 348)

---

1. Das Kurzzeitgedächtnis ist ein Begriff, der das Verhalten des Gedächtnisses in Reaktion auf augenblickliche Reize beschreibt, zum Beispiel auf etwas, was wir augenblicklich sehen, hören oder anderweitig wahrnehmen. Wenn wir das Gedächtnis nicht benutzen oder zum Zentrum unserer Aufmerksamkeit machen, wird das Kurzzeitgedächtnis innerhalb von 10 bis 20 Sekunden wieder ausgeblendet oder sogar noch schneller, wenn wir neuen Ereignissen Aufmerksamkeit schenken. Wie Baars anmerkte, ist das Kurzzeitgedächtnis nicht nur kurz, sondern auch von sehr beschränkter Aufnahmefähigkeit. Neue Ereignisse vertreiben die alten unwiderbringlich daraus. Eine nicht zu wissenschaftliche und gut lesbare Beschreibung der Funktionsweise des menschlichen Gedächtnisses finden Sie bei Loftus (1980).

Baars vermutet, dass die Antwort auf diese Fragen in folgendem Umstand begründet liegt: Es gibt nur ein „ganzheitliches System", also nur ein „Ich" in jedem von uns. Aber die Feststellung, dass es nur eine Persönlichkeit pro Mensch gibt, wirft neue Fragen auf: Warum gibt es nicht mehrere Persönlichkeiten in einer Geist-Körper-Einheit? Ich spreche hier nicht von verschiedenen Entwicklungsstadien, die in einer bestimmten Folge stattfinden[1], sondern von wirklich gleichzeitigen und unabhängigen Persönlichkeiten in einer einzigen, zusammenhängenden physikalischen Einheit. Es könnte ganz einfach sein, dass die einzelne Persönlichkeit eine biologische Entsprechung zur Linearität der Zeit ist oder ein Unfall der Evolution und keine funktionale Anpassung gewesen sein muss. Dennoch liegt die Vermutung nahe, dass die einzelne Persönlichkeit aus Gründen der Anpassung entstanden ist und auf rein physischer Ebene verhindern soll, dass mehrere Persönlichkeiten gleichzeitig in einem Körper vorhanden sind. Ausgehend von unserem Körperbau wären zwei Persönlichkeiten nicht in der Lage, gleichzeitig zu sprechen oder den Kopf jeweils in verschiedene Richtungen zu drehen. Selbst wenn sich unsere Augen so entwickelt hätten, dass sie sich wie beim Gecko unabhängig voneinander bewegen könnten, wären sie dann auch in der Lage, die Neugierde zu befriedigen, die aufgrund von zwei verschiedenen Eindrücken entsteht? Ich könnte mir vorstellen – um nur eines der denkbaren Katastrophenszenarien zu entwickeln – dass eine solche multiple Persönlichkeitsmutation auf der Flucht vor einem Raubtier sofort gefressen worden wäre, da sie sich gleichzeitig für zwei verschiedene Fluchtwege entschieden hätte.[2]

Es gibt natürlich siamesische Zwillinge und zweiköpfige Tiere und diese besitzen zwei unabhängige Persönlichkeiten; sie sind aber Launen der Natur, die aufgrund eines falschen genetischen Codes entstehen. Aus Sicht der Evolution waren sie nicht erfolgreich und sind nicht die Folge natürlicher Auslese. In der Wildnis überleben und pflanzen sich solche Eskapaden der Natur nur selten fort.

---

1. Die kontinuierliche Veränderung der Persönlichkeit gehört zum Wesen des Menschen: Wir wachsen und ändern uns fortwährend. Diese Änderungen und das Phänomen der multiplen Persönlichkeitsstörung sind nicht Thema dieser Diskussion.

2. Ich habe oft beobachtet, wie meine Katze zwischen Neugier und Angst schwankt: alle Sinne sind auf ein unbekanntes Objekt gerichtet, der Körper ist gespannt und zur sofortigen Flucht bereit. Ich selbst habe auch schon so gehandelt. Manchmal kann es sinnvoll sein, nicht zu fliehen und aus den Konsequenzen zu lernen, manchmal kann eine Verzögerung aber auch fatale Folgen haben. Der Ausdruck „zwei Seelen in einer Brust" beschreibt eher einen inneren Konflikt, der in zeitlicher Abfolge ausgetragen wird und nicht die Existenz von zwei unabhängigen, gleichzeitig vorhandenen Persönlichkeiten.

2-3-5 Ausnutzung des einzigen Zentrums der Aufmerksamkeit

Wir haben bereits die Auswirkungen und den möglichen Ursprung der Singularität des Zentrums der Aufmerksamkeit erforscht. Der nächste Schritt besteht darin, diese Singularität zu nutzen. Wir können weder unsere eigene innere Schaltung neu entwerfen noch die von anderen Benutzern, aber wir können Produkte entwickeln, deren Interfaces diese kognitiven Fähigkeiten berücksichtigen.

Es ist nicht nur ein Nachteil, dass die Menschen nur ein einziges Zentrum der Aufmerksamkeit besitzen. Zauberer nutzen dieses Merkmal schamlos aus. Ein guter Zauberer kann die Aufmerksamkeit des gesamten Publikums so auf eine Hand fixieren, dass niemand sieht, was die andere Hand tut – und zwar auch dann, wenn diese nicht verborgen ist. Wenn wir wissen, worauf die Aufmerksamkeit des Anwenders fixiert ist, können wir an anderer Stelle Änderungen im System vornehmen und wissen, dass diese Änderungen den Anwender nicht irritieren. Dieses Phänomen wurde beim Design des *Canon Cat* (Abbildung 2.1) genutzt. Wenn ein Benutzer aufhört zu arbeiten, speichert der *Canon Cat* Bit für Bit das Bild auf dem Monitor – exakt so wie zum Zeitpunkt der Arbeitsunterbrechung – auf der ersten Spur der Diskette. Wenn der Benutzer die Diskette erneut lädt, platziert der Cat das zuletzt betrachtete Bild innerhalb von Sekundenbruchteilen auf dem Monitor. Bei einem Menschen dauert es 10 Sekunden, um zu einem anderen Kontext zu wechseln oder sich mental für eine künftige Aufgabe vorzubereiten (Card, Moran und Newell 1983, S. 390), aber beim Cat waren nur 7 Sekunden notwendig, um die gesamte restliche Diskette in den Arbeitsspeicher zu laden. Während der Benutzer also auf ein statisches Bild starrt und sich dabei in Erinnerung ruft, was er getan hat und was er als Nächstes tun möchte – im Zentrum seiner Aufmerksamkeit liegt also die Vorbereitung auf die kommende Aufgabe –, ist das System mit dem Laden bereits fertig. Erst dann ist der Bildschirm eigentlich aktiv, obwohl sich sein Aussehen nicht verändert hat; erkennbar ist das lediglich am Cursor, der dann blinkt. Diesen Trick haben nur wenige Anwender jemals bemerkt. Die meisten Cat-Besitzer dachten, dass es dieser Computer auf wundersame Weise ermöglichte, die gesamte Diskette in jenen Sekundenbruchteilen einzulesen, die aber in Wirklichkeit nur für das Einlesen des ersten Bildschirms benötigt wurden.

Viele Menschen glauben nicht, dass man etwa 10 Sekunden benötigt, um zwischen Zusammenhängen umzuschalten. Die Zeit wird ausgehend vom letzten Befehl gemessen, der im aktuellen Zusammenhang ausgeführt wird bis zum ersten Befehl aus dem neuen Zusammenhang. Diese zeitliche Verzögerung wird nicht wahrgenommen, weil der Benutzer gedanklich mit anderen Dingen beschäftigt ist. Doch beim Design von Interfaces sollte dieses Phänomen nur mit großer Sorgfalt eingesetzt werden. Wenn ein Arbeitsablauf es erfordert, dass ein

Benutzer einen solchen Kontextwechsel sehr häufig vollzieht, wodurch sich eine Gewöhnung einstellt, dann kann er den Wechsel auch in deutlich geringerer Zeit durchführen.

Zeitverzögerungen lassen sich verbergen. Zum Beispiel: Wenn bei einem Kartenspiel eine gewisse Zeit gebraucht wird, um mit der nächsten Runde zu beginnen, lässt sich diese scheinbar verkürzen, wenn in dieser Phase das Geräusch des Kartenmischens zu vernehmen ist. Die Bedeutung einer solchen Maskerade wurde eindrucksvoll demonstriert, als man bei einem solchen Spiel den Ton plötzlich abschaltete: Die Spieler fanden die Verzögerung plötzlich enervierend. (Dick Karpinski, persönliche Unterhaltung 1999).

Abbildung 2.1:
Der Canon Cat. Beachten Sie
die zwei Sprungtasten unter der
Leertaste.

2-3-6 *Wiederaufnahme unterbrochener Arbeit*

Normalerweise kehren Sie nach der Unterbrechung einer Arbeit wieder zu dieser Aufgabe zurück. Wenn die Unterbrechung nur ein paar Sekunden gedauert hat – und innerhalb der Aufnahmefähigkeit des Kurzzeitgedächtnisses liegt –, ist kein weiterer Reiz erforderlich, um Ihnen zu signalisieren, dass Sie zur vorherigen Aufgabe zurückkehren sollen. Nach einer längeren Pause muss die Rückkehr zu einer unterbrochenen Aufgabe jedoch mit einem Reiz ausgelöst werden – häufig genügt der Anblick der unfertigen Arbeit, die vor Ihnen liegt. Solche Hinweise sind im täglichen Leben ebenso üblich wie bei der Arbeit am Computer: Eine Bananenschale, die von einem vierjährigen Kind auf dem Küchentisch liegen gelassen wurde, wird zum Signal dafür, diese in den Abfall zu werfen.

Es gibt ein Bild, das heute auf fast jedem Personalcomputer und ähnlichen Technologien Einzug gehalten hat: Ein zentraler, neutraler Bereich, häufig Desktop genannt, von dem aus viele verschiedene Anwendungen gestartet werden können. Wenn der Computer angeschaltet wird, wird meistens dieser Desktop präsentiert, auch wenn sich einige so einstellen lassen, dass ein bestimmtes

Set von Anwendungen gestartet wird. Wenn Sie eine Anwendung beenden, werden Sie wieder zurückgeführt zum Desktop. Diese Interface-Strategie ist ineffizient und kommt den Menschen nicht entgegen. Der Grund ist einfach: Wenn Sie eine Anwendung verlassen, möchten Sie entweder später zu ihr zurückkehren (1) oder eine neue Aufgabe beginnen (2).

In den aktuellen Systemen, die das Desktop-Prinzip verwenden, müssen Sie immer zu der Aufgabe navigieren. Dies ist eigentlich noch unpraktischer, als jene Interfaces, die den Anwender immer zurück zur letzten Aufgabe führen, denn in diesem Fall hat der Anwender den Vorteil, dass er wenigstens dann nichts tun muss, wenn er einfach nur weiterarbeiten möchte.

Ähnliches lässt sich auch über die Navigation auf Onlinesites sagen. Es wäre eigentlich sinnvoller, den Anwender genau auf jene Seite zurückzuführen, die er zuletzt aufgerufen hat, und nicht immer zuerst auf die Homepage, die meist sowieso nur einen Mausklick von allen Seiten entfernt liegt. Auch für die Arbeit in Dokumenten innerhalb einer Anwendung wäre dieses Prinzip optimal: Sie werden zum Beispiel in einem Textverarbeitungsprogramm direkt an jene Position im Text geführt, an der Sie zuletzt gearbeitet haben.

Der Canon Cat hatte die Eigenschaft, den Benutzer immer zur letzten Aufgabe zu führen, sobald er gestartet wurde, und darüber hinaus präsentierte er auch noch exakt das Bild, das zuletzt auf dem Monitor angezeigt wurde, einschließlich der Cursorposition. Viele Anwender haben berichtet, dass allein der Anblick des Bildschirms ihnen dabei geholfen hat, sich daran zu erinnern, welche Aufgabe sie bei der letzten Sitzung am Computer durchgeführt haben. Apple hat mit seinem iBook einen ähnlichen Ansatz verfolgt. Der aktuelle Zustand wird auf dem Datenträger gespeichert und sofort wieder aktiviert, sobald der Rechner angeschaltet wird.

Designer von digitalen Radios und Fernsehern haben ihre Produkte ebenfalls mit ähnlichen Funktionen ausgestattet und stellen damit sicher, dass der zuletzt eingestellte Sender und die zuletzt eingestellte Lautstärke beim nächsten Anschalten wieder aktiv sind. Diese Funktionen erhöhen die Komplexität und die Kosten der Produkte, denn dafür muss ein stromnetzunabhängiger Speicher vorhanden sein, der andernfalls nicht notwendig wäre. Computerdesigner arbeiten jedoch mit Produkten, die bereits über stromnetzunabhängige Speicherplätze verfügen. Die dafür notwendige Hardware ist also bereits vorhanden, weshalb es keine Entschuldigung gibt.

Drei

Meinungen, Modi, Monotonie

Es gibt keinen Fortschritt ohne Kampf.

— *Frederick Douglass*

Im Folgenden werden einige Definitionen und Konventionen eingeführt, die eine genaue Untersuchung des Themas Interfaces ermöglichen sollen. Diese werden, aufbauend auf dem Begriff des Zentrums der Aufmerksamkeit aus Kapitel 2, dazu verwendet, den Modus und seine schädlichen Auswirkungen auf das Interface-Design zu verstehen. Es soll auch eine angenehme Eigenschaft von Interfaces vorgestellt werden, die als *Monotonie* bezeichnet wird und uns zu einer kritischen Betrachtung von Interfaces führt, die verschiedenen Betriebsmodi für Einsteiger und Experten vorsehen.

3-1 Terminologie und Schreibweisen

Was wir eine Rose nennen, würde unter einem anderen Name ebenso süß duften.

— William Shakespeare

Inhalte sind jene Informationen, die sich in einem Computer oder einem anderen informationsverarbeitenden Gerät befinden und eine Bedeutung oder einen Verwendungszweck für Sie haben. Das Erstellen oder Verändern von Inhalten ist jene Aufgabe, die Sie mit dem Gerät vollziehen möchten. Wenn Sie Schriftsteller sind, ist der Inhalt das Geschriebene, das in Ihrem System gespeichert ist. Wenn Sie bildender Künstler sind, sind beispielsweise Grafiken der Inhalt des Systems. Wenn es sich bei dem System um einen Computer handelt, gehören Menüs, Symbole und andere Elemente des Computers nicht zu Ihrem Inhalt — es sei denn Sie arbeiten als Interface-Designer oder Programmierer.

In Bezug auf den Inhalt lässt sich das erste Robotergesetz von Asimov aus Kapitel 1 wie folgt umschreiben: *Kein System darf Ihren Inhalt beschädigen oder zulassen, dass er durch Interaktion beschädigt wird.*

Ein **grafisches Eingabegerät** (GID = Graphic Input Device) ist eine Vorrichtung zur Übermittlung von Informationen an ein System, etwa eine bestimmte Position oder Objektauswahl auf einem Display. Typische Beispiele für GIDs sind die Maus, der Trackball, Lightpen, Tableaustift, Joystick und Touchpad. Die GID-Taste ist die Haupttaste auf jedem grafischen Eingabegerät; bei einer Maus mit zwei Tasten ist es die linke Taste. Im Allgemeinen verwenden Sie das grafische Eingabegerät dazu, die Position des Cursors zu steuern, der in Form eines Pfeils oder eines anderen Symbols auf dem Display erscheint, um dem System zu übermitteln, worauf Sie deuten. Da wir jeweils nur einen Cursor im Auge behalten können, sollte das System für jedes grafische Eingabegerät nicht mehr als einen Cursor anzeigen. Einen Diskussionsbeitrag zur Maus mit einer Taste finden Sie in Anhang A.

Das **Drücken** ist eine einmalige Aktion, bei der eine Taste oder ein Schalter gedrückt und ohne weitere Handlung wieder losgelassen wird. Der Begriff „Drücken" wird nur bei Tasten auf der Tastatur verwendet oder bei anderen Kontaktschaltern, die nach dem Loslassen automatisch wieder in ihre ursprüngliche Position und den entsprechenden elektrischen Zustand zurückversetzt werden.

Klicken bedeutet, ein GID in Position zu bringen und dann die Taste am grafischen Eingabegerät zu drücken. Die Aufforderung „Klicken Sie das *Krokodil* an" bedeutet: Sie sollen den Cursor so platzieren, dass er auf das *Krokodil* deutet, und dann die GID-Taste drücken. Diese gesamte Operation wird als „*Krokodil* anklicken" bezeichnet.

Ziehen heisst, die GID-Taste an einem Punkt zu drücken, dann das Eingabegerät zu einem anderen Punkt zu versetzen und dort die GID-Taste wieder loszulassen. Manchmal wird diese Aktion auch als *Klicken+Ziehen* bezeichnet.

Mit **Doppelklicken** ist folgende Aktion gemeint: Sie platzieren das Eingabegerät an der gewünschten Position und drücken dann zweimal schnell hintereinander die GID-Taste, ohne das Gerät zwischenzeitlich zu bewegen oder andere Aktionen auszuführen. (In der Praxis ist eine kleine Bewegung des GID erlaubt, denn es wird meist leicht verschoben, wenn die Taste gedrückt wird.) Dreifaches und noch häufigeres Klicken ist im Interface-Design ebenfalls schon verwendet worden.

Die üblichen Schreibweisen für den gleichzeitigen Anschlag mehrerer Tasten, der sehr oft zur Steuerung von Software eingesetzt wird, sind hin und wieder missverständlich. Zum Beispiel: Folgende Aktion, nämlich die Steuerungstaste zu drücken, gedrückt zu halten, währenddessen die Umschalttaste zu drücken und gedrückt zu halten und dann – während also beide Tasten gedrückt gehalten werden – noch den Buchstaben *t* zu drücken, wird in den Handbüchern häufig wie folgt geschrieben: *Ctrl-Umsch-t* oder *Ctrl+Umsch+t*. Doch diese Form der Codierung für Tastenanschläge verwechselt man häufig mit der Anweisung, auch die Tasten der hier nur als Verbindungsglied gedachten Zeichen zu drücken, also sämtliche nacheinander aufgeführten Zeichen. Ein Leser versteht dies wie folgt: Er drückt erst *Ctrl*, dann *Bindestrich*, dann *Umsch*, nochmals den *Bindestrich* und dann das *t* oder entsprechend *Ctrl*, das *Pluszeichen*, *Umsch*, dann nochmals das *Pluszeichen* und das *t*.

Diese Unklarheit kann zu Fehlern führen. Als ich beispielsweise an diesem Manuskript schrieb, schlug ich die Tastenkombination für einen bestimmten Befehl nach. Im Handbuch war die Kombination für den Befehl am Ende eines Satzes folgendermaßen aufgeführt:

Ctrl +.

Also drückte ich Ctrl, hielt diese Taste gedrückt und gab dann das Pluszeichen ein. Diese missverständliche Anleitung hatte ich also prompt falsch interpretiert. Was ich eigentlich hätte tun sollen, war Ctrl zu drücken, gedrückt zu halten und dann die Taste mit dem Punkt (.) zu betätigen.

Bei der heute gängigen Schreibweise von Tastenbefehlen in Dokumentationen ist es z.B. auch nicht möglich, Anleitungen etwas flexiblerer Art zu geben wie diese: Der Benutzer soll zunächst die Tasten *Umsch* und *Ctrl* gedrückt halten, dann einige alphabetische Zeichen eingeben, dabei nach den ersten beiden alphabetischen Zeichen die Taste *Umsch* wieder loslassen, *Ctrl* aber weiter gedrückt halten. Ich habe für dieses Problem bereits eine Alternative angewendet, welche diesen Vorgang in natürlicher Sprache und absolut eindeutig wiedergeben kann.

Um Tastaturoperationen präzise und knapp zu kennzeichnen, habe ich einen nach unten gerichteten Pfeil direkt nach der Bezeichnung der Taste hinzugefügt, um anzuzeigen, dass die Taste gedrückt gehalten werden soll, z.B. bedeutet *Umsch*↓, dass die Taste *Umsch* gedrückt und gehalten werden soll. Mit einem nach oben gerichteten Pfeil hinter dem Tastennamen lässt sich das Loslassen einer Taste kennzeichnen: *Umsch*↑. Wenn nur eine einzelne Taste – z.B. *t* – zu drücken ist, wird dies folgendermaßen gekennzeichnet: *t*↓*t*↑. Das Drücken einer einzelnen Taste lässt sich auch abkürzen: *t*↓↑ Oder, sofern dies keine Verwirrung stiftet, einfach als *t*.

Ein Leerzeichen trennt aufeinander folgende Aktionen. Das Drücken der Leertaste wird wie folgt gekennzeichnet:

Leertaste

Diese Konvention birgt keinerlei Doppeldeutigkeit, wenn man das *Wort „Leertaste"* eingeben soll, denn dann werden die Buchstaben darin durch Leerzeichen getrennt:

Leertaste

Wenn das Risiko eines Missverständnisses besteht, lässt sich außerdem auf die komplette Notation zurückgreifen:

l↓l↑e↓e↑e↓e↑r↓r↑t↓t↑a↓a↑s↓s↑t↓t↑e↓e↑

In dieser Schreibweise lassen sich zudem auch andere Formen von Tastenkombinationen ausdrücken, z.B.: Taste *Umsch* drücken und halten, dann *n* drücken, *Ctrl* drücken und halten, während *Umsch* noch gehalten wird, und dann *k* drücken, *Umsch* loslassen, während *Ctrl* noch gehalten wird, und dann *w* drücken, ehe *Ctrl* losgelassen ist. Dies würde wie folgt geschrieben:

Umsch↓ n Ctrl↓ k Umsch↑ w Ctrl↑

Das Loslassen von Tasten, die gehalten werden – sofern die Reihenfolge des Loslassens für die Funktionsweise keine Rolle spielt – lässt sich durch einen Pfeil nach oben für jede gedrückte Taste kennzeichnen. Diese Konvention erlaubt es, das Wort *Leertaste* auch auf folgende Weise zu schreiben:

l↓↑ e↓↑ e↓↑ r↓↑ t↓↑ a↓↑ s↓↑ t↓↑ e↓↑

Hier ein etwas sinnvolleres Beispiel: Um den Parameter RAM auf einem Macintosh-Computer zurückzusetzen, verwenden Sie die nachstehende Befehlsfolge:

Befehl↓ Ctrl↓ Einschalt↓ ↑↑↑ Befehl↓ Wahl↓ p↑ r↑
Halten Sie diese Tasten und warten Sie, bis ein Glockenklang ertönt
↑↑↑↑

(Übersetzt bedeutet dies: Drücken und halten Sie die Befehlstaste — das Fehlen des Pfeils nach oben bedeutet, dass Sie die Taste nicht sofort wieder loslassen sollen. Stattdessen soll, während Sie die Taste gedrückt halten, die Befehlstaste gedrückt werden. Auch hier gibt es keinen Pfeil nach oben, weshalb Sie neben den beiden anderen auch die Einschalttaste drücken sollen. Jetzt halten Sie drei Tasten gleichzeitig gedrückt. Die drei folgenden Pfeile nach oben signalisieren, dass Sie alle drei Tasten entweder nacheinander oder gleichzeitig loslassen sollen. Als Nächstes werden Sie angewiesen, die Befehlstaste zu drücken und zu halten, dann die Wahltaste zu drücken und zu halten, dann *p* zu drücken und zu halten und danach *r* zu drücken und zu halten. Jetzt werden vier Tasten gleichzeitig gehalten. Sie halten diese Tasten solange, bis der Glockenklang zu hören ist, und lassen dann alle vier Tasten los.)

Wenn eine eingegebene Tastenfolge einem bestimmten zeitlichen Ablauf folgen soll, sollte dies in einem Begleittext erläutert werden. Zum Beispiel: Um den Benutzer anzuweisen, den einzelnen Buchstaben *t* einzugeben, lässt sich folgende Darstellung verwenden:

t↓ t↑

Bei den meisten Tastaturen werden jedoch nach einer bestimmten Zeitverzögerung (meist nach 500 Millisekunden) zwischen t↓ und t↑ zusätzliche Instanzen des Buchstabens t erzeugt und zwar in einem zeitlichen Intervall von 100 Millisekunden pro neuem Buchstaben. Diese Funktion wird häufig Autowiederholung genannt. Zeitverzögerungen, wie jene, die Autowiederholungen auslösen, können in Interfaces zu Problemen führen. Eine verbesserte Methode zur Implementierung von Autowiederholungen finden Sie im Abschnitt 6-4-5.

3-2 Modi

Da Menschen leichter zu beeinflussen sind als Computer, besteht die Versuchung, den Menschen an die Beschränkungen des Computers anzupassen statt den Computer an die Bedürfnisse des Menschen. Wenn dies geschieht, wird der Mensch zum Sklaven des Computers, anstatt durch ihn mehr Freiheit zu erhalten.

—Karla Jennings

Die **Modi** sind eine wesentliche Quelle von Fehlern, Verwirrungen, unnötigen Beschränkungen und eine Ursache für die Kompliziertheit von Interfaces. Viele Probleme, die durch diese Betriebsarten entstehen, sind weithin bekannt. Trotzdem ist der Ansatz, Systeme wirklich ohne Modi laufen zu lassen, ein noch wenig angewendetes Verfahren beim Interface-Design. Ehe wir die Methoden zur Reduktion von Modi erläutern, müssen diese genau verstanden werden, insbesondere deshalb, weil sich selbst Fachleute darüber uneins sind, woraus ein Modus eigentlich besteht (Johnson und Englebeck 1989).

Um ein Verständnis für Modi zu entwickeln, soll zunächst einmal der Begriff der **Geste** definiert werden. Eine Geste ist eine Folge menschlicher Handlungen, die automatisch abläuft, sobald sie einmal in Gang gesetzt wurde. Ein Beispiel: Wenn eine erfahrene Datentypistin das Wort *und* schreibt, ist dies für sie eine einzige Geste. Wenn eine Anfängerin jeden Buchstaben dieses Wortes einzeln eingeben muss, führt sie drei getrennte Gesten aus. Die Umwandlung einer Folge von Aktionen in eine Geste ist ein psychologischer Vorgang, der **Chunk-Bildung** genannt wird. Einzelne Eindrücke zu einer einzigen mentalen Einheit zu verschmelzen, ist ein Vorgang, der es uns erlaubt, viele Eindrücke wie einen einzigen zu behandeln (Buxton 1986, S. 475–480; Miller 1956).

Die meisten Interfaces sehen verschiedene Bedeutungen einer bestimmten Geste vor. In einer Situation wird beispielsweise durch Drücken der Returntaste eine Absatzmarke in den Text eingefügt, in einer anderen Situation wird dadurch jenes Wort als Befehl ausgeführt, das unmittelbar vor dem Drücken der Returntaste eingegeben wurde.

Ein Modus legt fest, wie ein Interface auf Gesten antwortet. Solange auf ein- und dieselbe Geste konstant die gleiche Reaktion erfolgt, befindet sich das Interface in einem bestimmten Modus. Erhält diese Geste eine andere Bedeutung, befindet sich das Interface in einem anderen Modus. Diese Definition bietet einen ersten Eindruck davon, was einen Modus kennzeichnet. Später soll sie noch differenziert werden.

Eine Taschenlampe, die über einen einzigen Druckschalter gesteuert wird, lässt sich damit entweder ein- oder ausschalten, vorausgesetzt natürlich, sie befindet sich überhaupt in betriebsfähigem Zustand. Wird der Schalter gedrückt, geht das Licht an, wird der Schalter erneut gedrückt, geht das Licht aus. Durch das Drücken des Schalters wird jeweils der zuvor nicht aktive Modus aktiviert.

Die beiden Zustände der Taschenlampe entsprechen zwei Modi im Interface. In einem Modus wird durch das Drücken des Schalters das Licht eingeschaltet, im anderen Modus wird durch die gleiche Tätigkeit das Licht ausgeschaltet. Wenn Sie den aktuellen Zustand der Taschenlampe nicht kennen, können Sie nicht vorhersagen, was das Drücken des Schalters bewirkt. Ist die Taschenlampe tief in einem Rucksack vergraben und Sie können nicht prüfen, ob das Licht an oder aus ist – abgesehen von eventueller Wärmeentwicklung – und möchten sicherstellen, dass es ausgeschaltet ist, müssen Sie die Taschenlampe herausnehmen.

Die Unmöglichkeit, den Betriebszustand zu erkennen, ist ein klassisches Problem, das Interfaces mit sich bringen, die verschiedene Modi anwenden. Das heisst, es ist dann nicht möglich, durch eine Inspektion des Steuerungsmechanismus festzustellen, welche Operation ausgeführt werden muss, um ein bestimmtes Ziel zu erreichen. Wenn Sie den Steuerungsmechanismus betätigen, ohne den Zustand des Systems vorher gesondert geprüft zu haben, lässt sich die Auswirkung dieser Aktion nicht absehen.

Die Beschriftung von Schaltflächen ist keine einfache Aufgabe. Ich habe einmal auf einer Benutzeroberfläche eine Schaltfläche mit der Aufschrift *Sperre* gesehen. Wenn ein Benutzer erstmalig auf diese Schaltfläche traf, verstand er sehr wohl, dass er darauf klicken sollte, um die Daten in diesem Fenster zu sperren. Sobald dies geschehen war, änderte sich die Aufschrift in *Keine Sperre*, um anzuzeigen, dass die Schaltfläche angeklickt werden muss, um die Sperrung der Daten wieder aufzuheben. Später fragten sich viele Benutzer dann, warum die Daten nicht gesperrt sind. Sie kamen zu dieser Frage, weil die Aufschrift ja *Keine Sperre* lautete. Es geschieht sehr häufig, dass Benutzer Beschriftungen von Schaltflächen oder Menüs als Indikator für den aktuellen Zustand interpretieren. Und sie sind auch berechtigterweise irritiert: Die Aufschrift auf der Schaltfläche besagt *Sperre*, obwohl die Daten nicht gesperrt sind, und sie lautet *Keine Sperre*, wenn die Daten aktuell gesperrt sind. Dieses Problem lässt sich auch nicht dadurch lösen, dass die Beschriftungen ausgetauscht werden, d.h. indem die Auf-

schrift *Keine Sperre* lautet, wenn die Daten nicht gesperrt sind, und *s*
sie gesperrt sind.

In diesem Fall kann es weiterhelfen, nicht mit Schaltflächen, *u*
Kontrollfeldern zu arbeiten und anstelle des Wortes *Sperre* das Wort *Gesperrt zu*
verwenden. Dies wird meistens richtig verstanden. Ist das Kontrollfeld aktiv, sind
die Daten gesperrt, ist es nicht aktiv, sind die Daten nicht gesperrt. Die Beschriftungen ändern sich in diesem Fall nicht. Sie könnten auch ausführlichere Beschriftungen wie „Klicken Sie auf diese Schaltfläche, um die Daten zu sperren"
einfügen oder „Die Daten sind gesperrt, klicken Sie auf diese Schaltfläche, um
die Sperre aufzuheben." Aber es ist nicht einfach, auf Schaltflächen, neben Kontrollfeldern oder in Menüs langatmige Erklärungen unterzubringen, es sei denn
ein Interface kann gezoomt werden, wie in Abschnitt 6-2 erläutert.

Kontrollfelder können den Benutzer auch ratlos zurücklassen. Ein Beispiel: Ist
ein Kontrollfeld mit der Beschriftung „Beim Schließen in Archiv speichern"
versehen, so werden die Daten zweifellos in einem Archiv gespeichert, sobald
das Fenster geschlossen wird. Doch es schließt sich die Frage an: Was geschieht,
wenn ich dieses Kontrollfeld nicht aktiviere? Werden die Daten dann andernorts
gespeichert, überhaupt nicht gespeichert oder erscheint beim Schließen des
Fensters noch eine weitere Option? Die beste Lösung besteht meist darin, ein
Set von Optionsfeldern zur Verfügung zu stellen (siehe Abbildung 3.1). Diese
funktionieren nicht modal und der Benutzer kann deutlich erkennen, was der
aktuelle Zustand ist und welche Alternativen es gibt. Unabhängig davon, ob
Kontrollfelder oder Optionsfelder benutzt werden, ist es wichtig, diese mit Adjektiven zu beschriften, die den Status des betreffenden Objekts beschreiben,
und auf Verben zu verzichten, die Aktionen schildern, weil der Benutzer dann
nicht weiß, ob eine Aktion stattgefunden hat oder erst stattfinden soll.

Abbildung 3.1:
Ein Satz von Optionsfeldern, mit Adjektiven beschriftet.
Die gewählte Option erhält einen ausgefüllten Kreis.
Das obere Bild zeigt den gesperrten Zustand, das untere die Aufhebung
der Sperre. Eine Irreführung ist unwahrscheinlich und der Anwender
kennt die möglichen Optionen.

Für eine Einmalauswahl unter vielen sind die Optionsfelder bereits zum Standard geworden und es gibt auch keinen Grund, andere Verfahren zu verwenden.
Die Optionsfelder sind Schaltflächen vorzuziehen. Schaltflächen sind nur dann ein ver
lässliches Instrument, wenn die Bedeutung des Status, der durch die Schaltfläche gesteuert
wird, im Zentrum der Aufmerksamkeit liegt und sichtbar ist oder sich im Kurzzeitge
dächtnis befindet.

Liegt der Status nicht im Zentrum der Aufmerksamkeit, was meistens der Fall
ist, können Schaltflächen Fehler verursachen. Die Art von Fehlern, die durch
Schaltflächen entstehen, sind meist vorübergehender Natur und lassen sich

schnell beheben; bei einem guten Design sollte dieser Aspekt dennoch nicht übersehen werden. Sich mit dem Interface-Design zu beschäftigen, aber Details auf dieser Ebene nicht zu berücksichtigen, ist vergleichbar mit dem Versuch, ein Violinkonzert zu spielen, und dabei gelegentlich ein Fis oder B auszulassen. Solche Fehler stören, weil sie die Aufmerksamkeit des Publikums vom Fluss der Musik ablenken. Auf ähnliche Weise wirken sich auch solche kleineren „Fehltritte" im Interface-Design aus, denn sie behindern den Arbeitsfluss des Benutzers.

Ein weiterer problematischer Aspekt der Modi, der Computerbenutzern viel Ärger beschert, ist die Art und Weise, wie die auf den meisten Tastaturen vorhandene Taste Caps Lock (Feststelltaste) funktioniert. Oft wird das versehentliche automatische Aktivieren dieser Taste dadurch erkannt, dass plötzlich der eben eingegebene Satz komplett in Großbuchstaben erscheint. Erst dann bemerkt der Benutzer das Licht an der Taste (sofern diese überhaupt ein Licht besitzt). „Die Eingabe von §&)%!($& entlockt mir regelmäßig Flüche", schreibt mein Kollege James Winter, denn „genau dies geschieht auch auf meiner alten Schreibmaschine, wenn man Zahlen schreibt und die Feststelltaste noch eingerastet ist – und ich dachte wir leben im Zeitalter der Computer" (persönliche Unterhaltung 1998).

Bereits Jahrzehnte zuvor beobachtete Larry Clark, dass Modi Probleme verursachen, wenn bei gewöhnlichen Aktionen unerwartete Ergebnisse die Folge sind (Clark 1979).[1] Das am häufigsten empfohlene Mittel gegen Modusfehler besteht darin, dem Benutzer den Status des Systems deutlich anzuzeigen. Donald Norman beschrieb die Modusfehler als Ergebnis eines ungenauen Feedbacks durch die Anzeige des Systemstatus (Norman 1983). Doch das eigentliche Problem liegt nicht im ungenügenden Feedback, sondern darin, dass die Aufmerksamkeit des Benutzers auf etwas anderes gerichtet ist als auf die Statusanzeige.

Ein besonders deutliches Beispiel für den fehlerhaften Einsatz einer Anzeige zum Systemstatus für den Benutzer ist in dem ansonsten ausgezeichneten Design des computergestützten Konstruktions- bzw. CAD-Programms *Vellum* (Ashlar 1995) zu finden. Allen, die mit dem Design eines Zeichenprogramms befasst sind, empfehle ich ein Studium des *Ashlar Drafting Assistant*, der ein ausgesprochen gelungenes Interface bietet und bei weitem produktiver und angenehmer ist als das bekanntere AutoCAD[2]. Eine äußerst zeitsparende Funktion von

---

1. Ich bin nicht sicher, wie lange der Begriff *Modus* bereits in der Beschreibung von Interfaces verwendet wird. Ein interner Xerox-Bericht zum *Gypsy Typescript System* verkündete: „Es gibt keine ‚Modi' in Gypsy" (Tesler und Mott 1975). Doch auch in Gypsy gab es Modi, allerdings waren einige der eher problematischen in den damaligen Textverarbeitungssystemen bereits daraus entfernt worden. Der Begriff Modus war 1975 immerhin noch so neu, dass die Autoren es für notwendig befanden, ihn in Anführungszeichen zu setzen.

2. AutoCad hat die Lizenz dieser Technologie erworben, während dieses Buch beschrieben wurde.

Vellum ist ein *Tracer*, der dem Inneren und Äußeren einer geometrischen Figur folgen kann und währenddessen die Ränder auswählt. Um den Tracer zu aktivieren, klicken Sie auf ein Palettenelement, das den Standardcursor ▶ in eine bestimmte Form verwandelt – den Tracer-Cursor ▶. Sobald die Aufzeichnung abgeschlossen ist, wird häufig vergessen, den Cursor wieder auf den Standard zurückzusetzen. Wird dann ein Objekt zur Auswahl angeklickt, nachdem bereits eine Aufzeichnung ausgeführt worden ist (per Mausklick auszuwählen, gehört zu den häufigsten Aktionen eines Grafikers, die deshalb meist automatisch erfolgen), beginnt der Tracer mit seinen Erkundungen wieder von vorne.

Ich habe diesen Fehler jahrelang immer wieder begangen, und wie ich inzwischen weiß, war ich nicht der Einzige. Obwohl ich es manchmal doch bemerke, werde ich wohl nie lernen bzw. kann ich nicht lernen, dass ich mich aktuell im Tracer-Modus befinde, weil das Klicken auf ein Objekt bei mir automatisch geschieht. Mein Zentrum der Aufmerksamkeit liegt grundsätzlich auf dem Objekt, das ich auswählen möchte, und nicht auf dem Modus oder der Cursorform. Die in Vellum veränderbare Cursorform ist nur ein Beispiel von vielen Feedbacks oder Systemanzeigen, die nicht ausreichen, um zu garantieren, dass keine Modusfehler begangen werden – auch dann nicht, wenn sich die Systemanzeige physikalisch im Zentrum der Aufmerksamkeit des Benutzers befindet. Auch wenn die Anzeige im Zentrum des Gesichtsfeldes liegt, und der Cursor sogar das Instrument ist, mit dem der Benutzer– wie in diesem Fall – arbeitet, liegt die Anzeige nicht im Zentrum seiner Aufmerksamkeit, d.h., der Benutzer nimmt nicht wahr, was ihm mitgeteilt werden soll. Wichtige Themenbereiche für künftige Untersuchungen wären eine Erfassung der Häufigkeit von Modusfehlern und ein besseres Verständnis der Umstände, die zur Häufigkeit solcher Fehler führen.

Fachkenntnis ist kein Schutz gegen Modi, denn gerade Experten haben feste Angewohnheiten entwickelt. Unkenntnis ist auch kein Schutz. Im Beispiel des Cursors von Vellum hat der Anfänger noch keinen Sinn dafür entwickelt, eine sich ändernde Cursorform überhaupt zu beachten, während ein Experte diese Funktion zwar interpretieren könnte, aber mit dem Problem der Gewohnheit konfrontiert ist. Wenn der aktuelle Status eines Interface nicht im Zentrum der Aufmerksamkeit des Benutzers liegt, und wenn ein Interface über Modi verfügt, wird der Benutzer gelegentlich Fehler machen, weil seine Konzentration sich nicht auf den aktuellen Modus richtet.

Hier ein weiteres Beispiel: Auf einigen bekannten Computern bieten viele Programme ein neues, leeres Formular an, wenn Sie Folgendes eingeben:

Befehlstaste↓ n↓↑ ↑

Das *n* steht für neu. Im elektronischen Mailprogramm von America Online erhalten Sie jedoch ein neues leeres Formular, wenn Sie Folgendes eingeben:

Befehlstaste↓ m↓↑ ↑

Ich nehme an, *m* soll für Mail stehen. Der Fehler, der wiederholt gemacht wird, besteht darin, dass ein Benutzer, der eine neue Mail schreiben möchte, daran gewöhnt ist, dies einzugeben:

Befehlstaste↓ n↓↑ ↑

Durch den Interface-Status wird ein Modus ausgelöst, der in diesem Beispiel daraus besteht, eine bestimmte Anwendung zu aktivieren. Das Problem tritt auf, wenn der Benutzer Befehlstaste↓ n↓↑ ↑ drückt, einen Befehl, an den er gewöhnt ist. Ein Anfänger würde diesen Fehler wahrscheinlich aus einem anderen Grund machen: Er würde annehmen, dass Befehlstaste↓ n↓↑ ↑ in verschiedenen Anwendungen funktioniert, und den Fehler also aus Unwissenheit begehen.

Norman (1983) führt drei Methoden auf, um Modusfehler zu reduzieren:

1. Keine Modi verwenden.
2. Sicherstellen, dass Modi erkennbar hervorgehoben werden.
3. Sicherstellen, dass die Befehle in den verschiedenen Modi nicht dieselben sind, damit ein Befehl, der in einem falschen Modus ausgeführt wird, keine Probleme verursacht.

Von diesen drei Methoden verhindert eigentlich nur die erste Modusfehler. Wie wir gesehen haben, ist auf die zweite Methode nur gelegentlich Verlass. Die dritte minimiert die Fehlerhäufigkeit nicht, aber die Schwere der Auswirkungen von Fehlern.

Mit extremen Mitteln lässt sich die Aufmerksamkeit des Benutzers durchaus auf eine Modusanzeige richten, doch es besteht dann die Gefahr, dass die Konzentration des Benutzers eher wieder auf den aktuellen Status des Systems zurückgelenkt wird, anstatt auf jene Aufgabe, die der Benutzer ausführen möchte. Dieses Ergebnis ist noch unerwünschter als ein Modusfehler, der durch die Anzeige verhindert werden sollte. Norman definierte Modusfehler als Irrtümer, die dann eintreten, wenn ein Benutzer eine Situation falsch klassifiziert oder analysiert (Norman 1981). Die Begriffe *klassifizieren* und *analysieren* weisen darauf hin, dass hier von einer aktiven, bewussten Teilnahme des Benutzers ausgegangen wird, der mit einem Befehl nicht vertraut ist; sie tragen aber nicht dem Umstand Rechnung, dass der Fehler aus einem Automatismus heraus enstanden ist.

3-2-1 *Definition der Modi*

Wenn die Definition eines Modus auschließlich auf dem Design des Interface beruht, wovon wir bisher ausgegangen sind, würden alle Benutzer die gleichen Fehler begehen, wenn auch unterschiedlich oft. Dies ist aber nicht der Fall. Eine bestimmte Interface-Funktion kann für einen Benutzer „modal" sein, für einen andern aber nicht. Eine genauere Definition der Modi muss deshalb einbeziehen, wie ein Benutzer die Oberfläche betrachtet. Eine Schnittstelle zwischen Mensch und Maschine ist dann im Hinblick auf eine bestimmte Geste modal, wenn (1) der aktuelle Status des Interface nicht im Zentrum der Aufmerksamkeit des Benutzers liegt und (2) das Interface eine von mehreren möglichen Reaktionen auf die Geste ausführt, abhängig vom aktuellen Systemstatus.

Ein Interface kann also in Bezug auf eine Geste modal sein und in Bezug auf eine zweite Geste nicht modal. Wenn ein Interface insgesamt als nicht modal eingestuft werden soll, darf es für keine einzige Geste modal sein.

Ein Maß, Q, dafür, wie modal ein bestimmtes Interface ist, lässt sich ermitteln, indem jede Geste eines Interface untersucht und als modal oder nicht modal klassifiziert wird. Dann ergibt sich ausgehend von der Wahrscheinlichkeit $p(N_i)$, dass eine bestimmte nicht modale Geste N_i verwendet wird, gemessen an einem bestimmten Benutzer oder einem Durchschnitt von Benutzern: $Q = \sum_i p \ (N_i)$. Q deckt einen Bereich von 0 (vollständig modal) bis 1 (überhaupt nicht modal) ab.

Beide Teile der Definition einer modalen Geste sind notwendig, um zu entscheiden, ob z.B. die Geste, die Backspacetaste (Rückschritttaste) zu drücken, modal ist. Angenommen, der Benutzer beschäftigt sich gerade mit der Texteingabe, so wird durch Drücken der Backspacetaste in den meisten Computer-Interfaces das zuvor eingegebene Zeichen gelöscht. Wenn es sich bei diesem Zeichen um ein *e* gehandelt hat, wird das *e* gelöscht; war es ein *x*, wird das *x* gelöscht. Das bedeutet: Manchmal dient die Backspacetaste als *e*-Radierer und manchmal als *x*-Radierer. Wird nur der zweite Teil der Definition berücksichtigt, so ist die Verwendung der Taste modal, weil das, was gelöscht wird, davon abhängt, welches Zeichen zuletzt eingegeben wurde, und der Inhalt ein Teil des Systemstatus ist. Wird aber auch berücksichtigt, dass das Zentrum der Aufmerksamkeit das Objekt ist, das gelöscht werden soll, erklärt dieser erste Teil der Definition, warum die Operation nicht modal ist und warum keine Modusfehler entstehen, wenn Sie die Backspacetaste drücken, um Zeichen im Text oder andere Objekte zu löschen.[1]

Ein Befehl, der festlegt, ob diese Taste als Löschtaste nach links oder rechts dienen soll, würde das Interface modal machen. Eine vorherige Einstellung der Löschrichtung läge nicht im Zentrum der Aufmerksamkeit des Benutzers, wodurch Fehler auftreten könnten, wenn die falsche Richtung noch eingestellt ist.

---

1. Auf dem Macintosh wird diese Taste genauer als Löschtaste bezeichnet.

Abstürze (von Flugobjekten) durch Entfernung eines Modus verhindern

Als Folge eines einfachen Interface-Fehlers werden gelegentlich sowohl ferngesteuerte militärische Objekte als auch zivil genutzte funkgesteuerte Flugzeugmodelle zerstört. Um den Fehler zu verstehen und eine Methode zur Problemlösung zu finden, soll zunächst erläutert werden, wie diese Geräte funktionieren.

Um ein ferngesteuertes Objekt zu fliegen, muss der Bediener, der sicher auf dem Boden steht, einen kleinen Joystick auf einer Instrumententafel bedienen (siehe Abbildung 3.2). Der Joystick wird meist gedrückt, um die Nase des Flugobjekts zu senken, und gezogen, um das Objekt steigen zu lassen. Eine Bewegung nach links oder rechts mit dem Joystick erzeugt eine Bewegung des Flugobjekts in dieselbe Richtung. Eine Bewegung des Joysticks erzeugt also eine proportionale Bewegung in einem Gerät, das Servo genannt wird und sich innerhalb des Flugobjekts befindet. Der Servomechanismus ist mechanisch mit einem Steuerungselement verbunden, z.B. dem Höhenruder an der Rückseite des ferngesteuerten Objekts, das die Flughöhe kontrolliert.

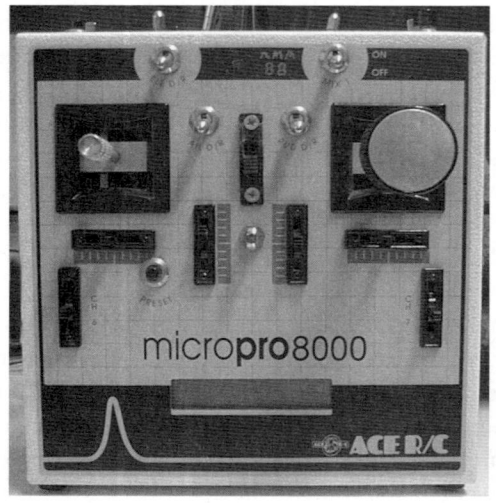

Abbildung 3.2:
Eine handelsübliche Fernsteuerung.
Beachten Sie die vielen Steuerungs-
elemente auf der Oberfläche und oben
auf dem Gerät.

Für den Servomechanismus ist standardmäßig keine Bewegungsrichtung in Bezug auf die Bewegung des Steuerhebels (Joystick) definiert. Deshalb wird auf der Armatur der Fernsteuerung ein eigener Schalter zur Verfügung gestellt, mit dem der Benutzer jene Bewegungsrichtung des Steuerhebels festlegen kann, die der Servo-Bewegung entsprechen soll. Der Benutzer kann also die Funktion des Joysticks selbst definieren. Dies ist eine eindeutig modale Konvention, die zu Konflikten führt – wie dies meist bei Modi der Fall ist, die nicht erwartungsgemäß eingestellt sind. Häufig wird eine Fernsteuerung für verschiedene Flugobjekte benutzt. Jedes

Flugobjekt wiederum kann verschiedenen Servorichtungen in Bezug auf die Aktionen des Flugzeugs haben. Wenn ein Benutzer häufig zwischen verschiedenen Flugobjekten wechselt, muss er die Schalter an der Fernsteuerung für die Einstellung der Servorichtung betätigen, damit die Bewegungsrichtung des Joysticks mit den Aktionen des Flugobjekts übereinstimmt.

Es ist beinahe unmöglich, einen Bodenpiloten dazu zu bringen, den Joystick in umgekehrter Reihenfolge zu bedienen, wenn die Servolenkung in unerwarteter Weise gegenteilig reagiert. Angenommen, er möchte ein Fluggerät starten lassen und weiß nicht, dass der Schalter, der die Drehrichtung steuert, umgekehrt gepolt ist. Bei ferngesteuerten Modellflugzeugen erfolgt direkt nach dem Abheben meist spontan eine leichte Drehung nach rechts oder links, der der Bodenpilot gegensteuern muss. Diese Gegensteuerung erfolgt bei einem guten Piloten so schnell, dass ein Zuschauer diese kleine Korrektur gar nicht bemerkt. Reagiert aber der Schaltmechanismus als Folge einer entgegengesetzten Servoeinstellung falsch, so kann dieses Manöver im Desaster enden, wenn nämlich die Drehbewegung des Flugzeugs dadurch verstärkt wird und der Flügel schließlich den Boden berührt. Dies führt fast immer zu größeren Beschädigungen. Ich habe noch keinen Piloten erlebt, der dieses Problem erfolgreich gemeistert hätte, indem er seine Reaktionen innerhalb der Kürze dieser Zeit umstellte. Diese Art Absturz ist mir schon zweimal passiert und dies obwohl es ein gut einstudiertes Ritual zur Kontrolle der Bewegung am Flugobjekt gibt, das ich schon etliche Male durchgeführt habe. Aber es ist eben zur Gewohnheit geworden und zwar bis zu dem Punkt, dass man nicht mehr bemerkt, ob die Bewegung am Flugobjekt mit der eingestellten Richtungsbewegung übereinstimmt. (Wenn sich die Elemente am Flugobjekt überhaupt nicht bewegen würden, wäre das überraschend und Anlass genug, dem Problem auf den Grund zu gehen.) Bei diesen Überprüfungen habe ich umgekehrte Servoeinstellungen oft genug auch bemerkt, aber unter Druck oder mit anderen Dingen im Kopf geht es mir wie vielen anderen Piloten auch – und ich übersehe sie.

Interessanterweise unterläuft dieser Fehler nie beim ersten Flug einer neuen Maschine, denn dabei ist man möglichen Problemen gegenüber immer sehr aufmerksam. Erst wenn die Steuerung eines bestimmten Typs zur „zweiten Natur" geworden ist, passieren solche Pannen.

Das ist ein Beispiel für einen Modus, der sich nicht aus der Welt schaffen lässt. Modi liegen in der Natur von Servomechanismen und Joysticks. Doch das Problem lässt sich zumindest eingrenzen. Der Servo-Umkehrschalter sollte in das Flugzeug eingebaut werden, vielleicht als Teil des Servomechanismus, während sich auf der Fernsteuerung kein Servo-Umkehrschalter befinden sollte. Das Innere eines Flugobjekts ist nomalerweise nicht zugänglich: Die Schalter würden also beim Zusammenbau des Flugobjekts bereits eingestellt, von Inspektoren geprüft und vom Pilot (meist) vor dem ersten Flug noch einmal geprüft. Diese Methode verhindert zwar nicht die Möglichkeit eines Absturzes, doch wenn der erste Flug vollbracht ist, ist die Servoumkehr bei diesem Flugobjekt kein Problem mehr, unabhängig davon, wie viele

Objekte in der Zwischenzeit mit ein und derselben Fernsteuerung geflogen wurden.
Für den Betreiber eines solchen Fluggeräts gibt es dann keine Modi mehr.

Fast alle Fernsteuerungen von Modellflugzeugen haben Servo-Umkehrschalter.
Abstürze aufgrund eines falsch eingestellten Modus in der Fernsteuerung sind keine
Seltenheit. Doch noch schlimmer ist die „Funktion" mancher Fernsteuerungen,
weitere Modi in Form langer Kippschalter anzubieten, die schnell einmal aus Verse-
hen in die falsche Position gebracht werden können. Auf der Fernsteuerung, die ich
für meinen Privatgebrauch entwickelt habe, sind alle diese Kippschalter so konzi-
piert, dass sie zunächst nach vorne herausgezogen werden müssen, ehe sie in die
andere Position umgelegt werden können. Manchmal lässt sich ein Modusproblem
also auch auf mechanischer Ebene lösen.

Abbildung 3.3:
Diese Schalter auf einer Fernsteuerung lassen
sich nicht aus Versehen in eine falsche Position
bringen – sie müssen erst herausgezogen
werden.

Modi schränken auch den Verwendungszweck von Aktivitäten ein. Wenn eine
Geste g eine Aktion a im Modus A aufruft und Aktion b in Modus B, dann
müssen Sie – sofern Modus B aktiv ist –, um Aktion A aufzurufen, zuerst Modus
B verlassen und das Interface auf Modus A einstellen. Erst dann können Sie Geste g verwenden, um a aufzurufen. Die Unterteilung von Interfaces in derartig
abgeschlossene Teilbereiche ist eine notwendige Konsequenz aus dem Einsatz
von Modi. Als Anwendung vertriebene Software – zum Beispiel eine Tabellenkalkulation – besteht normalerweise aus einem oder mehreren sich überlagernden
Bereichen. Bestimmte Bereiche sind relativ groß. Die folgende Tastenkombination führt beispielsweise in beinahe allen Anwendungen sowohl auf Macintoshs
als auch unter Windows zu einem Abbruch:

Befehlstaste↓ x↓

Andere Bereiche sind winzig. Die folgende Tastenkombination öffnet in einem Computerspiel eine Schatztruhe, aber erst dann, wenn die Truhe sichtbar ist:

Befehlstaste↓ h↓

Das Gruppieren von Befehlen in bestimmte Bereiche – oder was wir allgemein *Anwendung* nennen – kann eine Hilfe beim Verständnis und der Bedienung komplexer Interfaces sein. Es gibt auch Möglichkeiten, ein Interface zu strukturieren, die weniger restriktiv sind als Modi. Ein wirklich für den Menschen entworfenes Interface würde aus genau einem Bereich bestehen.

Wenn ein Interface von einer anderen Maschine gesteuert wird, scheint eine Funktionalität ohne Modi zunächst unerheblich zu sein, denn Maschinen haben kein Problem damit, sich an Modi zu erinnern, sie modellieren diese intern mit einem eigenen Status. Doch wenn ein Interface modal ist und das Programm, das dieses bedienen soll, den aktuellen Zustand eines Interface nicht erfährt – zum Beispiel, weil eine Verbindung erst dann zu einem System hergestellt wird, während dieses bereits läuft –, muss das Programm, ehe es modale Steuerungen durchführen kann, mit einer Prüfroutine versehen sein, die den aktuellen Status prüft. Interface-Schalter sind in dieser Hinsicht besonders problematisch, denn die mehrmalige kurz aufeinander folgende Betätigung des Schalters lässt die Steuerung wiederholt zwischen den möglichen Schalterstellungen hin- und herspringen, ehe sie zu ihrem Ausgangspunkt zurückkehrt (der Zyklus wird dann wiederholt).

Die Diskussion über Programme, die Interfaces steuern, ist entscheidend für das Design von Interfaces zwischen Mensch und Maschine, denn eventuell soll ein Satz gespeicherter Befehle erstellt werden, der sich mit einer einzigen Geste, einem Makro, ausführen lässt – dies ist eine rudimentäre Form eines Computerprogramms. Ein Makro kann einen Schalter nur dann in einen bestimmten Status versetzen, wenn es zunächst eine Abfrage im System durchführt, um den aktuellen Status zu ermitteln. Dieses Problem wurde bereits im Beispiel mit der Taschenlampe im Rucksack erläutert. Eine Lösung dafür besteht darin, jeden Schalter mit Mehrfachoption grundsätzlich auf einen bestimmten Ausgangszustand zurückzusetzen, sobald er bedient wurde. Indem bei der Betätigung des Schalters mitgezählt wird, wie oft die Position des Schalters von einer Stellung zur nächsten verschoben wurde, lässt sich so die aktuelle Stellung des Schalters ermitteln. Mehr als fünf Schalterstellungen sind jedoch übertrieben, wenn das Umschalten von einer Person ausgeführt wird. Wie bereits erwähnt, ist die Verwendung von Optionsfeldern eine weitere Lösungsmöglichkeit.

Es wurde noch nicht erschöpfend dargestellt, welche Schäden Modi anrichten können. Modi können dem Computer anstelle des Benutzers die Verantwortung für Interaktion übertragen. Dieser Fall tritt meist dann auf, wenn Sie gezwungen werden, die aktuelle Arbeit zu unterbrechen, um auf ein Meldungsfenster zu reagieren. Manche Designer ziehen es vor, den Benutzer zu bremsen und ihn in schrittweisen Anleitungen durch eine Aufgabe zu führen. Sie betrachten es als großen Vorteil eines Interface, dass der Benutzer auf solche Weise durch das System „geführt" werden kann. Doch es kann auch Umstände geben, unter denen ein Benutzer währenddessen eine bestimmte Entscheidung treffen muss – ist keine Benutzerentscheidung notwendig, erübrigt sich eigentlich der gesamte Dialog –, und zwar innerhalb einer bestimmten Zeit oder bevor er den nächsten Schritt in der Abfolge ausführen kann. In erstem Fall kann der Designer zum Beispiel eine Count-Down-Uhr einblenden; er sollte den Benutzer aber nicht daran hindern, andere Operationen im System auszuführen. Im zweiten Fall sollte eine Meldung anzeigen, dass die Entscheidung vor dem nächsten Schritt fällig ist, aber auch hier sollte das System den Benutzer nicht daran hindern, andere Operationen, die nicht Teil der programmierten Abfolge sind, auszuführen. Vielleicht muss der Benutzer in einer anderen Datei nachsehen oder eine Berechnung ausführen, ehe er die Fragen beantworten kann. Führung durch Aufgaben sollte möglichst ohne Modi angeboten werden, damit der Benutzer währenddessen weiterhin auf einen Großteil des Systems zurückgreifen kann.

3-2-2 Modi, benutzerdefinierte Voreinstellungen und temporäre Modi

Funktionen zur Definition von benutzerdefinierten Voreinstellungen sind ebenfalls ein Beispiel für Modi und oft Anlass großer Frustration auf Seiten des Benutzers. Ironischerweise erwecken diese Funktionen den Eindruck, zum Vorteil des Benutzers geschaffen worden zu sein. Doch die heutigen Interfaces sind oft so kompliziert in der Anwendung, dass sich der Benutzer gezwungen sieht, diese anders anzuordnen. Microsoft (1995, S. 4) empfiehlt besonders, solche Funktionen einzubauen: „Benutzer müssen, aufgrund ihrer höchst unterschiedlichen und breit gestreuten Aufgabenbereiche, in der Lage sein, die verschiedenen Aspekte einer Oberfläche selbst zu definieren, zum Beispiel die Farbe, die Schriftarten und andere Optionen." Eine Anwenderin von Microsoft Word berichtet allerdings über die Auswirkung solcher benutzerdefinierter Einstellungen Folgendes: Sie wollte eine Liste in einem Format erstellen, das sich von dem unterschied, das sie normalerweise benutzte. Also blätterte sie nach, wie sich solche Änderungen durchführen lassen und wählte neue Einstellungen. Als sie das nächste Mal eine Liste erstellen wollte, verwendete sie den üblichen Listenbefehl und erhielt dann – natürlich – jenes Listenformat, das sie einmalig anders definiert hatte, anstelle desjenigen, das sie immer benötigte. Um herauszufinden, was geschehen war und das Problem zu beheben, brauchte sie mehr als eine Stunde. (Zunächst glaubte sie, dass mit dem Programm etwas falsch war oder mit der Art, wie sie den Befehl aufrief. Erst nachdem sie den Befehl mehrmals wiederholt hatte, erinnerte sie sich daran, dass sie die Voreinstellungen geändert hatte.)

Bob Fowles, vom Pennsylvania State University Computer Center, ist der Meinung:

Benutzer von Word, die sich der Komplexität des Programms nicht bewusst sind, können echte Probleme bekommen, wenn sie zufällig die Tasten Ctrl, Alt *oder* Umsch *in Kombination mit einem anderen Buchstaben drücken. Meine Frau geriet erst gestern in Schwierigkeiten und ich benötigte selbst ein paar Minuten bis ich verstanden hatte, was geschehen war. Immer wenn Sie die Returntaste drückte, erschien ein Blickfangpunkt am linken Rand. Im Menü* Bearbeiten *fand ich den Befehl* Rückgängig: Autoformat. *Erst nach einigen Minuten der Suche und unter Verwendung der Hilfe, erfuhr ich, wie das Autoformat an- und ausgeschaltet wird und konnte dann diese Funktion deaktivieren. Irgendwie hatte sie auf der Tastatur aus Versehen eine Tastenkombination gedrückt, die diese Funktion aktivierte. (Persönliche Unterhaltung 1998)*

Diese Benutzerin wurde durch eine benutzerdefinierte Einstellung, einen Modus, eine unsichtbare Tastenkombination und durch ein insgesamt ausgesprochen komplexes Design beeinträchtigt.

Benutzerdefinitionen sind Änderungen am Software-Design, die in keiner Dokumentation beschrieben werden. Als ich beispielsweise Word verwendete, schaltete ich eine Funktion aus, die ich nicht kannte. In der Hilfe wurde ich angewiesen, einfach auf ein bestimmtes Symbol in der Standardsymbolleiste zu klicken. Doch ein anderer Benutzer hatte zuvor Änderungen an der Symbolleiste vorgenommen und das angegebenen Symbol befand sich nicht dort. Ich brauchte ziemlich lang bis ich herausgefunden hatte, wie sich das Programm anderweitig auf das gewünschte Verhalten einstellen ließ. Zentral an diesem Vorfall ist aber folgendes Problem, das durch benutzerdefinierte Voreinstellungen entsteht: Wie lässt sich eine Interface-Qualität testen oder ein System dokumentieren, dessen Konfigurationen nicht einmal die Designer und Entwickler kennen können? Im Falle des von mir erlebten Beispiels würde die Modusänderung durch den Benutzer zu einer falschen Dokumentation führen.

Wenn dem Benutzer freigestellt wird, das Interface-Design zu ändern, führt dies häufig zu einer nicht optimal gestalteten Auswahl, schließlich sind die wenigsten Benutzer ausgebildete Interface-Designer. Meist wählt der Benutzer eine Methode aus, die derjenigen am ähnlichsten ist, mit welcher er bereits vertraut ist, oder eine Variante, die er nur vorübergehend verwenden möchte. Einige Designer haben dafür plädiert, versierten Anwendern eine möglichst große Auswahl an Systemzuschnitten zu ermöglichen, damit sich diese ihr gewünschtes Interface optimal „zusammenbasteln" können. Doch auch ein versierter Endanwender ist nicht unbedingt ein guter Interface-Designer. Hinzu kommt, dass sich der Benutzer an die Software bereits gewöhnt hat und sich auf ein stabiles System verlassen möchte, das seine Gewohnheiten nicht durch Änderungen irritiert – auch nicht durch Änderungen, die er selbst vornehmen kann.

Durch die Bereitstellung solcher Voreinstellungen für den Benutzer bürden wir ihm eine Last auf, die seiner Stellenbeschreibung und seinem Selbstverständnis meist in keinster Weise entspricht. Ein Benutzer muss dann nämlich nicht nur lernen, wie eine Tabellenkalkulation funktioniert, sondern auch, wie er die Funktionen einstellen und definieren kann. *Die Zeit, die für das Aneignen solcher Kenntnisse benötigt wird, ist meist verschwendet und sollte eigentlich für jene Aufgaben zur Verfügung stehen, die der Benutzer mit einem Programm durchführen möchte.* Manager beschweren sich bereits über die vergeudete Zeit, die ihre Angestellten mit den Einstellungen des Systems verbringen. Die meisten Benutzer möchten einfach nur ihre Aufgaben erledigen und nicht damit konfrontiert werden, ob die Zahlen in einer Tabellenkalkulation standardmäßig in der Schriftart Palatino rot, Garamond grün oder Bodoni halbfett gesperrt, kursiv und in der Farbe Himmelblau erscheinen sollen.

Die Personalisierung von Interfaces in einer Umgebung, die von mehreren Anwendern genutzt wird, bereitet den Boden für Katastrophen, denn dies bedeutet, dass jeder Änderungen am Interface vornehmen kann, ohne dass dies von anderen bemerkt wird. Eine Aktion die gestern noch richtig war, zum Beispiel das rote Symbol anzuklicken, kann heute schon falsch sein, wenn jemand anderes definiert hat, dass die Aktion nun mit dem blauen Symbol ausgeführt wird. Übung und Gewohnheit werden dadurch unterminiert. Auch die Hotlines oder Kundendienste berichten davon, wie kompliziert es sein kann, jemandem am Telefon oder via E-Mail weiter zu helfen, der mit einer benutzerdefinierten Oberfläche arbeitet, die durch Voreinstellungen definiert wurde.

Anpassung ist ein hübsches Wort, es klingt demokratisch und weltoffen, und scheint nur der Freiheit und Freude der Benutzer zu dienen. Doch ich kenne keine Studien, die beweisen oder zeigen, das diese Funktionalität die Produktivität erhöht oder die Anwendbarkeit oder Erlernbarkeit auch nur irgendwie objektiv messbar verbessert hätte. Durch die Möglichkeit der Benutzeranpassung wird ein System deutlich komplexer und schwieriger zu lernen. Wenn früher eine Benutzerumfrage gemacht worden wäre, hätte sich zwar die Mehrzahl der Benutzer für solche benutzerdefinierten Anpassungsmöglichkeiten ausgesprochen. Doch als die ersten GUIs Einzug hielten, befanden die Benutzer überwiegend, dass sie keine dieser Funktionen je anwenden. Es ist auch wichtig zu wissen, das Benutzer solche Anpassungen am Interface meist vornehmen, damit dieses ihren persönlichen Vorstellungen entspricht. Wie sich anhand von verschiedenen Experimenten feststellen ließ, ist ein Interface, das die Produktivität erhöht, nicht unbedingt identisch mit einer Oberfläche, die subjektiven Vorstellungen entspricht (ein Beispiel dazu finden Sie bei Tullis 1984, S. 137).

Der Kernpunkt ist doch: Wenn kompetente Interface-Designer eine nahezu ideale Oberfläche entwickelt haben, kann alle Anpassung auf Seiten des Benutzers eigentlich nur noch schlechtere Interfaces hervorbringen. Deshalb sollten wir ruhig etwas sparsamer sein, wenn es darum geht, dem Benutzer Anpassungen zur Auswahl anzubieten. Wenn ein Benutzer durch ein paar gezielte Optionen ein Interface wirklich verbessern kann, dann haben wir vermutlich keine gute Arbeit geleistet.

Wenn jedoch eine Programmoberfläche so grausig – um eine Meinung kund zu tun – wie die von Microsoft Word 97/98 ist, dann ist die Situation umgekehrt. Fast alle Änderungen, die ein Benutzer vornehmen kann, führen zu Verbesserungen, um nur etwas zu übertreiben. Doch die Oberfläche von Word sollte nicht das Ziel dessen sein, was wir anstreben.

Modi, die nach ihrer Verwendung automatisch wieder deaktiviert werden, verursachen weniger Fehler als jene, die fortbestehen, wenn auch nur, um noch ein paar Probleme zu verursachen. Wie im Beispiel des Cursors von Vellum würden deutlich weniger Fehler auftreten, wenn der Cursor nach der Durchführung der Aufzeichnungsfunktion automatisch wieder auf den Standard zurückgesetzt würde. Wenn Sie einen temporären Modus unmittelbar im Anschluss an dessen Aktivierung verwenden, befindet sich der Status eines Interface auch noch in Ihrem Kurzzeitgedächtnis, wodurch die Gefahr eines Modusfehlers reduziert wird. Eine Änderung des Modus lässt sich auch als Teil einer Geste definieren, die diesen Befehl ausführt. Auf diese Weise ließe sich eine ganz und gar nicht modale Situation schaffen. Wenn Sie den Interface-Modus für einen Befehl jedoch einstellen und dann abgelenkt werden, ehe Sie dazu kommen, den Befehl auszuführen, dann besteht die Gefahr eines Modusfehlers.

Um einen Modus zu vermeiden, wurde der Canon Cat ohne Schalter für die Stromzufuhr entworfen[1]. Der Grund bestand darin, dass Produkte verschieden auf Gesten reagieren, je nachdem ob sie an- oder ausgeschaltet sind; und ein Schalter für die Stromzufuhr führt demnach einen Modus ein. Um Energie zu sparen, verfiel der Cat in einen stromsparenden Tiefschlaf, wenn er mehr als fünf Minuten nicht benutzt worden war. Um sicherzustellen, dass dieser Schlaf kein Modus ist, schaltete jede Benutzeraktion oder eingehende Nachricht den Cat ohne erkennbare Verzögerung sofort an. Und darüber hinaus ging auch die Benutzeraktion durch das Anschalten nicht verloren, sondern wurde sofort so ausgeführt, als hätte sich der Rechner nie in einem Schlafzustand befunden.

In vielen Systemen „erwachen" die Computer aus dem Schlafmodus, wenn eine Taste betätigt wird, aber der Tastenanschlag, der den Computer aktiviert hat, und alle weiteren unmittelbar danach ausgeführten Tastenanschläge, bleiben unberücksichtigt, bis das System ganz wach ist – d.h., sie sind umsonst eingegeben worden. Es war also eine elegante Funktion, dass die Tastenanschläge beim Cat nicht umsonst ausgeführt wurden. Angenommen, Sie hätten eine plötzliche Inspiration

---

1. Ich war sehr verwundert, als ich bei der ersten Lieferung aus Japan einen Schalter für die Stromzufuhr auf der Rückseite des Cat fand. Ich wies darauf hin, dass die Spezifikationen eigens angaben, dass es keinen Schalter dafür geben solle, und ich hatte den Grund dafür wiederholt mit den Verantwortlichen diskutiert. „Wir dachten, die Spezifikation ist falsch", wurde mir mitgeteilt.

oder wollten während eines Telefonats etwas aufschreiben, so konnten Sie sofort mit der Eingabe beginnen, ohne sich über den Status des Cat Sorgen zu machen oder das Display zu beachten. Es ist ein Merkmal von modusfreien Geräten, dass Sie nicht planen müssen, ehe Sie handeln. Die Aufmerksamkeit kann also immer auf den Inhalt der Arbeit gerichtet bleiben. (Wenn es Ihnen aus Versehen passiert, dass Sie eine Notiz auf diese Weise mitten in einer anderen Arbeit platziert haben, könnten Sie diese nachträglich problemlos an eine andere Position verschieben, nachdem Sie Ihren Gedankengang oder das Telefonat beendet haben.)

Designer wenden gelegentlich ein, dass Modi notwendig sind, weil die Anzahl der gewünschten Softwarefunktionen die Anzahl der Gesten übersteigt, die ein Benutzer mit der Tastatur oder grafischen Eingabegeräten ausführen kann. Aus diesem Grund sei eine mehrmalige Besetzung der Gesten zwingend erforderlich. Doch Befehle, die sich auf dem Bildschirm anzeigen lassen, z.B. in Menüs, oder Befehle, die aus mehreren Zeichen bestehen wie in Systemen, die mit Befehlszeilen gesteuert werden, ließen sich mit unbegrenzter Anzahl definieren und so konnten solche Schwierigkeiten vermieden werden. (Wie Sie sicherstellen können, dass die verschiedenen Befehle in einem Befehlszeilensystem sichtbar sind und nicht erinnert werden müssen, wird später erläutert.)

Das Problem der Modi lässt sich wie folgt zusammenfassen: Wenn Sie eine modale Oberfläche entwerfen, werden dem Benutzer Modusfehler unterlaufen, es sei denn, das Ausgabeergebnis, das der Modus steuert, liegt im Zentrum der Aufmerksamkeit des Benutzers und ist für den Benutzer sichtbar oder in dessen Kurzzeitgedächtnis. Es liegt also in den Händen des Designers zu demonstrieren, dass ein Modus unter geeigneten Bedingungen eingeführt wurde oder die Vorteile eines bestimmten modalen Designs die unvermeidbaren Nachteile bei weitem überwiegen. Auf der sicheren Seite sind Sie immer dann, wenn Sie Modi in Interface-Designs vermeiden.

Änderung von Schaltflächen in der Nacht

Einige Flugzeuge haben Druckschalter mit einem Display, dessen Aufschrift sich ändert. Diese Änderung wird mit Hilfe des Flugzeugcomputers gesteuert, d.h., die Beschriftung kann während des Fluges abgewandelt werden. Die Werbebroschüre zu einer dieser Schaltermarken preist den für den Menschen vorteilhaften Charakter des Produkts an. Zum einen weil dadurch weniger Schaltflächen im beschränkten Bereich des Cockpits benötigt würden, zum anderen weil sich weitere Flugelektronik oder andere Geräte anschließen ließen, ohne das Cockpit neu verkabeln zu müssen.

Aus der Perspektive der kognitiven Wissenschaft verbessern gute Beschriftungen die Sichtbarkeit. Wenn eine Person, die einen beschrifteten Schalter drücken möchte, innehält, um zunächst einmal den Text zu lesen, muss sichergestellt sein, dass die

Beschriftung eindeutig und nicht verwirrend ist. Oberflächlich betrachtet mag ein solches Vorgehen eine gute Idee sein.

Aber nach längerem Nachdenken werden doch einige mögliche Fallstricke eines solchen Produkts deutlich. Alle beschrifteten Knöpfe werden genau in dem Moment durch den Finger verdeckt, in dem sie gedrückt werden sollen, weshalb sich nur mit dem vorletzten Blick prüfen lässt, ob der richtige Knopf gedrückt wird. Aber dies ist das geringere Problem, denn normalerweise liest man die Beschriftung, bevor man einen Schalter drückt – sofern man sie überhaupt liest (ich lese bestimmt nicht, was auf den Tasten meiner Tastatur geschrieben steht, ehe ich sie drücke).

Es gibt aber noch ein dringlicheres Problem bei diesen wechselweise beschrifteten Schaltknöpfen. Zum Beispiel: Sie möchten die manuelle Steuerung der Klimaanlage in der Kabine aktivieren. Und Sie wissen, es gibt einen Schalter, der die Beschriftung Manuell Klima trägt. Doch dieser Schalter ist nirgends zu finden, weil darauf nämlich im Moment Comm Backup steht. Es liegt jetzt an Ihnen, herauszufinden, wie sich der Schalter wieder in der Weise beschriften lässt, wie dies zuvor der Fall war. Vielleicht gibt es einen weiteren Schalter oder einen Hebel, der sich an anderer Stelle befindet und die Beschriftungen ändert. Oder vielleicht sind die Beschriftungen kontextsensitiv und ermöglichen es gar nicht, in diesem Moment auf manuelle Bedienung der Klimaanlage umzuschalten. Was immer auch zutrifft, ein Schalter, der verschiedene Beschriftungen tragen kann, birgt immer das Risiko, dass die augenblicklich benötigte Funktion gar nicht zur Auswahl steht, weil sich das System aktuell in einem anderen Modus befindet.

Doch das größte Problem an diesem Konzept ist der Faktor Gewohnheit. Stellen Sie sich vor, wie ein erfahrener Pilot seine Hand ausstreckt, um einen Schalter zu drücken. Das Radio funktioniert nicht, etwas stimmt nicht. Ein Kommunikationsproblem: Jetzt muss COMM BACKUP aktiviert werden. Fachmännisch drückt er den Schalter COMM BACKUP. Klick! Mist. Der Copilot hatte die Kabinentemperatur auf Wunsch eines Passagiers geändert und die Schalter befanden sich deshalb im Klimamodus. Der Pilot hat mit seinem Griff nichts anderes bewirkt, als die manuelle Steuerung der Klimaanlage zu ermöglichen.

Variable Schalterbeschriftungen können auch sinnvoll sein, zum Beispiel wenn mehrere Leute dieselbe Konsole benutzen und jeder diese so betätigt, dass sich die Bedeutung der Schalter für die einzelnen Benutezr nicht ändert. Doch solche Situationen sind selten anzutreffen. So genannte Softkeys, bei denen ein eigenes Display veränderbare Beschriftungen für Schalter auf dem Monitor oder neben dem Display anzeigt, bieten dieselbe Verlässlichkeit wie variable Schalterbeschriftungen. Ein ähnliches Problem entsteht bei der Verwendung von Funktionstasten, die auf vielen Computer mit F1 bis F12 beschriftet sind. Schon wenn sich ihre Funktionen nicht ändern, ist die Beschriftung wenig aussagefähig. Ändert sich jedoch ihre Funktion, dann lassen sie sich nicht mehr gewohnheitsmäßig verwenden. In beiden Fällen handelt es sich also um ein armseliges Design.

Sind wenige Schalter besser?

Ein tragbares Fluke-Oszilloskop[1], das ich kürzlich testete (Abbildung 3.4) schien unglaublich kompakt und funktionstüchtig. Seine 35 Schalter steuern die verschiedensten Modi und Funktionen. Das Gerät bedienen zu lernen war schwierig und es stellte sich heraus, dass eine schnelle Bedienung unmöglich war, zumindest wenn man mit vielen Funktionen arbeiten wollte.

Ein Tektronix-Oszilloskop (siehe Abbildung 3.5) mit seinen Tausenden von Einstellungen hingegen schien auf den ersten Blick unglaublich kompliziert, war aber einfacher zu erlernen und zu bedienen. Die Anzahl der Schalter und Knöpfe entsprach in etwa denen auf dem digitalen Oszilloskop, aber viele Knöpfe sahen verschiedene Positionen vor, die sich schnell einstellen ließen und die Bedeutungen dieser Einstellungen waren auf der Oberfläche des Produkts angegeben, d.h., sie waren sofort sichtbar und mussten nicht erst aus Menüs heraus ausgewählt werden, welche wiederum zuerst aufgerufen werden mussten. Das Produkt von Fluke bietet zwar deutlich mehr Funktionen an, aber dies geht auf Kosten einer einfachen Bedienerführung. Die Drehknöpfe erklären sich eher selbst als die Schalter von Fluke. Außerdem ist Fluke weiter gegangen als notwendig und bietet Untermenüs mit einer unnötigen Verzweigung in die Tiefe an.

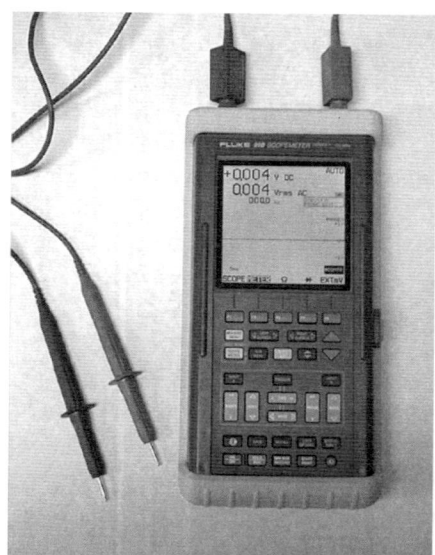

Abbildung 3.4:
Das Oszilloskop von Fluke: kompakt und leistungsstark mit vielen Funktionen auf wenige Schalter verteilt, aber nicht einfach zu lernen und manchmal umständlich in der Bedienung. Auf der anderen Seite verhindert die farbige Bedienerführung Fehler.

---

1. Ich danke der John Fluke Manufacturing Co. für die Bereitstellung ihres Geräts.

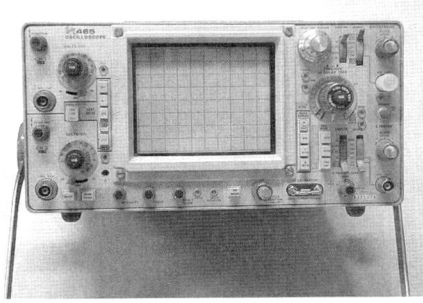

Abbildung 3.5:
Das Oszilloskop von Tektronix stellt
direkt auf der Oberfläche sehr viele Ein-
stellungen bereit und wirkt dadurch
beängstigend kompliziert. Doch es ist
schnell und einfach zu bedienen.

Der Betrieb dieser Oszilloskope ist vergleichbar mit dem von zwei meiner Radios. Mein Autoradio (Abbildung 3.6) hat 18 vordefinierte Sender, die in drei Gruppen zu je sechs angeordnet sind. Ein Schalter führt durch die drei Gruppen und eine lineare Anordnung von sechs Schaltern wählt den betreffenden Sender innerhalb der einzelnen Gruppe. Eine LCD-Anzeige gibt die gewählte Gruppennummer (1 bis 3) an. Sieben Knöpfe genügen, um unter 18 Sendern auszuwählen.

Abbildung 3.6:
Bei meinem Autoradio sind schon die Radiofunktionen schwer einzustellen,
noch komplizierter ist allerdings die Uhr.

Mein anderes Radio ist das ausgezeichnete elektronische Radio Sony 2010 (siehe Abbildung 3.7), mit 32 Voreinstellungen auf 32 identischen Schaltern, die in vier Reihen mit je 8 Schaltern angeordnet sind. Auf den ersten Blick wirkt dieses Radio viel komplizierter, aber sowohl in Gesprächen mit anderen Besitzern als auch durch eigene Erfahrung wurde mir bewusst, dass dieses Design es ausgesprochen leicht macht, einen Sender zu finden – besonders nachts, denn man muss dann nur Schalter für Schalter durchzählen und den Knopf drücken, an dem die Finger bei der gewünschten Zahl angelangt sind. Der Sony 2010 speichert alle Parameter eine Senders, z.B. ob dieser auf der Frequenz AM, Kurzwelle oder FM empfangen werden soll, und viele andere Einstellungen, die Sie vorgenommen haben. Sie drücken einfach auf einen der 32 Knöpfe und alle für den Empfang des Senders notwendigen

Werte werden automatisch und sofort eingestellt. Ich habe mir die Sender, die ich am häufigsten höre, in die obere linke Ecke des Schalterbereichs gelegt.

Abbildung 3.7:
Das Kurzwellenradio Sony 2010
hat viele Schalter, aber lässt sich
schnell und einfach bedienen.

Das Autoradio opfert die einfache Bedienung der Idee, möglichst wenige Knöpfe zu haben, die sich auf einem kleinen Bereich anordnen lassen. Der schlechteste Teil dieses Designs liegt darin, dass Sie gezwungen werden, die Augen auf das Display zu richten anstatt auf die Straße, um zu erfahren, welches vordefinierte Set gerade benutzt wird. Oder Sie werden dadurch abgelenkt, dass Sie nach dem gewünschten Sender suchen müssen (wenn Sie von AM zu FM wechseln oder umgekehrt, müssen Sie dazu zwei Knöpfe suchen und drücken – beim Sony ist immer nur ein Knopfdruck notwendig, um einen vordefinierten Sender einzustellen).

Es ist kaum übertrieben, die Forderung zu stellen, dass wechselnde, modale Interfaces in Kraftfahrzeugen eigentlich verboten sein sollten. Mein Autoradio hat eine eindeutig ungenügende Oberfläche zur Auswahl von Sendern und auch die Einstellung der Uhrzeit ist alles andere als einfach. Ich muss jedesmal nachlesen, wie es geht: Man drücke und halte den Schaltknopf DISP zwei Sekunden und lasse ihn dann los. Dann drehe man den Reglerknopf entgegen dem Uhrzeigersinn, um die Stunden vorzustellen, im Uhrzeigersinn, um die Minuten vorzustellen, und dann drücke man erneut den Schaltknopf DISP, um die Uhrzeiteinstellungen zu übernehmen. (Der DISP-Knopf ist identisch mit dem Lautstärkeregler. Doch es gibt auch Vorteile: Zumindest haben meine beiden Radios richtige Drehknöpfe zur Regulierung der Lautstärke, anders als in so manchen modernen Geräten, die mehrere Schalter als Lautstärkeregler vorsehen. Dies mag zwar professionell wie in einem Tonstudio wirken, es dauert aber viel zu lange, bis die gewünschte Lautstärke eingestellt ist. Außerdem ist die aktuelle Einstellung für das Auge nicht sichtbar und auch nicht zu ertasten. In einer kürzlich von mir durchgeführten Anwenderbefragung (55 Personen) zogen alle einen Drehknopf für diese Funktion vor.

Wenige Schalter und übersichtliche Anordnungen sind nicht unbedingt die beste Lösung. Diese Lektion gilt sowohl für das Design am Bildschirm als auch für Instrumente und Geräte.

3-2-3   *Modi und Quasimodi*

Die Verwendung der Feststelltaste (Caps Lock) zur Eingabe von Großbuchstaben und das Drücken der Taste Umsch haben zwar denselben Effekt, unterscheiden sich jedoch drastisch. Mit der ersten Methode wird ein Modus aktiviert, mit der zweiten nicht. Einige Experimente an der Universität Toronto haben ergeben, dass das Halten einer Taste oder das Drücken eines Fußpedals und jede andere Form, ein Interface physisch in einem bestimmten Status zu halten, nicht zu Modusfehlern führt (Sellen, Kurtenbach und Buxton 1992). Andere Studien erhellen die neurophysiologischen Wurzeln dieses Phänomens: Der größte Teil unseres Nervensystems ist so angelegt, dass ein konstanter Reiz ein Signal auslöst, das im Lauf der Zeit abgeschwächt wahrgenommen wird, wodurch unsere Aufmerksamkeit allmählich abnimmt, auch wenn das Signal weiterhin ausgelöst wird. Dies geht solange, bis das Signal überhaupt nicht mehr bewusst wahrgenommen wird. Dagegen lassen jene Signale nicht nach, die uns zurückberichten, dass unsere Muskeln eine Kraft ausüben.

Abbildung 3.8:
Der Glöckner von Notre Dame.

Eine Steuerungstaste zu aktivieren und zu halten, während eine andere Benutzeraktion ausgeführt wird, wurde als *Sprunglademodus* und *Sprungsperremodus* bezeichnet (Johnson und Engelbeck 1989). Aber diese Begriffe sind nicht korrekt, denn es findet weder ein physikalischer Sprung statt, noch wird eine Taste gesperrt. Der Ausdruck *benutzerbetriebener Modus* (Sellen, Kurtenbach und Buxton 1992) beschreibt diese Aktion besser, erschwert es aber ein zugehöriges Adjektiv zu bilden. Ich ziehe den Begriff „Quasimodus" und die adjektivische Form quasimodal vor, um Modi zu bezeichnen, die mit Muskelkraft aufrecht erhalten werden (siehe Abbildung 3.8).

Quasimodi sind ein effektives Mittel, um Modi zu umgehen (Raskin 1989); eine allzu übertriebene Verwendung von Quasimodi kann allerdings zu absurden Interface-Konventionen führen, bei denen der Benutzer sich Dutzende von Befehlen wie Strg↓ Alt↓ Umsch↓ Esc↓ q↑↑↑↑ merken muss. Die Grenze eines effektiven Einsatzes von Quasimodi liegt etwa zwischen vier und sieben. Aber bereits ein Quasimodus kann viele verschiedene Probleme lösen (siehe Abschnitt 5-4).

Ein typisches Problem, das bereits durch die Verwendung von Quasimodi gelöst wurde, tritt dann auf, wenn ein Interface dem Benutzer ein Set an Optionen zur Auswahl stellt, z.B. die Pulldown-Menüs auf dem Macintosh. In dieser Anwendung von Quasimodi drücken und halten Sie die Taste eines grafischen Eingabegeräts auf einem Menünamen. Die darunter liegende Auswahl wird so lange angezeigt, wie Sie die Taste gedrückt halten. Dann setzen Sie den Cursor auf die gewünschte Option und lassen die Taste los, um Ihre Wahl zu treffen.

Auch beim Blättern durch einen Satz von Optionen werden Quasimodi verwendet. Solange das Blättern immer mit derselben Option beginnt und in derselben Reihenfolge durchgeführt wird und sofern es nicht zu viele Optionen sind, kann der Benutzer mit der gleichen Anzahl von Tastenanschlägen eine dieser Optionen aufrufen. Zum Beispiel ist beim Design des Canon Cat vorgesehen, dass der Benutzer eines der vier folgenden Absatzformate auswählen kann: linksbündig, zentriert, rechtsbündig und Blocksatz. Diese Absatzformate lassen sich durch wiederholtes Drücken ein und derselben Taste im Wechsel zuweisen. Die Taste trägt auf der Vorderseite die folgende Aufschrift:

¶ *STYLE*

Abbildung 3.9:
Taste Use Front *und andere Tasten des Canon Cat. Die Aufschrift „Use Front" ist hellblau, ebenso wie die Beschriftungen an der Vorderseite der Tasten, die sich mit* Use Front *aktivieren lassen.*

Um auf dem Cat die Funktion einer Taste zu aktivieren, die auf der Vorderseite angegeben ist, wurde die Umschalttaste mit *Use Front* beschriftet (dt.: vordere Funktion verwenden, siehe Abbildung 3.9). Die Taste *Use Front* diente also dazu, jene Funktionen zugänglich zu machen, die auf der Vorderseite der Tasten aufgeführt waren. Da das Absatzformat als Quasimodus definiert war (die Taste *Use Front* musste gedrückt werden, während die Taste *Style* angeschlagen wurde), wusste der Cat, wie oft ein Benutzer die Taste gedrückt hatte. Daraus folgte: Es war schnell zu erlernen, dass einmal Drücken für ein linksbündiges, zweimal Drücken für ein rechtsbündiges Absatzformat usw. notwendig waren. Hätte die Software mit der Zählung immer dort begonnen, wo der Benutzer das letzte Mal aufgehört hat, wie dies häufig der Fall ist, dann wäre diese Funktion nicht gewöhnungsfähig. Der Benutzer müsste dann immer auf die Anzeige blicken, um zunächst den aktuellen Ausgangspunkt zu erkennen. Beachten Sie, dass eine Taste für Absatzformate, die nicht zuvor durch *Use Front* aktiviert worden wäre, nicht in dieser Form funktionieren würde, denn erst durch Drücken der Taste *Use Front* wird das System angewiesen, mit der Zählung der Tastenanschläge wieder von vorne zu beginnen.

Eine gewöhnungsfähige Funktion lässt sich häufig auch von blinden Benutzern anwenden. Es gehört zu den Prinzipien dieses Buches, dass sich viele hier vorgestellte Methoden quasi blind ausführen lassen. Wir sind alle in einem sehr realen Sinne blind gegenüber der Welt, die außerhalb unseres Zentrums der Aufmerksamkeit liegt.

In manchem Menüs und Paletten wird das zuletzt aufgerufene Element anschließend automatisch an die Spitze des Menüs oder der Palette gesetzt; dies ist ein einfaches Beispiel für Menüs und Paletten, die sich an den Benutzer anpassen. Diese Form der Interface-Gestaltung wurde eingeführt, weil man annahm, es würde den Auswahlprozess beschleunigen, wenn ein Benutzer das gewünschte Element sofort anklicken könnte, ohne das Menü oder die Palette zu öffnen. Für diese Technik gibt es zwei verschiedene Ansätze: Der erste besteht darin, dass das ausgewählte Element aus der Liste entfernt und direkt in das Hauptmenü oder die Hauptpalette gesetzt wird. Beim zweiten Verfahren wird das ausgewählte Element in das Hauptmenü oder die Hauptpalette kopiert (Abbildung 3.10).

Zunächst mag es scheinen, dass der erste Ansatz besser ist, weil damit eine Auswahl weniger in der Liste erscheint und deshalb weniger Platz am Bildschirm vergeudet wird. Doch der Benutzer muss innehalten und prüfen, ob das Tool, das er verwenden möchte, sich in der Hauptpalette oder im Pulldown-Menü befindet – insbesondere wenn seit der letzten Verwendung des Tools mehr als ein paar Sekunden verstrichen sind. Nur beim zweiten Ansatz kann der Benutzer eine Gewohnheit entwickeln und etwa immer die neunte Option in einem Menü ansteuern, um eine bestimmte Funktion auszuführen. Erinnert er sich aber noch daran, dass er diese Funktion gerade erst verwendet hat und sich diese also noch im Hauptmenü befinden muss, dann hat er den zusätzlichen Vorteil einer schnellen Auswahl. Hiermit wird sowohl dem kognitiven Standpunkt Rechnung getragen als auch im besten Fall eine schnelle Bedienung ermöglicht.

Vellum (Ashlar 1995) ist ein Beispiel für ein Produkt, dessen Paletten sich korrekt anpassen (Abbildung 3.10). Bei Vellum ist die Palette adaptiv und jedes Tool kann dennoch an seinem gewohnten Platz gefunden werden. Ein erfahrener Benutzer wird die adaptive Funktion wahrscheinlich nicht zu schätzen wissen, denn er wählt automatisch die gewohnte Position des Tools an. Verschiedene Auswahlmethoden für ein- und dieselbe Funktion anzubieten, hat noch einen anderen Aspekt, der in Abschnitt 3-5 erläutert wird.

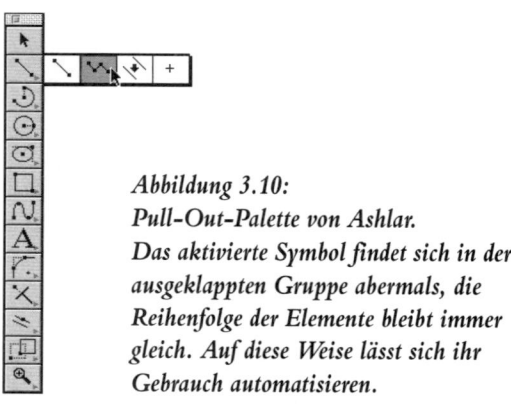

Abbildung 3.10:
Pull-Out-Palette von Ashlar.
Das aktivierte Symbol findet sich in der
ausgeklappten Gruppe abermals, die
Reihenfolge der Elemente bleibt immer
gleich. Auf diese Weise lässt sich ihr
Gebrauch automatisieren.

Die Anpassung von Interfaces soll dem emotionalen Zustand des Benutzers entsprechen und einige Produkte, wie Bob von Microsoft, versuchen die Oberfläche entsprechend der Persönlichkeit des Benutzers maßzuschneidern. Es ist aber nicht ganz klar, wie sich ein Interface auf diese Weise an den Benutzer anpassen kann, ohne dessen Gewohnheiten zu stören. Aber auch wenn es eines Tages möglich sein sollte, die emotionalen Bedürfnisse des Anwenders abzudecken und diese Informationen dazu zu benutzen, die Bedienung eines Interface so zu verbessern, dass die erlernten und automatisierten Reaktionen nicht beeinträchtigt werden, so müssen diese Interfaces zuallererst die unveränderbaren kognetischen Anforderungen erfüllen. Die in diesem Buch ausgearbeiten Prinzipien lassen sich auch dafür anwenden und müssen wahrscheinlich noch eher implementiert werden als eine Anpassung an die emotionalen Notwendigkeiten.

Grundsätzlich gibt es für einen Computer oder ein Informationsverarbeitungsgerät zwei Arten von Eingaben: das Erstellen von Inhalten oder die Steuerung des Systems. Hierfür gelten folgende Daumenregeln: Quasimodi sollten den Steuerungsfunktionen vorbehalten bleiben. Operationen, die ausgeführt werden, wenn kein Quasimodus aktiviert wurde, sollten für das Erstellen von Inhalten dienen. Es sollte so und nicht andersrum sein, denn es ist schwieriger, ein System mit gedrücktem Quasimodusschalter zu bedienen; und schließlich soll der Benutzer mehr Zeit mit der Erstellungen von Inhalten verbringen als mit der Bedienung des Systems.

3-3 Substantiv-Verb versus Verb-Substantiv

Ein großer Teil von Befehlen bezieht sich darauf, für ein Objekt eine Aktion auszuführen. Wenn ein Textverarbeitungsprogramm bedient wird und zum Beispiel ein Absatz eine andere Schriftart erhalten soll, so ist der Absatz in diesem Fall das Objekt, während die Zuweisung der neuen Schriftart die Aktion ist. Ein Interface kann die Ausführung dieser Befehlsfolge auf zwei verschiedene Arten zur Verfügung stellen: Entweder wählt der Benutzer zuerst das Verb (z.B. *Ändern/Schriftart*) und dann das Substantiv (z.B. *Absatz*) oder zuerst das Substantiv und dann das Verb. Auf den ersten Blick scheint es, als sei das dasselbe und die Reihenfolge ohne Bedeutung. Aber bei den meisten Interface-Designs ist dies keine identische Situation und die Reihenfolge (entweder Substantiv-Verb oder Verb-Substantiv[1]) spielt sogar eine entscheidende Rolle in der Anwendung.

Die meisten Interface-Richtlinien empfehlen richtigerweise die Verwendung der Interaktion mit Substantiv-Verb (Apple 1987, Hewlett Packard 1987, IBM 1988, Microsoft 1995). Eine Analyse des Zentrums der Aufmerksamkeit zeigt die Vorteile davon.

• *Fehlerreduktion:* Durch den Verb-Substantiv-Stil wird ein Modus eingerichtet. Sobald Sie in diesem Stil einen Befehl gewählt haben, hat dies Auswirkungen auf die nächste Markierung, die Sie vornehmen. Wenn es zwischen Befehlsaufruf und Objektmarkierung eine Verzögerung oder Ablenkung gibt, kann die darauffolgende Aktion zu Überraschungen führen, sofern plötzlich ein anderes als das beabsichtigte Objekt markiert wird. Bei Substantiv-Verb-Konstruktionen werden die Befehle sofort ausgeführt, solange diese sich noch im Zentrum der Aufmerksamkeit befinden.

• *Geschwindigkeit:* Sie müssen die Aufmerksamkeit nicht vom Inhalt – von dem der Anstoß zu einer Operation ausgeht – ablenken auf einen Befehl – der die Operation ausführt – und dann wieder den Ausgangspunkt im Inhalt suchen, um dort eine Markierung vorzunehmen. Bei Substantiv-Verb-Konstruktionen nehmen Sie die Markierung im Zentrum der Aufmerksamkeit vor und wechseln dann zum Befehl. Es gibt nur einen kleinen Wechsel im Zentrum der Aufmerksamkeit.

• *Einfache Anwendung und Umkehrbarkeit:* In der Verb-Substantiv-Konstruktion müssen Sie eine Abbruch- oder Löschfunktion zur Verfügung stellen, falls der Befehl zur Aktion bereits ausgelöst wurde, dann aber wieder zurückgenommen werden soll, denn es wurde mit dem Befehl bereits ein Modus aktiviert, der nun auf eine Markierung wartet. Es muss also ein Mechanismus bereit gestellt werden, der dem System signalisiert, dass doch keine Markierung vorgenommen werden soll. Bei Substantiv-Verb-Konstruktionen lässt sich die Markierung auf

---

1. Dafür werden auch die Begriffspaare Objekt-Aktion oder Aktion-Objekt verwendet.

Wunsch jederzeit wieder ändern. Es ist keine zusätzliche Abbruch- oder Lösch-funktion notwendig.

Jede mir bekannte Interface-Richtlinie, die für Substantiv-Verb-Konstruktio-nen plädiert, erlaubt auch Verb-Substantiv-Konstruktionen für bestimmte Be-fehle. Das Handbuch von Microsoft stellt fest, dass bei Paletten, z.B. zur Auswahl der verschiedenen Pinseltypen in Malprogrammen, der Verb-Substantiv-Stil notwendig ist (Microsoft 1995). Dies ist nicht unbedingt richtig. Ein reines Sub-stantiv-Verb-Modell ist hierfür durchaus denkbar: Sie zeichnen mit einem Stan-dardsatz von Eigenschaften, wie einer dünnen schwarzen Linie, und weisen die-ser dann Farbe, Breite, Muster durch verschiedene Befehle zu. Doch meist möchten wir schon beim Zeichnen den gesamten Effekt eines Pinselstrichs se-hen, mit all seinen Attributen und in voller Pracht.

Die konventionelle Methode, bei der zuerst die Attribute aus einer oder meh-reren Paletten ausgewählt werden – als ob Sie wirklich einen Pinsel in diesen und jenen Farbeimer tauchen –, führt zu den bereits beschriebenen Risiken ei-nes Modusfehlers. Es ist auch sinnvoll, einen Modus so lange aktiviert zu lassen, bis der Benutzer diesen gezielt ändert. Deshalb kann es also sein, dass Sie mit dem Zeichnen beginnen und plötzlich unerwartete Attribute vorfinden. Glück-licherweise ist das Erscheinungsbild dessen, was Sie zeichnen, im Zentrum Ihrer Aufmerksamkeit und wenn die Software gut durchdacht ist, dann werden Sie si-cher in der Lage sein, die bereits begonnene Zeichnung sofort rückgängig zu machen, die gewünschten Attribute einzustellen und mit Ihrer Arbeit fortzufah-ren. Diese Art Modusfehler sind lästig und Benutzer wären sicher dankbar, wenn es eine Substantiv-Verb- oder andere nicht-modale Methode für diese Situation gäbe, aber soweit ich weiß, hat bisher noch niemand eine aktzeptable Lösung für diese spezielle Problem gefunden.

Im Allgemeinen ist also die Substantiv-Verb-Konstruktion vorzuziehen. Verb-Substantiv-Methoden sollten auf die Auswahl in Paletten beschränkt bleiben, die für eine sofortige Verwendung gedacht sind.

Fallstudie zur Substantiv-Verb-Lösung eines Verb-Stubstantiv-Problems

Arbeitnehmer in verschiedenen Abteilungen eines multinationalen Unternehmens verwendeten ein Computersystem zur Warenbestellung. Dieses Beispiel zeigt, wie sich eine scheinbar natürliche Verb-Substantiv-Situation in eine Substantiv-Verb-Situation verwandeln lässt. In der Praxis konnte diese Umstellung helfen, Fehler zu verhindern, die durch das ursprüngliche Design hervorgerufen worden waren, und bewirkte gleichzeitig eine Beschleunigung des Bestellvorgangs.

Der ursprüngliche Vorgang bestand aus den folgenden drei Schritten:

1. *Auswahl der Abteilung, von der die Bestellung stammte. Die Auswahl bestand darin, ein Kontrollfeld neben einem Abteilungsnamen anzuklicken. Eines der Kontrollfelder war standardmäßig aktiv. Standard war immer jene Abteilung, in welcher der Computer stand.*

2. *Auswahl der gewünschten Produkte aus einer Liste zum Blättern. Jedes Produkt war mit einem Textfeld versehen, in das der Benutzer die gewünschte Anzahl pro Produkt eingeben sollte.*

3. *Klicken auf eine der beiden Schaltflächen am unteren Rand: Abbrechen oder Ausführung der Bestellung.*

Die Benutzer vergaßen leider häufig die Abteilung auszuwählen, wenn sie von einem anderen Computer aus bestellten, der nicht in ihrer Abteilung stand. Die Designer des Hauses wollten dieses Problem lösen, indem keine Standardaktivierung mehr definiert sein sollte. Der Benutzer war dann immer gezwungen eine Abteilung auszuwählen; die einzige Gefahr bestand dann nur noch darin, dass er die falsche Abteilung anklickte. Doch diese Lösung ist für alle jene Nutzer nervtötend, die überwiegend von ihren Abteilungen aus bestellen, außerdem würde sich sicherlich kein Verständnis dafür einstellen, warum Informationen, die früher dem System automatisch übermittelt wurde, auf einmal manuell eingegeben werden müssen.

Das Problem bestand in einer Art Verb-Substantiv-Situation. Der Nutzer sollte zuerst angeben, was er tun möchte (das Produkt an eine bestimmte Abteilung liefern lassen), und dann auswählen, was geliefert werden soll. Wird ein Bestellbildschirm geöffnet, befinden sich die gewünschten Produkte im Zentrum der Aufmerksamkeit des Anwenders.

Ein Teil der Lösung bestand darin, die Produktliste an den Anfang des Bestellbildschirms zu setzen. So konnte der Benutzer erst einmal jene Produkte ankreuzen, die er im Kopf hat. Die Abteilungsliste wurde dann mit einer aussagefähigen Beschriftung versehen: „In welche Abteilung soll das gewünschte Produkt geliefert werden?"

Wenn das System – aus den Anmeldeinformationen – die Abteilung des Benutzers erkennen könnte, ließe sich automatisch ein neues Symbol oben in die Abtei-

lungsliste einfügen. Das Symbol trüge die Aufschrift Meine Abteilung und hätte wie alle anderen Abteilungen ein eigenes Kontrollfeld.

Der Rest der Liste enthielt alle Abteilungen in alphabetischer Reihenfolge mit zugehörigem Kontrollfeld. Klickt der Benutzer eines dieser Kontrollfelder an, erschien bereits die Meldung: „Ihre Produkte sind bestellt." Bei der nächsten Aktion des Benutzers würde diese Meldung automatisch ausgeblendet.

Mit diesem neu gestalteten Interface würde die Auswahl der Abteilung als Aktion – also Verb – definiert, durch die sich die zuvor ausgewählten Produkte übermitteln lassen. Aus psychologischer Sicht ist die Auswahl der Abteilung nun in einen abschließenden Schritt verwandelt worden und gehörte nicht länger zur Vorbereitung der Bestellung. Beachten Sie, dass das Bestellformular an diesem Punkt bereits ausgefüllt war, die Aufmerksamkeit des Benutzers lag nicht mehr auf den Produkten, sondern konnte sich nun der Aktion der Bestellung zuwenden. Der Arbeitsfluss wurde durch dieses Formular so umgelenkt, dass er der Gedankenfolge des Anwenders entsprach.

Die Auflistung einer Standardabteilung war nicht mehr notwendig, denn das Interface bot einen psychologisch wichtigen Abschluss an, sobald die Produkte ausgewählt waren und abgeschickt werden sollten. Das ursprüngliche Design sah darüber hinaus auch noch einen Klick zur Bestätigung vor, während das neue Design dem Benutzer keinen weiteren Klick abnötigte; der Tastenklick war mit einer typische +1-Zählung ausgestattet. Mit dem neuen Design konnten die Benutzer nach wie vor eine Gewohnheit bei der Auswahl ihrer eigenen Abteilung entwickeln und liefen weniger häufig Gefahr, die Angabe anderer Abteilungen zu vergessen, weil dieser Aspekt nun eher im Zentrum der Aufmerksamkeit lag und nicht mehr durch die Gedanken an die Produkte gestört wurde. Es gab zwar nach wie vor die Möglichkeit, diesen Fehler zu begehen, aber er ließ sich auf diese Weise einschränken.

3-4 Sichtbarkeit und Eindeutigkeit

Auf einer leeren Diskette kann man lange suchen.

— Unbekannte Quelle

Ob es sich um ein Kofferradio handelt oder um den Desktop eines Computers, es muss immer deutlich sein, welche Funktionen zur Auswahl stehen, was diese tun und wie sie sich aufrufen lassen. Mit Hilfe der Sinne sollte sich wahrnehmen lassen, welche Möglichkeiten es gibt und wie diese bedient werden.

Eine Interface-Funktion ist dann **sichtbar**, wenn sie im Moment von einem menschlichen Sinnesorgan – meist den Augen, obwohl hier auch andere sensorische Faktoren eine Rolle spielen – erfasst werden kann oder kürzlich erfasst wurde und sich noch im Kurzzeitgedächtnis befindet. Wenn eine Funktion nicht in diesem Sinne sichtbar ist, wird sie als **unsichtbar** bezeichnet. Ein Interface funktioniert gut, wenn „[g]enau die richtigen Dinge im richtigen Moment erscheinen, um anzuzeigen, welche Bereiche sich bedienen lassen und wie der Benutzer mit dem Gerät in Interaktion treten soll. Durch Sichtbarkeit wird die Lücke zwischen beabsichtigter Aktion und aktueller Operation gefüllt." (Norman 1988, S. 8)[1] Zwingt ein Interface einen Benutzer dazu, sich an eine vorhandene Funktion zu erinnern, so ist diese Funktion unsichtbar. Muss der Benutzer in einem Interface herumsuchen und findet eine Aktionsfolge für eine Funktion nur auf gut Glück oder aufgrund seines Beharrungsvermögens, dann ist diese Funktion ebenfalls unsichtbar. Zieht der Benutzer das Hilfesystem zu Rat, um zu erfahren, wie sich eine bestimmte Aufgabe ausführen lässt, so sind auch die Methoden zur Durchführung der Aufgabe unsichtbar. Viele Computerspiele sind undokumentierte Interfaces, deren Steuerungselemente bzw. die Auswirkungen derselben unsichtbar sind. Mit einer Dokumentation verlieren diese Spiele ihren Reiz. *Die meisten Menschen möchten aber keine Ratespiele spielen, wenn es darum geht, ihre Arbeit zügig zu erledigen. Es liegt also am Designer eines Interface, jede Funktion eines Produkts sichtbar zu machen.*

Um den Sichtbarkeitsfaktor beim Design zu berücksichtigen, sollte jede Funktion und die Methode, mit der sie ausgeführt wird, für die meisten Menschen jener Kultur, für die das Design bestimmt ist −, durch den bloßen Anblick erkennbar sein. Ein Steuerungselement, das diese Attribute hat, wird **eindeutig** genannt. (Norman 1998, S. 123) „Eindeutigkeit entsteht, wenn starke Hinweise auf Operationen gegeben werden [...]. Drehknöpfe sind zum Drehen da. Schlitze sind dazu da, etwas hineinzustecken. Bälle sind zum Werfen oder Schlagen gedacht." (Norman 1988, S. 9) Wenn Sie als Designer einen Drehkopf − z.B. zur Regulierung der Lautstärke − verwenden, werden die Benutzer auch versuchen, diesen Knopf zu drehen. Installieren Sie einen Druckschalter, dann werden die Benutzer darauf drücken. Ob eine Funktion eindeutig ist oder nicht, hängt von der Erfahrung und dem Hintergrund der Personen ab, die das Produkt verwenden und auch vom Kontext, in dem eine Funktion in Erscheinung tritt.

Bei der Analyse von Interfaces sollten wir uns immer fragen, wie der Benutzer erfährt, dass eine bestimmte Aktion möglich ist, und wir sollten immer dafür sorgen, dass eine sichtbare Funktion auch eindeutig erkennbar ist. Symbole gelten oft als Allheilmittel zur Herstellung von Eindeutigkeit, aber dies ist nicht immer der Fall, wie in Abschnitt 6-3 erläutert wird.

Sichtbarkeit ist mehr als schlichte Existenz. Ein Objekt kann zwar in dem Sinne sichtbar sein, dass es da ist, aber es kann zum Beispiel zu klein sein oder sich zu wenig von einem Hintergrund abheben, um auch wirklich bemerkt zu werden. Die Gewöhnungsfähigkeiten von Interfaces zu optimieren, ist eine wichtige ergonomische Überlegung, aber hier geht es um die kognitiven Eigenschaften von Interfaces.

---

1. Dieses Buch ist ein Klassiker und ein absolutes Muss.

Eindeutig mehrdeutig: BART

Bay Area Rapid Transit (BART) wurde wegen der Bedienerführung an ihren Fahrkartenautomaten in dieses Buch aufgenommen. Die Automaten an den einzelnen Haltestellen sind das Resultat der Ignoranz einer Behörde, die eigentlich auf eine 25-jährige Erfahrung beim Betrieb der alten Fahrkartenautomaten zurückgreifen hätte können. Während ich in der Schlange vor einem der beiden Automaten stand, der nicht kaputt war, beobachtete ich, wie eine Person nach der anderen über das Design des Apparats in Verwunderung geriet. Obwohl ich mich mit solchen Automaten ganz gut auskenne, stolperte auch ich über die absonderliche Abfolge von Aktionen, die ich damit ausführen sollte.

Die einleuchtendste Methode zur Interaktion mit einem Automaten – und dies versuchte auch fast jeder, den ich beobachtete – besteht darin, zunächst einmal Geld oder eine alte Fahrkarte mit einem bestimmten Restwert hineinzustecken. Denn so funktionieren Verkaufsapparate nun einmal: Man wirft Geld hinein, trifft eine Wahl und erhält die Ware. Dies ist eine Art ungeschriebenes Gesetz in allen Teilen dieser Welt.

Der Fahrkartenautomat von BART scheint aber auf einem anderen Planeten entworfen worden zu sein. Zunächst muss der Fahrgast zwischen den Schaltern BART und BART-MUNI wählen (ein Hinweis, der den kleinen Unterschied erläutern würde, war vor Ort nicht zu finden.) Diese beiden Schalter befinden sich ganz oben auf der Maschine: Dies ist auch ein vernünftiger Ort für den Beginn einer Aktion, allerdings war es in diesem Falle eine unvernünftige Aktion. Die Schlitze, in welche der Fahrgast dann das Ticket (links), Münzen (in der Mitte) oder Geldscheine (rechts darunter) einfügen soll, liegen sehr weit auseinander, anstatt zu einer Gruppe zusammengefasst zu sein. Die LCD-Anzeige befindet sich ganz weit oben in der Mitte – kleinere Menschen können dies kaum noch lesen – und ist so weit entfernt vom Rest des Interface, das kaum jemand diese Anzeige auch nur bemerkt. Aber vielleicht ist es auch besser so, denn die Reaktionszeit dieser Anzeige ist so langsam, dass alle, die diese Hinweise beachten, ihre Aktionen wiederholen, in der Hoffnung, vielleicht so eine schnellere Reaktion zu erzielen, oder sich zu fragen beginnen, ob der Apparat kaputt ist, was häufig auch zutrifft.

Dann gibt es dort den Schalter „Korrektur", der durch seine Beschriftung suggeriert, man könne damit falsche Eingaben abbrechen. Doch in Wirklichkeit dient dieser Schalter nicht dazu, Fehler zu korrigieren, sondern die Rückgabe von Wechselgeld zu erzwingen. Er muss also gedrückt werden, wenn ein Fahrgast einen Betrag eingeworfen hat, der den Preis des Tickets übersteigt, damit er das Wechselgeld bekommt.

Ein weiteres Indiz für das schlechte Design dieser neuen Fahrkartenautomaten sind die großen, in leuchtenden Farben angebrachten Ziffern 1, 2, 3 und 4 sowie die großen Pfeile, die den Benutzer wohl führen sollen. Wäre das Interface dieser Apparate gut durchdacht, wäre ein solcher Wink mit dem Zaunpfahl überflüssig. Die Zahlen helfen ohnehin nicht weiter, denn der Benutzer müsste sich auch noch merken, welchen Schritt er gerade ausführt: (z.B. Schritt 2), während er Geld (5 Dollar) einwirft, wissend, dass der Fahrpreis nur 3 Dollar beträgt und er deshalb unter Schritt 3 auf den Schalter „Korrektur" drücken muss, um letzten Endes dann sein Wechselgeld (2 Dollar) zu zählen, das in acht Vierteldollar-Münzen ausbezahlt wird. Hurra! Er hört schon den Zug von 7:06 Uhr einlaufen …äh, bei welchem Schritt war er nochmal? Wenn Sie es mit einer Computeroberfläche zu tun haben, die mit leuchtenden Farben und vielen Erklärungen auf sich aufmerksam machen möchte, dann können Sie sicher sein, dass der Designer auf Abwege geraten ist.

Hier ein Vorschlag, wie die BART-Automaten funktionieren könnten. Wenn Sie ihn als Grundlage für eine Beratung von BART verwenden möchten, sollten Sie ihn aber vorher testen, um sicherzustellen, dass die Menschen auch wie gewünscht damit umgehen können.

Auf der linken Seite – weil Englisch und Spanisch von links nach rechts geschrieben wird – sind der Schlitz für die alten Tickets, ein horizontaler Schlitz für das Papiergeld und ein kleiner vertikaler Schlitz für den Münzeinwurf in einer Gruppe angeordnet und gut beschriftet. Das Display befindet sich in durchschnittlicher Augenhöhe und zeigt folgende Meldung an: „Werfen Sie das Geld ein ODER ein alte BART-Ticket ODER beides." Während der Benutzer seine Zahlungsmittel einwirft, werden diese zusammengerechnet und das Ergebnis erscheint sofort auf der LCD-Anzeige, zusammen mit der Meldung:

Sie haben eingezahlt: 4,55 $.

Wenn Sie eine Fahrkarte möchten, die mehr als 4,55 $ kostet, müssen Sie mehr Geld oder ein weiteres Ticket einwerfen.

Wenn Sie eine Fahrkarte für weniger als 4,55 $ möchten, drücken Sie:

<u>*Fahrkartenpreis ändern*</u>

Wenn Sie eine Fahrkarte für genau 4,55 $ möchten, drücken Sie eine dieser Schaltflächen:

<u>*BART Ticket ausgeben*</u>

<u>*MUNI-BART Ticket ausgeben*</u>

Wenn der Benutzer „Fahrkartenpreis ändern" wählt, wird er aufgefordert, den gewünschten Betrag seiner Fahrkarte einzugeben und dann auf den großen Schalter EINGABE zu drücken, der sich unterhalb des Ziffernblocks befindet. Der Benutzer kehrt zum Display zurück, das jetzt den aktuellen Preis anzeigt, Er hat die Möglichkeit, diesen zu erhöhen, herabzusetzen oder mit OK zu bestätigen. Sobald die Fahrkarte ausgegeben wurde, erhält er gleichzeitig sein Wechselgeld zurück. Versierte Reisende, die den Fahrpreis abgezählt in der Hand halten, können an diesem Automat in zwei Schritten ihre Fahrkarte kaufen: Geld einwerfen und Ticket ausgeben lassen.

3-5 Monotonie

Der Mensch ist ein sehr komplizierter Organismus. Wenn er einmal
an etwas zugrunde geht, dann an seiner eigenen Kompliziertheit.

— Ezra Pound

Designer von Oberflächen konfrontieren den Benutzer oft mit einer Auswahl an verschiedenen Methoden. Zum Beispiel: Eine Menüoption und eine Tastenkombination führen beide jeweils denselben Befehl aus. In den meisten Textverarbeitungsprogrammen können Sie einen bestimmten Textbereich versetzen, indem Sie (1) die drei Schritte zum Markieren, Ausschneiden und Einfügen durchführen oder (2) die beiden Schritte zum Markieren und Ziehen mit der Maus. Auch der Markierungsvorgang selbst lässt sich mit mehreren Techniken ausführen.

Eine Rechtfertigung für die Bereitstellung dieser verschiedenen Methoden besteht darin, dass manche Benutzer die erste Methode vorziehen und andere Benutzer die zweite. Ein Anfänger mag es zum Beispiel einfacher finden, die Menübefehle zu verwenden, während ein versierter Benutzer die Hände lieber auf der Tastatur lässt und Tastenkombinationen eingibt (siehe Abschnitt 3-6). Eine weitere Legitimation lautet: Das Auswählen, Ausschneiden und Einfügen sei sinnvoller, wenn die betreffenden Positionen im Dokument weit voneinander entfernt sind, während das Ziehen mit der Maus angenehmer ist, wenn Quell- und Zielbereich auf dem Bildschirm sichtbar sind. Ein weiterer Grund für die Vielzahl der Methoden ist, dass diese die bereits entwickelten Gewohnheiten der Benutzer unterstützen. Entwickler halten es deshalb für klug, so viele Methoden wie möglich einzubauen, die ein Anwender möglicherweise bereits gewohnt sein könnte.

Dieser letzte Grund, Rückwärtskompatibilität[1] genannt, ist das schwächste Argument und kann zu absurden Interfaces führen, die aus einer Ansammlung unvereinbarer Methoden bestehen. Als wir einmal auf besseres Wetter für den Start eines Langstreckenflugs warten mussten, ging ich ins Cockpit und sah mir einen Autopiloten an, der insgesamt fünf verschiedene Methoden zur Eingabe der Koordinaten anbot und etwa dieselbe Anzahl von Methoden zur Durchführung der meisten anderen Funktionen. Als ich die Pilotin nach dem Grund dafür fragte, sagte sie, der Autopilot sei so gebaut worden, damit er in seiner Funktionaltität den Autopiloten aus anderen Flugzeugtypen so ähnlich wie möglich sei. Auf diese Weise müssten die Piloten nicht neu ausgebildet werden, wodurch sich Kosten einsparen ließen. Ich stellte die Frage, ob dieses Verfahren erfolgreich sei und ob die alten Geräte wirklich genau kopiert worden seien. Sie

---

1. Eigentlich bin ich ja der Meinung, dass das Streichen des Wortes *Kompatibilität* aus einem Satz diesen erst verständlich macht.

erklärte, die Piloten müssten jetzt nicht nur die kleinen, lästigen Unterschiede zwischen ihren alten Systemen und den Imitaten der alten Systeme auf dem neuen Autopiloten lernen, sondern darüber hinaus auch noch alle vier anderen Methoden, die sich im Autopiloten verwenden lassen. Ein Pilot muss grundsätzlich jeden Aspekt eines jeden Teils der Ausrüstung im Cockpit kennen. Außerdem standen viele der neueren Funktionen des Autopilots nur in einigen Imitaten zur Verfügung; Imitate älterer Autopiloten hatten diese Funktionen nicht, weil die Autopiloten, die sie kopierten, diese noch nicht besaßen.

Diese Lumpensammlermentalitiät im Interface-Design nach dem Motto „Man nehme jede nur denkbare Methode und stecke sie alle in denselben Sack" erhöht nicht nur die Trainingszeiten, sondern erzeugt Autopiloten, die letztendlich in der Bedienung komplizierter sind. Die Pilotin merkte auch noch an, dass sich die Verwirrung im Cockpit und die potenziellen Fehlerquellen sich dadurch erhöht hätten. Gesagt hat sie es nicht, aber denkbar ist zudem, dass dies die Kosten und die Komplexität des Produkts gesteigert haben, Handbücher und Instandhaltungskosten einbezogen. Dieselbe Rechnung lässt sich für alle Interfaces aufstellen, die aus einem Konglomerat verschiedener Design-Philosophien zusammengestellt wurden oder diese sich mit der Zeit akkummuliert haben. Auch Macintosh und Windows gehören zu diesen Kandidaten.

Ich verwende den Begriff monoton, mit einem leicht ironischen Unterton, um Oberflächen zu beschreiben, die nur eine Methode zur Durchführung einer Aufgabe anbieten (siehe Anhang B, Alzofon und Raskin 1985, S. 95). Die **Monotonie** ist das Pendant zur Moduslosigkeit. In einem Interface ohne Modi führt eine bestimmte Geste des Benutzers zu einem – und nur zu einem einzigen Ergebnis. Geste *g* führt immer zu Aktion *a*. Ein monotones Interface ist dann gegeben, wenn sich ein gewünschtes Ergebnis immer nur mit einer Methode aufrufen lässt. Aktion a lässt sich nur durch Geste g ausführen und auf keine andere Weise. Ein komplett modusloses und monotones Interface verfügt über eine 1:1-Entsprechung zwischen Ursache (Befehl) und Wirkung (Aktion). Je monotoner ein Interface in Bezug auf einen bestimmten Aufgabenbereich ist, desto einfacher ist es für den Benutzer, automatisierende Gewohnheiten zu entwickeln, denn er muss sich zumindest nicht mehr fragen, welche Methode er verwenden soll.

Ein weiterer Grund für nicht monotones Design ist die Unentschlossenheit auf Seiten der Entscheidungsträger. Wenn zwei oder mehr Interface-Methoden potenziell denkbar sind, die sich inhaltlich nicht eindeutig voneinander abheben, dann wird meist einer „Lösung" der Vorzug gegeben, in der eben alle gleichwertigen Methoden implementiert werden. Diese Unfähigkeit zur Entscheidung wird dann dahingehend rationalisiert, dass man dem Benutzer eine möglichst große Auswahl bieten möchte, um dessen individuelle Produktivität zu erhöhen.

Eine weitere beliebte Mär, die ausführlich in Abschnitt 3-6 erläutert wird, besteht darin, dass Anfänger und versierte Benutzer eines Systems unbedingt verschiedene Oberflächen benötigten. Designer sprechen darüber in Begriffen wie „Kompromiss zwischen Lernhilfen und professioneller Anwendung eines Systems" (Card, Moran und Newell 1983, S. 419). Dies mag ja für einige spezielle Aspekte des Interface-Designs gelten, aber mir konnte noch niemand erklären, warum dies eine notwendige Eigenschaft aller Interface-Designs sein muss, insbesondere betrifft es nicht jene Designs, die in diesem Buch erörtert werden. *Die heutigen Desktop-Oberflächen sind eine Zusammenstellung von mindestens zwei verschiedenen Interfaces: ein relativ sichtbares und gut erlernbares, aber zeitraubendes Menüsystem und eine gänzlich tastaturgesteuerte Sammlung schwierig zu erlernender und zu erinnernder Tastenkombinationen. Zwei schlechte Systeme ergeben allerdings noch kein gutes.*

Wenn Sie zwischen verschiedenen Methoden wählen müssen, wird das Zentrum der Aufmerksamkeit von der eigentlichen Aufgabe abgelenkt und richtet sich vorübergehend auf diese Entscheidung. Dies ist der Hauptgrund, der für das Design eines monotonen Interface spricht. Sind die Grundlagen für eine Entscheidungsfindung eindeutig und klar, dann kann auch dieser Umweg zu einer Art Gewohnheit werden – wodurch wieder eine monotone Situation entsteht. Doch es gehört immer noch zur Pflicht des Designers, nach einer effizienten monotonen Lösung zu suchen, welche die Kosten für Schulung, Implementierung, Dokumentation und Instandhaltung optimal gestaltet. Daraus erzielte Gewinne sollten für die Implementierung oder die relativ geringen einmaligen Kosten für ausgewogenes Design oder Testphasen aufgewendet werden. Monotonie bedeutet nicht, dass ein Inhalt nicht auf verschiedene Arten erstellt werden kann, sondern dass es nicht viele Gesten geben soll, die denselben Befehl aufrufen.

Monotonie stellt sich spontan ein. Viele Benutzer monotonisieren die Interfaces automatisch, indem sie einmal eine Methode auswählen und diese dann immer wieder verwenden, wobei sämtliche Alternativen ignoriert werden. Computer-Gurus, die damit angeben, jeden Winkel eines Systems zu kennen, bezeichnen die oben beschriebenen Benutzer oft als Amateure, obwohl diese „Amateure" ein Interface häufig effektiver einsetzen können als die Gurus. Von dem Standpunkt des Entwicklers aus betrachtet verschwenden die Benutzer Funktionen; vom Standpunkt des Benutzers aus verschwenden die Entwickler Ressourcen.

Ich glaube, ein Interface, das sowohl moduslos als auch soweit wie möglich monoton ist – und dessen andere Designfunktionen eine normale Qualität heute gängiger Interfaces aufweisen – wäre ausgesprochen angenehm zu bedienen. Ein Benutzer könnte ein hohes Maß an Vertrauen in seine Gewohnheiten entwickeln. Das Interface würde sich, allein durch diese beiden Eigenschaften, allmählich aus dem Bewusstsein des Benutzers verabschieden, wodurch der Benutzer seine volle Aufmerksamkeit auf die eigentlichen Aufgaben lenken könnte. Die psychologischen Effekte gänzlich (oder fast gänzlich) modusloser und monotoner Systeme ist ein Bereich des Interface-Designs, der reif dafür ist, experimentell untersucht zu werden.

Wenn ich richtig liege, dann würde ein Produkt, das auf Moduslosigkeit und Monotonie beruht, schon bald eine große Fangemeinde um sich versammeln, die diesem Produkt ausgesprochen treu wäre. Für die Anwender wäre es psychologisch schwierig, zu einem Konkurrenzprodukt zu wechseln. Anders als der Verkauf illegaler Drogen ist das Marketing für ein ansprechendes Interface legal und das Produkt zum Wohle der Benutzer – doch es ist in einem bestimmten Punkt mit dem Verkauf illegaler Drogen vergleichbar: es wäre extrem profitabel.

3-6 *Mythos von der Einteilung in Anfänger und Experten*

Zunächst sind wir Menschen
und erst dann Anfänger und Experten.

— Clifford Nass, CBC „Quirks and Quarks", Radiosendung vom 23. Januar 1994

Der Ansatz des Psychologen Clifford Nass entspricht dem, der in diesem Buch vertreten wird: Unser Interface-Design muss zuallererst die allgemeinen menschlichen Schwächen berücksichtigen und die allgemeinen menschlichen Stärken erkunden. Wir müssen sicherstellen, dass jedes Detail eines Interface beidem entspricht, sowohl unseren kognitiven Fähigkeiten als auch den Anforderungen der Aufgabe (diese beiden Ziele sind natürlich nicht der einzige Aspekt.) Der obige Kommentar von Nass zeigt auch die Tendenz, dass Benutzer oft in zwei Klassen eingeteilt werden, nämlich Anfänger und Experten, dazwischen liegt ein kurzer zeitweiliger Übergang. Diese Aufteilung ist unbrauchbar. Als Benutzer eines komplexen Systems ist man nie kompletter Anfänger, aber auch nie alles wissender Experte; ferner ist es unmöglich, einem Benutzer eine feste Position auf der dazwischenliegenden Skala zuzuordnen. Es ist der Normalfall, dass viele Benutzer jeweils über ein individuelles Wissen verfügen, welches sich auf die eine oder andere Funktionsweise des einen oder anderen Programms bezieht. Vielleicht wissen Sie über die Funktionen eines Softwarepakets und viele seiner Befehle so gut Bescheid, dass andere bei Ihnen Rat suchen; vielleicht arbeiten Sie bereits äußerst professionell damit und doch wissen Sie vielleicht nicht um die Existenz des einen oder anderen Befehls oder ganzer Befehlskategorien in genau derselben Anwendung. Ein Beispiel: Der Benutzer eines Bildbearbeitungsprogramms, der damit ausschließlich Onlinebilder produziert, hat eventuell noch nie Gebrauch gemacht von der Funktion der Farbtrennung, die in diesem Programm ebenfalls zur Auswahl steht, weil diese Funktion überwiegend von kommerziellen Druckern verwendet wird.

Interface-Designer haben verschiedene Versuche unternommen, um die Prämisse von der Unterteilung in Anfänger und Experten zu erfüllen. Weil aber diese Prämisse falsch ist, sind auch die Ansätze fehlgeschlagen. Sich anpassende Systeme, die automatisch von einem Anfängermodus in einen Expertenmodus wechseln, wenn sie zu dem Urteil gelangt sind, die Kenntnisse des Benutzers seien nun auf einem bestimmten Niveau angelangt, sind ein gutes Beispiel dafür. Wenn Sie ein solches System erst im Anfängermodus verwenden und dieses dann plötzlich in den Expertenmodus wechselt, werden Sie sich auf unsicherem Boden bewegen, zumindest im Hinblick auf einen Teil des Systems. Ein System, das sich teilweise anpasst, Funktion nach Funktion, ist keinen Deut besser. Der Benutzer wird sich immer unsicher fühlen und innerlich „auf der Lauer liegen", weil die Gewohnheiten, die er gestern als Anfänger entwickelt hat, heute schon sinnlos sein können, wenn die Funktion dann nur noch im Expertenmodus zu bedienen ist.

Ein webbasiertes Programm, das ich mir genauer angesehen habe, beförderte den Anwender in den Expertenmodus, wenn dieser das Programm einmal erfolgreich bedient hatte. Dann schickte das Programm den Anwender wieder zurück zu den Anfängern, wenn er das Programm über einen Zeitraum von mehr als sechs Monaten nicht mehr aufgerufen hatte. Diese Art der Beurteilung muss mit dem persönlichen Lernfortschritt eines Benutzers bzw. dessen Erinnerungsvermögen nicht übereinstimmen. Wenn ein Programm einen Anwender bereits nach kurzer Zeit wieder in den Anfängermodus verweist, dann kann das für diesen höchst lästig sein, weil er dazu gezwungen wird, sich wieder mit der eher umständlichen Betriebsart zu befassen. Schaltet ein Programm aber nicht rechtzeitig um, dann ist der Benutzer eventuell mit Funktionen konfrontiert, deren Anwendung er nicht mehr kennt. Angesichts der heutigen Technologie kann ein System nicht wissen, wann ein Anwender eine bestimmte Funktion vergessen hat, also kann es auch nicht wissen, wann es an der Zeit ist, in den Anfängermodus zurückzuschalten. Ein Programm, das von Zeit zu Zeit eine Art Befragung durchführt, um den Wissensstand zu testen, wäre wohl auch nicht besonders beliebt.

Bei den meisten Versuchen, Interfaces automatisch anzupassen, waren die Designer schlecht beraten, denn wann immer ein System automatisch umschaltet – auch wenn es nur ein so kleiner Wechsel wie ein anders angeordnetes Menü ist – werden die Erwartungen des Benutzers enttäuscht und seine Gewohnheiten unterlaufen. (Microsoft hat solche sich anpassenden Menüs in das Betriebssystem Windows 2000 aufgenommen.[1]) Auf der anderen Seite gibt es keine Theorie, die besagt, dass eine unveränderbare Oberfläche über den gesamten Zeitraum,

---

1. Windows 2000 war noch neu, als dieses Kapitel geschrieben wurde, und ich konnte daher nur einige Benutzer befragen. Eine typische Bemerkung war: „Individuell anpassbare Menüs scheinen eine tolle Sache zu sein, aber als sich dann das Menü das erste Mal an mich anpasste, hat es mich irritiert. Ich finde das nicht mehr gut."

den ein Benutzer mit ihr arbeitet, nicht gut funktionieren könnte – vom Einsteiger bis zum alten Hasen. Am besten sollte ein einmal eingeführtes Muster für die Verwendung eines Produkts nicht geändert werden. Es bedarf keiner komplexen Analysen, um diese einfache Feststellung zu treffen: Es ist ein Vorteil, wenn der Benutzer zur Durchführung einer Aufgabe ein Interface nur einmal lernen muss.

Es ist leicht, in die Falle zu laufen, für verschiedene Typen von Benutzern verschiedene Arten von Interfaces zu entwickeln, denn dadurch lassen sich Behauptungen aufstellen, die den Designprozess vereinfachen. Aber diese Annahmen treffen meistens nicht für jeden Benutzer zu, auch dann nicht, wenn dieser zu dem beschriebenen Personenkreis gehört. Der entgegengesetzte Ansatz, vom Blickwinkel der Kategorisierung abzusehen und den Benutzer als Einzelperson wahrzunehmen, ist empfehlenswert. Jeder Mensch, der eine Software verwendet, durchläuft eine relativ kurze Lernphase, in der er die einzelnen Befehle und Funktionen erfasst, und eine bei weitem längere Phase, in der sich Routine (und wie wir hoffen Automatisierung) einstellt. Wir müssen also nicht unbedingt Systeme erstellen, die das Erlernen und Verstehen vereinfachen, vielmehr ist es bedeutend wichtiger, dafür zu sorgen, dass sich diese Systeme über einen langen Zeitraum effektiv nutzen lassen. Eine Ausnahme davon bilden Anwendungen, die nur kurz verwendet werden – wobei jeder Nutzer ein Anfänger ist und eine Gewöhnung von vornherein nicht im Mittelpunkt steht. Ein Beispiel für ein solches Interface wäre ein computergesteuerter Kiosk auf einer Ausstellung.

Die Lernphase zum Kennenlernen einer Funktion beansprucht unsere Aufmerksamkeit. Deshalb sind Einfachheit, Deutlichkeit einer Funktion und Sichtbarkeit von großer Bedeutung. Die Expertenphase dagegen ist gekennzeichnet von einer unbewussten Anwendung der Funktionen; diese Anwendungsart lässt sich durch Qualitäten wie Eignung für die Aufgabe, Modusverzicht und Monotonie unterstützen. Diese letzteren Anforderungen stehen nicht im Widerspruch zu den Anforderungen für einen Einsteiger – im Gegenteil: Ein gut aufgebautes und für den Menschen konzipiertes Interface muss keine Untersysteme für Einsteiger und Experten errichten.

Das bedeutet nicht, dass ein Interface an keinem Punkt in diese Kategorien eingeteilt werden darf. Doch wenn Sie sich dabei ertappen, dass Sie bereits dabei sind, Shortcuts für Experten zu entwickeln, sollten Sie noch einmal darüber nachdenken, ob die vorhandene Methode nicht neu entwickelt werden sollte, damit die Anforderungen aller Benutzer durch einen einzigen Mechanismus erfüllt werden.

Vier

Quantifikation

Die Harmonie der Welt manifestiert sich in Form und Zahl.
Das Herz, die Seele und alle Poesie der Naturphilosophie sind
in die Idee der mathematischen Schönheit eingebettet.

— D'Arcy Wentworth Thompson, On Growth and Form (1917)

Es gibt einige Methoden zur quantitativen Analyse von Interface-Details. Doch nur selten wird genauer erklärt, wie diese anzuwenden sind. Dieses Kapitel bietet eine einfache Anleitung und vollständig ausgearbeitete Beispiele zum tastaturbasierten GOMS-Modell von Card, Moran und Newell. Ferner werden Messungen zur Effizienz von Raskin sowie Hicks Gesetz und Fitts Gesetz vorgestellt.

4-1 *Quantitative Analyse von Interfaces*

Er fingerte an seinem Computer herum und wurde gar nicht mehr
fertig damit — und Melrose war einfach nur erstaunt darüber, dass
diese Maschine, die dem Menschen doch mühselige Arbeiten abnehmen
sollte, für eine so einfache Aufgabe zehnmal länger brauchte, als
Bub dazu mit der Hand benötigt hätte.

— Martha Grimes, *Die Frau im Pelzmantel* (Kriminalroman)

Viele qualitative Methoden und Richtlinien sind für eine Analyse und ein Verständnis des Interface-Designs sinnvoll. Diese Methoden werden in den meisten Büchern zu diesem Thema auch beschrieben, einschließlich jener, die in der Bibliografie von Shneiderman, Norman und Mayhew zitiert werden. Was beispielsweise ein erfahrener Interface-Designer aus der passiven Beobachtung beim Test eines neuen Interface mit nur wenigen Testpersonen lernen kann, ist ebenso wertvoll wie Erkenntnisse aus quantitativen Analysen. Wenn ich mich in diesem

Kapitel auf die quantitativen Analysen konzentriere, bedeutet dies nicht, dass ich die Bedeutung qualitativer Verfahren schmälern möchte. Ich will lediglich ein Gleichgewicht herstellen, indem ich die numerischen und empirischen Testmethoden einmal stärker hervorhebe, als dies sonst geschieht. Quantitative Methoden reduzieren eine Debatte häufig auf statistische Faktoren, aber es gibt auch einen entscheidenden Vorteil: Wenn man versteht, warum quantitative Methoden funktionieren, gelangt man zu der Einsicht darüber, wie Menschen mit Maschinen in Interaktion treten.

Zu den besten quantitativen Analysen des Interface-Design gehört das klassische GOMS-Modell (**G**oals, **O**bjects, **M**ethods und **S**election rules, dt. Ziele, Objekte, Methoden und Auswahlregeln), das erstmals in den 80er Jahren (Card, Moran, and Newell 1983) von sich reden machte. Mit dem GOMS-Modell lässt sich vorhersagen, wie lange ein erfahrener Anwender für eine bestimmte Aufgabe mit einem bestimmten Interface-Design braucht. Nach der Erläuterung des GOMS-Modells werde ich quantitative Methoden zur Bestimmung von Interface-Effizienz, Cursorgeschwindigkeit und des Zeitfaktors bei Entscheidungsfindungen vorstellen.

4-2 GOMS – tastaturbasiertes Modell

Eine genaue Wissenschaft zielt darauf ab,
die Probleme der Natur durch Zahlenoperationen auf die
Bestimmung von Quantitäten zu reduzieren.

— James Clerk Maxwell, *Über Faradays Kraftlinien* (1856)

Ich möchte hier nur den einfachsten – deshalb aber nicht unwichtigen – Aspekt der GOMS-Methode darstellen: das tastaturbasierte Modell. Designer, die GOMS kennen, erstellen nur selten eine detaillierte und formale Analyse zu einem Interface-Design, aber dies liegt zum Teil auch daran, dass die Grundlagen von GOMS und anderen quantitativen Methoden bereits so sehr von ihnen verinnerlicht wurden, dass diese automatisch in das Design einfließen. Formale Analysen kommen erst ins Spiel, wenn eine Entscheidung zwischen zwei Ansätzen zum Interface-Design getroffen werden muss, in denen kleine Unterschiede in der Geschwindigkeit entscheidende ökonomische oder psychologische Folgen nach sich ziehen können. Auch aus den komplexeren GOMS-Modellen, z.B. der *Critical-Path-Method* (CPM-GOM S) oder einer Version namens *Natural GOMS Language* (NGOMSL), die das Verhalten von Anfängern einschließlich Lernphasen einbezieht, können wir einen gewissen Nutzen ziehen. Mit Hilfe dieser Methoden lässt sich mit einer Abweichung von weniger als 5 Prozent vorhersagen, wie lange ein Benutzer braucht, um eine bestimmte Anzahl von Interface-Aktionen auszuführen. In den fortgeschrittenen Modellen sind sogar Vorhersagen mit nur einer Standardabweichung von den gemessenen Zeiten möglich (Gray, John und Atwood 1993, S. 278). In einer Zeit, in der über das Interface-Design schon fast Religionskriege geführt werden und Gurus die verschiedensten Meinungen vertreten, ist es vorteilhaft, einige quantitative, experimentell gültige und theoretisch schlagkräftige Argumente bei der Hand zu haben. Eine gute Übersicht und eine Bibliografie zu den verschiedenen GOMS-Modellen, einschließlich ihres eigenen CPM-Modells finden Sie bei John, 1995.

4-2-1 *Interface-Timing*

Numerische Präzision ist die Seele aller Wissenschaft.

— D'Arcy Wentworth Thompson, *On Growth and Form* (1917)

Bei der Entwicklung des GOMS-Modell erkannten dessen Erfinder, dass die Zeit, die das System *Benutzer-Computer* dazu benötigt, eine Aufgabe auszuführen, sich aus der Summe der Zeitspannen berechnet, die nötig sind, um jene elementaren Gesten auszuführen, die zur Erledigung der Aufgabe gehören. Auch wenn verschiedene Benutzer eventuell unterschiedlich lange benötigen, ergaben vergleichende Analysen, dass sich für bestimmte Gesten auf der Tastatur bzw. mit einem grafisch-visuellen Eingabegerät (engl. *Graphical Input Device*, im Folgenden kurz GID genannt – bekanntestes Beispiel ist die Maus) ein Mittelwert bestimmen lässt. Durch sorgfältige Laborexperimente wurden bestimmte Zeiten für bestimmte Gesten ermittelt. Bei der Angabe der Zeiten folge ich der Originalnomenklatur, in welcher jede dieser Zeiten durch einen im Englischen aussagefähigen Buchstaben dargestellt wird (Card, Moran und Newell 1983):

K = 0,2 Sek   *Keying*:   Benötigte Zeit für das Drücken einer Taste auf der Tastatur

P = 1,1 Sek   *Pointing*:   Benötigte Zeit zum Zeigen auf eine Position am Bildschirm

H = 0,4 Sek   *Homing*:   Benötigte Zeit, um die Hand von der Tastatur zum GID oder umgekehrt zu bewegen

M = 1,35 Sek   *Mentally preparing*: Benötigte Zeit zur mentalen Vorbereitung auf den nächsten Schritt

R   *Responding*:   Benötigte Zeit, die ein Benutzer warten muss, bis der Computer auf die Eingabe antwortet

In der Praxis variieren diese Zeiten natürlich stark: Eine perfekt ausgebildete Datentypistin kann Geste K in 0,08 Sekunden ausführen, eine durchschnittlich ausgebildete Sekretärin in 0,2 Sekunden, ein nicht ausgebildeter, trotzdem erfahrener Benutzer in 0,28 Sekunden und ein kompletter Anfänger in 1,2 Sekunden. Die Schreibgeschwindigkeit hängt auch ab von dem, was geschrieben wird.

Die meisten Menschen benötigen mehr als 0,5 Sekunden, um einen seltenen Buchstaben einzutippen. Die Eingabe komplizierter Codes – z.B. von E-Mail-Adressen – dauert bei den meisten Menschen mehr als 0,75 Sekunden je Buchstabe. Der Wert K enthält auch Zeiten, die Benutzer für eine Korrektur benötigen, sofern der Fehler unmittelbar nach der Eingabe bemerkt wird. Die Taste Umsch wird als eigene Taste gezählt.

Der große Unterschied zwischen den einzelnen Messungen macht deutlich, warum sich dieses einfache Modell nicht dazu verwenden lässt, ein absolutes Timing mit einer gewissen Wahrscheinlichkeit zu ermitteln. Durch die Verwendung der Durchschnittswerte wird es aber möglich, zu einer Bewertung der Performancezeiten für zwei verschiedene Interface-Designs zu kommen. Wenn Sie komplexe Interfaces auswerten möchten, die sich überlagernde Zeitabhängigkeiten beinhalten, oder wenn Sie absolut genaue Zeitwerte definieren müssen, dann sollten Sie dazu die etwas umfangreicheren Modelle verwenden, die nicht in diesem Buch erläutert werden, zum Beispiel CPM-GOMS.

Doppel-Dysklicksie

Die Interface-Technik namens Doppelklicken – wenn man also die GID-Taste zweimal innerhalb eines kleinen Zeitfensters hintereinander drückt und dazwischen keine Bewegung mit dem GID ausführt – ist eine problematische Angelegenheit. Zum einen weiß der Benutzer nicht genau, welches Objekt auf dem Bildschirm auf einen Doppelklick reagiert oder nicht reagiert, und zum anderen ist unklar, was durch diese Reaktion ausgelöst wird. Es gibt keine Anzeige auf den Objekten, die deutlich macht, dass beim Doppelklicken diese oder jene Reaktion erfolgt. Die Funktionalität ist unsichtbar. In vielen aktuellen Interfaces wird das Doppelklicken wie folgt eingesetzt: Der Benutzer muss sich nicht nur daran erinnern, welche Elemente auf einen Doppelklick reagieren, sondern auch wissen, wie verschiedene Arten von Interface-Funktionen auf diese Aktion antworten.

Diese ersten beiden Belastungen für den Benutzer ließen sich durch neue Konventionen für die Bildschirmdarstellung zumindest teilweise aufheben. Die Aktion des Doppelklickens ist jedoch auch in sich problematisch. Beim Doppelklicken muss eine Maustaste zweimal an derselben Position oder doch in sehr naheliegenden Positionen bedient werden und zwar innerhalb sehr kurzer Zeit, meist 500 Millisekunden. Wenn ein Benutzer zu langsam klickt, antwortet die Maschine auf zwei getrennte Klicks anstatt auf einen Doppelklick. Wenn der Benutzer die Maus zwischen den Klicks zu stark bewegt, tritt der gleiche Fehler auf. Wenn der Benutzer mit der GID-Taste innerhalb zu kurzer Zeit zweimal klickt, z.B. weil er einige

Zeichen in einem Wort markieren möchte, interpretiert der Computer dies als Doppelklick und markiert das ganze Wort.

Ein Problem entsteht auch dann, wenn der Benutzer ein grafisches Objekt markieren möchte, das sich mit dem GID auch neu positionieren lässt. Da sich das GID fast immer leicht bewegt, wenn der Benutzer einen schnellen Doppelklick ausführt, wird das Objekt nicht markiert, sondern an eine geringfügig andere Position verschoben. Zu einer ähnlichen Situation kann es kommen, wenn der Benutzer umgekehrt ein Textfeld nur versetzen möchte, durch Doppelklicken aber die Bearbeitungsfunktion für den Text aktiviert.

Es gibt Menschen, die überhaupt keine Probleme mit der Dysklicksie haben: Diese Glücklichen klicken nie mit der Maus daneben, sie treffen punktgenau und doppelklicken mit schlafwandlerischer Sicherheit, sie leiden nicht unter den beschriebenen Nebenwirkungen des Klickens und erinnern sich immer daran, welche Elemente auf einen Doppelklick reagieren und welche nicht. Sie gehören zu jenen Leuten, die einen fliegenden Vogel mit einem einzigen Schuss aus der Hüfte treffen, während sie über eine holprige Bergstraße fahren. Aber wir können nicht davon ausgehen, dass alle Benutzer so viel Geschick besitzen. Wir müssen das Design für die dysklickenden Anwender entwickeln und uns der Probleme bewusst sein, die mit dem Doppelklicken in einem Interface verbunden sind.[1]

Die Dauer der Reaktionszeit der Maschine, R, kann zu unerwarteten Aktionen beim Benutzer führen. Wenn ein Benutzer einen Befehl ausgeführt hat und länger als etwa 250 Millisekunden danach nichts auf dem Bildschirm geschieht, wird er wahrscheinlich bereits unruhig und versucht es erneut oder er fragt sich, ob das System fehlerhaft ist.

Wir können keine Produkte erstellen, die jede Operation innerhalb dieser menschlichen Reaktionszeit ausführen, aber unsere Interfaces können so gestaltet sein, dass innerhalb dieser Zeit ein Feedback an den Benutzer erfolgt, sofern die Ausführung einer Operation länger dauert. Auf diese Weise erfährt der Benutzer, dass das System die Anweisung erkannt hat und bearbeitet. Erfolgt diese Rückmeldung nicht, fangen viele Benutzer an, auf der Tastatur herumzuhacken, um dem System eine Antwort zu entlocken, was dann wirklich zu unerwünschten Reaktionen führen kann; häufig werden z.B. Neustarts des Systems initiiert, bei denen der Benutzer dann auch noch die letzten Eingaben verliert. Wenn Sie z.B. versuchen, beim Zugriff auf America Online mit einem Browser, etwa Netscape, eine Datei herunterzuladen, entstehen oft lange Wartezeiten. Kein Feedback lässt den Benutzer wissen, dass die Operation aktuell ausgeführt wird; der aktuelle Status wird auf einer kleinen Anzeige, weit entfernt vom Zentrum der Aufmerksamkeit, eingeblendet, besagt aber nur, dass der Computer auf Ant-

---

1. Der Begriff *Dysklicksie* bezeichnet eine Krankheit, gegen die nur ein gutes Design hilft, und wurde von Pam Martin geprägt (persönliche Unterhaltung 1997).

wort wartet. Nach ein paar Sekunden wird ein unerfahrener Benutzer auf die Schaltflächen am Bildschirm klicken, wodurch der Download abgebrochen wird – auch dies wiederum ohne Rückmeldung.

Es ist wichtig, Interfaces mit solchen Feedback-Funktionen auszustatten, wenn Wartezeiten unvermeidbar sind. Ein Statusbalken (siehe Abbildung 4.1) zeigt an, wie weit eine Operation bereits ausgeführt ist und wie viel Zeit noch gebraucht wird. Wenn es nicht möglich ist, vorherzusagen, wie lange eine Operation noch dauert, dann sollten Sie dies mitteilen. Geben Sie dem Benutzer keine falschen Informationen.

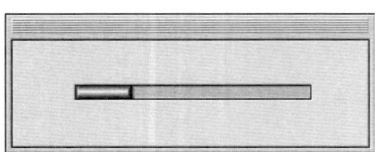

Abbildung 4.1:
Ein Verlaufsbalken sollte das Fortschreiten der Zeit linear anzeigen. Auch eine Textanzeige über die noch verbleibende Zeit gehört, sofern sie genau ist, zu den sinnvollen Informationen, wenn Wartezeiten entstehen.

4-2-2 GOMS-Berechnungen

Für die Berechnung der Zeit, die zur Ausführung einer bestimmten Methode – z.B. „die Hand vom grafischen Eingabegerät auf die Tastatur bewegen und dort eine Buchstabentaste drücken" – notwendig ist, werden zuerst die Operationen aus der GOMS-Liste der Gesten aufgelistet (siehe Abschnitt 4-2-1), die in dieser Methode verwendet werden – in diesem Beispiel also H K. Die Auflistung der Gesten (K, P und H) ist der einfache Teil bei der Anwendung des GOMS-Modells auf ein konkretes Beispiel. Schwieriger ist es herauszufinden, an welchen Punkten der Benutzer innehält und unbewusste mentale Operationen ausführt, also die Zeiten für die Geste M aus dem GOMS-Modell zu ermitteln. Als grundlegende Regeln lassen sich die in Tabelle 4.1 dargestellten Methoden von Card, Moran und Newell (1983, S. 265), heranziehen, um zu entscheiden, ob mentale Operationen in einer der Methoden auftreten, die in dieser Tabelle aufgeführt sind. In Abschnitt 4-2-3 erfahren Sie, wie diese Regeln in der Praxis angewendet werden.

In diesen Regeln ist ein **String** eine Folge von Buchstaben. Ein **Begrenzer** ist ein Zeichen, das den Anfang oder das Ende eines bedeutungsvollen Textstrings markiert, z.B. eines Wortes aus der Normalsprache oder einer Telefonnummer. Zum Beispiel: Leerzeichen sind die am häufigsten verwendeten Begrenzer für die meisten Wörter; ein Punkt ist der am häufigsten verwendete Begrenzer für das Ende eines Satzes, Klammern begrenzen eingeschobene Bemerkungen und so weiter. Die Operatoren sind K, P und H. Benötigt ein Befehl eine Information, z.B. wenn Sie den Befehl dazu verwenden, die Uhrzeit für ein Alarmsignal einzustellen, und dafür die Zeit angeben müssen, ist die angegebene Information ein **Argument** für diesen Befehl.

Tabelle 4.1:
Heuristische Methoden zur Platzierung mentaler Operatoren

Regel 0 Anfängliches Einfügen des Kandidaten M	M wird vor allen Ks (Tastenanschlägen) eingefügt. Platzieren Sie ein M vor jedem P (Zeigen mit dem GID), das einen Befehl auswählt, aber nicht vor Ps, die auf Argumente zu diesem Befehl zeigen.
Regel 1 Löschen antizipierter Ms	Wenn ein Operator, der auf ein M folgt, bereits komplett von einem Operator antizipiert wird, der vor diesem M steht, löschen Sie dieses M. Zum Beispiel: Wird das GID in der Absicht bewegt, die GID-Taste zu drücken, sobald das Ziel der GID-Bewegung erreicht ist, dann löschen Sie durch diese Regel jenes M, das als Konsequenz von Regel 0 eingefügt wurde: P M K wird in diesem Fall zu P K.
Regel 2 Löschen von Ms in kognitiven Einheiten	Wenn ein String von M Ks zu einer kognitiven Einheit gehört, können alle Ms bis auf das erste gelöscht werden. Eine kognitive Einheit ist eine zusammenhängende Folge von eingegebenen Zeichen, die einen Befehlsnamen bilden oder etwas, was als Argument für einen Befehl erforderlich ist. Zum Beispiel: Y, bewegen, Marlene Dietrich oder 456423 können Beispiele für kognitive Einheiten sein.
Regel 3 Löschen von Ms vor aufeinanderfolgenden Begrenzern	Wenn K ein überflüssiger Begrenzer am Ende einer kognitiven Einheit ist, z.B. der Begrenzer eines Befehls, der unmittelbar auf den Begrenzer von dessen Argument folgt, dann kann das M davor gelöscht werden.
Regel 4 Löschen von Ms, die Begrenzer von Befehlen sind	Wenn K ein Begrenzer ist, der immer dem gleichen String folgt – z.B. ein Befehlsname oder eine eingegebene Einheit, die bei jeder Verwendung dieselbe ist –, lässt sich das M davor löschen. (Das Einfügen des Begrenzers wird zur Gewohnheit und damit zu einem Teil des String, weshalb ein eigenes M hierfür nicht notwendig ist.) Ist aber K ein Begrenzer für einen Argument-String oder einen beliebigen anderen variablen String, so muss das M davor erhalten bleiben.
Regel 5 Löschen von überlagernden Ms	Teile eines M, das ein R überlagert, müssen nicht berücksichtigt werden, denn der Benutzer wartet dabei auf die Antwort des Computers.

4-2-3 Beispiele für Berechnungen mit GOMS

Das Interface-Design beginnt meist mit einer Aufgabe oder einem Satz von Aufgaben, die ausgeführt werden müssen. Die Beschreibung der Aufgabe und die Mittel zur Implementierung einer Lösung werden als Anforderung oder Spezifikation bezeichnet. In diesem Beispiel soll ein Benutzer mit Namen Hal analysiert werden; er ist Laborassistent.

Anforderungsbeschreibung

Hal arbeitet an einem Computer, er gibt Berichte ein und wird gelegentlich von einem der Forscher im Raum unterbrochen. Diese bitten ihn häufig, eine Temperatur, die in Fahrenheit (F) angegeben ist, in Grad Celsius (C) umzuwandeln oder umgekehrt. Hal wird beispielsweise gebeten: »Bitte rechne 302,25 Grad Fahrenheit in Celsius um.« Hal muss dann die Tastatur oder das GID bedienen, um die betreffende Temperatur einzugeben. Voice-Systeme oder eine andere Eingabemöglichkeit stehen nicht zur Verfügung. Umrechnungen von C in F und von F in C werden mit derselben Häufigkeit benötigt. Etwa 25 Prozent der Temperaturanfragen beziehen sich auf negative Werte, doch die Temperaturwerte sind überhaupt nicht vorhersehbar und in etwa gleichmäßig verteilt. Ungefähr 10 Prozent der Temperaturwerte sind integer (Ganzzahlenwerte) wie 37 Grad. Das numerische Ergebnis muss auf einem Display erscheinen, ein anderes Ausgabegerät ist nicht verfügbar. Hal liest dann den umgerechneten Wert laut für die Forscher vom Bildschirm ab. Für die Zahleneingabe und -ausgabe müssen mindestens zehn Stellen vor oder nach dem Komma bereit stehen.

Für das Design eines Interface, mit dem Hal seine Aufgabe erledigen kann, muss es Ihr Ziel sein, die Zeit, die Hal für die Umrechnung benötigt, möglichst gering zu halten. Geschwindigkeit und Genauigkeit sollen maximiert werden; der Platz auf dem Bildschirm ist nicht beschränkt. Das Fenster oder der Bereich des Displays, in dem die Temperaturumrechnung stattfindet, ist bereits aktiv und wartet auf die Eingaben von Hal über das GID oder die Tastatur. Wie Hal mit den zurückgegebenen Ergebnissen des Computers umgeht, fällt nicht mehr in Ihren Aufgabenbereich als Designer. Sobald die Ergebnisse am Bildschirm angezeigt werden, ist Ihr Job erledigt.

Um die Zeit zu schätzen, die Hal zur Bedienung des Interface benötigt, sollten Sie von einer durchschnittlichen Eingabe von vier Zeichen pro Temperatur einschließlich Dezimalzeichen ausgehen. Ferner gehen Sie davon aus — unrealistisch, aber zur Vereinfachung dieses Beispiels einmal angenommen —, dass Hals Schreibkünste perfekt und deshalb keine Fehlerprüfung und entsprechende Meldungen notwendig sind.

Jetzt sollten Sie mit dem Lesen aufhören und mit dem Design eines Interface für dieses einfache Beispiel beginnen. Es dauert nicht lange, Ihren Lösungsvorschlag schriftlich niederzulegen und ein paar Skizzen zum Display anzufertigen, das Hal sieht. Denken Sie über dieses Problem nicht nur nach, sondern schreiben Sie Ihre Lösung auf. (Vermutlich sind Sie versucht, einfach weiterzulesen und meine Aufforderung nicht ernst zu nehmen. Doch denken Sie bitte noch einmal darüber nach, denn die nächsten Abschnitte sind bedeutend interessanter, wenn Sie vorher bereits ein eigenes Konzept zur Problemlösung entwickelt haben.) Sobald Ihr Design des Interface fertig ist, lesen Sie die nachfolgenden zwei GOMS-Analysen durch. Dann werden Sie in der Lage sein, Ihr eigenes Interface zu analysieren.

4-2-3-1 *Interface von Hal: Lösung 1, Dialogfeld*

Die Anleitungen in Abbildung 4.2 sind klar und deutlich. Im Folgenden wird daraus die Methode in Form von Gesten aus dem GOMS-Modell herausgefiltert, die Hal verwenden muss. Die nachfolgende GOMS-Darstellung wird in schrittweise erweiterter Form gezeigt, wobei jeweils eine neue Geste in die Methode eingefügt wird.

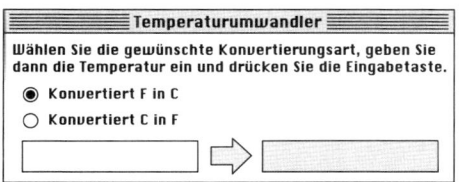

Abbildung 4.2:
Lösung mit einem Dialogfeld und
Optionsfeldern.

• Hand zum grafischen Eingabegerät bewegen:

    H

• Auf das benötigte Optionsfeld zeigen:

    H P

• Optionsfeld anklicken:

    H P K

Wenn auf der Oberfläche bereits die gewünschte Option aktiv ist, reduziert sich die Zeit um die Hälfte, denn Hal muss das Optionsfeld dann nicht anklicken. Doch zunächst soll jener Fall betrachtet werden, wenn die Option noch nicht ausgewählt ist.

• Hände zurück auf die Tastatur bewegen:

    H P K H

• Vier Zeichen eingeben:

    H P K H K K K K

• Auf die Eingabetaste drücken:

    H P K H K K K K K

Das Drücken der Eingabetaste schließt die Analyse der Methode ab. Wenden wir nun Regel 0 an und fügen Ms vor allen Ks und Ps ein, mit Ausnahme jener Ps, die auf Argumente verweisen, doch solche Ps gibt es in diesem Beispiel nicht:

H M P M K H M K M K M K M K M K

Regel 1 weist uns an, P M K in P K zu ändern und alle anderen vollständig antizipierten Ms zu entfernen, doch letzte gibt es nicht in diesem Beispiel. Regel 2 besagt, dass Ms gelöscht werden sollen, die sich in der Mitte von Strings befinden, wie in dem String, der die Temperatur repräsentiert. Wenden wir diese beiden Regeln an, folgt daraus:

H M P K H M K K K M K

Das M vor dem letzten K wird von Regel 4 verlangt. Die Regeln 3 und 5 kommen in diesem Beispiel nicht zur Anwendung.

Der nächste Schritt besteht darin, die Zeiten einzufügen, welche die Buchstaben repräsentieren. (Zur Erinnerung: K = 0,2, P = 1,1, H = 0,4 und M = 1,35):

H + M + P + K + H + M + K + K + K + K + M + K =
0,4 + 1,35 + 1,1 + 0,2 + 0,4 + 1,35 + 4 * (0,2) + 1,35 + 0,2 = 7,15 Sekunden

Für den Fall, dass die gewünschte Konvertierungsform bereits aktiv ist, lautet die Methode:

M K K K K M K

M + K + K + K + K + M + K = 3,7 Sekunden

Die Spezifikation besagt, dass beide Fälle mit derselben Häufigkeit auftreten. Aus diesem Grund lässt sich eine Durchschnittszeit aus beiden Werten berechnen (7,15 + 3,7) / 2 = 5,4 Sekunden, die sehr genau Aufschluss darüber gibt, wie lange Hal für die Konvertierungsaufgabe benötigt. Da sich aber die beiden Methoden, die Hal verwenden muss, voneinander unterscheiden, wird es für ihn schwierig, dieses Interface automatisch zu bedienen. Eines der Probleme, die bei quantitativen Analysen offen bleiben, ist die Frage, wie hoch die Fehlerquote für ein bestimmtes Interface-Design einzuschätzen ist.

Als Nächstes soll eine grafische Benutzeroberfläche untersucht werden, die von einem vertrauten Bild Gebrauch macht.

4-2-3-2 *Interface von Hal: Lösung 2, GUI[1]*

Das in Abbildung 4.3 dargestellte Interface zeigt eine realistische Darstellung zweier Thermometer zur Temperaturanzeige. Hal kann den Zeiger an einem der beiden Thermometer einfach mit dem GID nach oben oder unten ziehen. Hal gibt an, welche Form der Konvertierung er wünscht, indem er entweder den Pfeil am Thermometer für Celsius oder am Thermometer für Fahrenheit versetzt. Er muss keine Zeichen eingeben, sondern wählt die Temperatur direkt am Thermometer aus. Während er einen der beiden Zeiger versetzt, bewegt sich der Zeiger am anderen Thermometer automatisch entsprechend der Tem-

---

1. (*Graphical user interface*, die englische Bezeichnung für „grafische Benutzeroberfläche")

peratur. Um die notwendige Präzision für die Einstellung zu erreichen, kann Hal die Skalen vergrößern oder verkleinern und den angezeigten Bereich ändern. Wenn Hal die Skala oder den Bereich eines der beiden Thermometer ändert, wird das jeweils andere Thermometer dem automatisch angepasst, um annähernd denselben Temperaturbereich anzuzeigen. Auf den beweglichen Pfeilen erscheinen die genauen Temperaturangaben. Die Temperatur wird also sowohl in numerischer Form als auch auf der Skala angezeigt, damit Hal entweder die grafische oder eine zahlenbasierte Darstellung der Daten benutzen kann. Es wird ihm damit überlassen, seinen persönlichen Lernstil zu entwickeln.

Die Funktion Auto-Med ändert die Bereichsdarstellung, so dass wieder ein Art standardisierte Anzeige von 37 Grad Celsius und 98,6 Grad Fahrenheit angezeigt wird. Falls das Labor also mit den Temperaturen des menschlichen Körpers arbeitet, dient diese Funktion dazu, Zeit bei der Einstellung der Skala zu sparen.

Per Klick auf die Schaltflächen *Skalen expandieren* und *Skalen komprimieren* werden die Werte an den Markierungsstrichen auf den vertikalen Thermometern um den Faktor 10 erhöht oder reduziert. Um schnell zu einer weit entfernten Temperatur zu gelangen, vergrößert Hal die Skala und blättert nach oben oder unten, bis der gewünschte Bereich im Blickfeld liegt. Dann platziert er den Pfeil neben der gewünschten Temperatur und verkleinert die Skala. Abschließend nimmt er gegebenenfalls noch notwendige Feineinstellungen vor, indem er den Pfeil noch einmal präzise platziert.

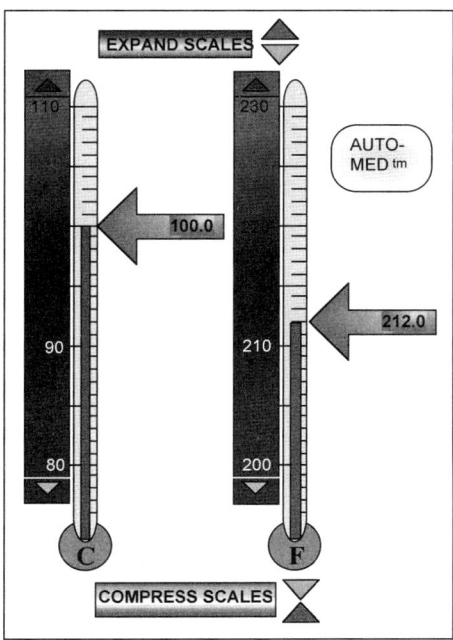

Abbildung 4.3:
GUI für Hals Interface.

Eine tastaturbasierte GOMS-Analyse dieser grafischen Oberfläche ist umfangreich, weil die Methode, die Hal verwendet, vom aktuell angezeigten Bereich auf den Skalen abhängt und davon, welchen Bereich und welche Präzision er benötigt. Zunächst werfen wir einen Blick auf den schnellsten Fall: Bereich und Genauigkeit der Thermometer C oder F sind bereits so eingestellt, wie Hal dies wünscht. Durch diese Analyse erhalten wir die Mindestzeit, die für die Bedienung dieser Oberfläche notwendig ist.

• Gesten, die Hal dafür benötigt, seine Hand zum GID zu bewegen, den gewünschten Pfeil anzuklicken und die GID-Taste gedrückt zu halten:

H P K

• Weitere Gesten, die beschreiben, wie Hal den Pfeil bewegt, bis er auf den korrekten Wert zeigt, wo er die GID-Taste loslässt:

H P K P K

• Einfügen von Ms nach der Regel 0:

H M P M K M K

• Löschen von zwei Ms nach der Regel 1:

H M P K K

Es gibt keine kognitiven Einheiten, keine aufeinander folgenden Begrenzer und auch keine anderen Gründe für die Anwendung der Regeln 2 bis 5. Daraus ergibt sich folgende Gesamtzeit nach der Zuordnung der Einzelzeiten zu den Gesten:

H + M + P + K + K

0,4 + 1,35 + 1,1 + 0,2 + 0,2 = 3,25 Sekunden

Doch diese Berechnung gilt nur für den günstigen Fall, in dem das Eingabethermometer bereits den gewünschten Bereich anzeigt. Jetzt soll der kompliziertere Vorgang analysiert werden, bei dem Hal den Skalenfaktor vergrößern möchte, um die gewünschte Temperatur zu sehen, dann den Bereich ändert, den Skalenfaktor wieder komprimiert, um die gewünschte Auflösung zu erhalten, und schließlich den Pfeil auf den betreffenden Wert setzt. Ich schreibe die von Hal verwendete Methode auf, ohne sie schrittweise zu erläutern. (Außerdem gehe ich davon aus, dass Hal der perfekte Anwender ist und nicht vor- und zurückblättern muss, um die gewünschten Positionen auf dem Thermometer zu suchen.)

Hal muss die Pfeile mehrmals zum Blättern verwenden. Jede Blätteraktion kann mehrere Gesten enthalten; der Computer muss die Blätteraktion dann animieren, was ebenfalls Zeit kostet. Um die Blätterzeiten für die Analyse einzuschätzen, habe ich ein ähnliches Interface entwickelt und die Blätterzeiten gemessen, die sich meist auf 3 Sekunden oder mehr beliefen. Der Buchstabe S repräsentiert die Zeiten für das Blättern. Nun lassen sich folgende Gesten von Hal aneinanderreihen:

H P K S K P K S K P K S K P K K

Nach der Platzierung der Ms erhalten wir

H + 3(M + P + K + S + K) + M + P + K + K

0,4 + 3 * (1,35 + 0,2 + 3,0 + 0,2) + 1,35 + 0,4 + 0,2 + 0,2 = 16,8 Sekunden

Mit Ausnahme des seltenen Falls, in dem die Thermometer bereits zu Beginn korrekt eingestellt sind, benötigt ein perfekter Benutzer für die Durchführung einer Temperaturumwandlung mit diesem Interface mehr als 16 Sekunden. Ein nicht so perfekter Benutzer würde sicher öfter die Skalen herauf- und herunterblättern oder die Pfeile öfter ziehen müssen – im Endeffekt also noch länger benötigen.

4-3 *Messung von Interface-Effizienz*

Jedes Instrument trägt den Geist seines Entwicklers in sich.

— Werner Karl Heisenberg

Wir haben uns zwei Interfaces angesehen: Die Bedienung des einen erfordert 5 Sekunden und die des anderen mehr als 15 Sekunden. Es ist eindeutig, welches Interface den Anforderungen besser gerecht wird. Die nächste Frage, die wir stellen müssen, lautet: Wie schnell könnte ein Interface sein, das diesen Anforderungen entspricht?

Wenn Sie ein bereits vorhandenes Interface analysieren möchten, lässt sich mit dem GOMS-Modell und seinen Zusatzmodellen berechnen, wie lange ein Benutzer benötigt, um eine gut definierte Aufgabe mit diesem Interface auszuführen. Doch diese Analyse-Modelle beantworten nicht die Frage, wie schnell ein solches Interface sein könnte. Um diese Frage zu klären, können wir ein Maß aus der Informationstheorie heranziehen. In den folgenden Erläuterungen wird der Begriff *Information* im technischen Sinn einer Quantifikation für einen Datenumfang verwendet, der durch eine Kommunikation übertragen wird, z.B. wenn zwei Menschen sich am Telefon unterhalten oder ein Mensch eine Nachricht an den Computer übermittelt, indem er mit der GID-Taste und dem Cursor eine bestimmte Position anklickt. Ehe wir uns den technischen Details der Bemessung des Informationsumfangs zuwenden, den ein Benutzer für eine bestimmte Aufgabe einbringen muss, soll die Notwendigkeit dieses Maßes verdeutlicht werden.

Um eine vernünftige Einschätzung über jene Zeit zu erhalten, die das schnellstmögliche Interface für eine Aufgabe benötigt, können wir zunächst einmal eine untere Marge für den Informationsumfang definieren, den der Benutzer für eine bestimmte Aufgabe bereitstellen muss. Dieser Mindestumfang ist unabhängig vom Design des Interface. Wenn die Methoden einer Interface-Lösung mehr Eingaben erfordern als die berechnete untere Marge, führt der Anwender unnötige Arbeiten aus und der Interface-Entwurf lässt sich noch verbessern. Umgekehrt gilt aber auch: Wenn die Interface-Lösung vom Anwender genau den Informationsumfang verlangt, der für die Aufgabe notwendig ist, lässt sich für diese Aufgabe im Hinblick auf Informationseffizienz kaum ein noch besseres Interface entwickeln. Im letzteren Fall bedeutet dies nicht, dass überhaupt keine Verbesserungen mehr anzubringen sind – die Möglichkeiten, ein solches Interface zu ruinieren, sind sicher sehr viel größer –, aber es bedeutet doch immerhin, dass dieses eine Effizienzziel erreicht wurde.

Die **informationstheoretische Effizienz** wird ähnlich definiert wie die Effizienz in der Thermodynamik. In der Thermodynamik wird sie berechnet, indem wir die Energie, die aus einem Prozess gewonnen wird, durch jene Energie teilen, die in den Prozess investiert wurde. Wenn ein Stromgenerator in einem bestimmten Zeitintervall 820 Watt produziert, während er von einem Motor angetrieben wird, der 1.000 Watt dafür verbraucht, dann hat der Generator eine Effizienz von 820/1.000 oder 0,82. Effizienz wird häufig als Prozentsatz ausgedrückt; in diesem Beispiel hat der Generator also einen Effizienz von 82 Prozent. Ein perfekter Generator – den es laut dem zweiten thermodynamischen Gesetz nicht geben kann – hätte eine Effizienz von 100 Prozent.

Die **Informationseffizienz** E eines Interface ist definiert als Mindestinformationsumfang, der für die Durchführung einer Aufgabe notwendig ist, geteilt durch den Informationsumfang, der vom Benutzer eingebracht wird. Ebenso wie für die physische Effizienz gilt: E ist mindestens 0 und höchstens 1. Wo keine Arbeit für eine Aufgabe erforderlich ist, wird die Effizienz mit 1 definiert. (Diese formale Festlegung ist notwendig, um den Fall zu vermeiden, dass 0 durch 0 dividiert werden muss, wie dies bei der transparenten Fehlermeldung aus Abschnitt 5-5 der Fall wäre).

E kann 0 sein, wenn vom Benutzer gänzlich überflüssige Informationen gefordert werden (siehe Abbildung 4.4). Erstaunlicherweise gibt es einige Interface-Details, welche die zweifelhafte Effizienz von 0 aufweisen. Ein Dialogfenster, das dem Benutzer nur eine mögliche Reaktion anbietet, z.B. den Klick auf die Schaltfläche OK, ist ein gutes Beispiel dafür. (JavaScript enthält einen Befehl namens Alert, der einzig und allein dazu dient, solche überflüssigen Dialogfelder zu erstellen. Die Designer waren klug genug, aus der Sprache JavaScript *goto* zu entfernen, um einen strukturierten Code zu erzwingen, aber sie haben vergessen, für eine ähnliche Hilfe auf der Interface-Seite zu sorgen.)

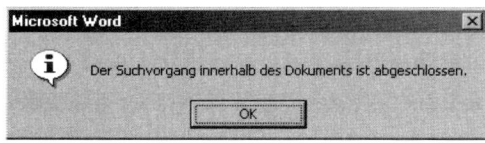

Abbildung 4.4:
Ein Dialogfeld mit einer informations-
theoretischen Effizienz von 0.

E bezieht lediglich die Informationen mit ein, die für eine Aufgabe notwendig sind und die vom Benutzer eingegeben werden. Zwei oder mehr Methoden können auch dieselbe E haben und doch eine andere Gesamtzeit. Es ist auch möglich, dass die erste Methode eine höhere E hat und dennoch langsamer ist als eine zweite Methode, z.B.: M K M K versus M K K K. Hier müssen bei der ersten Methode nur zwei Zeichen eingegeben werden. Bei der zweiten Methode sind drei Zeichen notwendig und dennoch ist die Zeit für die Durchführung der Aufgabe kürzer. Doch allzu viele Beispiele finden sich im wirklichen Leben nicht für diese Umkehrung von Geschwindigkeit und Informationseffizienz[1]. Meistens ist die effizientere Oberfläche auch die produktivere und besser zu bedienende.

Informationen werden in Bit gemessen; ein einzelnes Bit, das eine Auswahl zwischen zwei Alternativen darstellt – wie 0 oder 1, an oder aus, ja oder nein – ist die Einheit für Informationen.[2] Zum Beispiel: Eine Auswahl unter vier verschiedenen Objekten würde 2 Bit Informationen erfordern. Wenn die Objekte A, B, C und D sind, könnte mit dem ersten Bit die Gruppe A und B oder C und D ausgewählt werden. Ist die erste Wahl getroffen – angenommen, C und D –, so ließe sich mit dem zweiten Bit zwischen C und D wählen. Zwei binäre Wahlen oder 2 Bit genügen, um ein Element aus einer Gruppe von vier zu bestimmen. Um unter acht Alternativen zu wählen, sind 4 Bit notwendig und so weiter. Daraus lässt sich allgemein aus den gegebenen Alternativen n der Informationsumfang errechnen, der von allen zusammen übermittelt werden kann:

$$log_2 n$$

Und der Informationsumfang einer einzelnen Alternative ist:

$$(1/n)\ log_2 n \tag{1}$$

Wenn die Wahrscheinlichkeiten unter den Alternativen nicht notwendigerweise gleich sind und die *i*-te Alternative die Wahrscheinlichkeit *p(i)* hat, beträgt die Information, die mit dieser Alternative verknüpft ist:

---

1. Es ist möglich, noch detailliertere Messungen für die Effizienz zu entwickeln; der Operator M findet zum Beispiel keinen Eingang in diese Berechnung. Doch die hier definierte einfache Bemessung genügt für alle Bereiche, die in diesem Buch vorgestellt werden.
2. Der Begriff *Bit* entstand aus der Zusammenfügung einzelner Buchstaben aus den Worten BInary digiT, für die der Mathematiker John W. Tukey verantwortlich ist (Shannon und Weaver 1963, S. 9).

$$p(i) \, log_2 \, (1/p(i)) \qquad\qquad\qquad (2)$$

Der Informationsumfang ist die Summer aller Alternativen von Ausdruck (2), der sich im Fall gleicher Wahrscheinlichkeiten auf Ausdruck (1) reduziert. Daraus folgt, dass der Informationsinhalt eines Interface, welches das Drücken nur einer Schaltfläche ermöglicht, 0 Bit beträgt; die Schaltfläche nicht zu drücken ist nicht erlaubt:

$$1 \, log_2 \, (1) = 0 \qquad\qquad\qquad (3)$$

Es könnte jedoch sein, dass das erforderliche Drücken einer einzigen Schaltfläche z.B. mit dem Sprengkopf einer Ladung Dynamit verbunden ist, die ein Haus zum Einsturz bringen soll. Würde das Drücken der Schaltfläche in diesem Fall eine Information übermitteln? Nein, denn es ist keine Alternative vorgesehen, die das Nichtdrücken ermöglicht. Das Interface bietet nur das Drücken einer einzigen Schaltfläche an. Wenn die Schaltfläche jedoch in einem bestimmten Zeitrahmen – z.B. innerhalb von 5 Minuten, in welcher die Detonation erfolgen soll – nicht gedrückt wurde, würde das Gebäude nicht zerstört und das Drücken bzw. Nichtdrücken würde 1 Bit Information übertragen, denn in diesem Fall gab es zwei mögliche Nachrichten. Aus Ausdruck (2) wissen wir, dass die Berechnung eine Wahrscheinlichkeit p enthält, dass das Gebäude gesprengt wird. Die Wahrscheinlichkeit, dass es nicht gesprengt wird, ist also 1 – p. Aus Ausdruck (2) können wir den Informationsinhalt dieses Interface berechnen:

$$p \, log_2 \, (1/p) + (1-p) \, log_2 \, (1/(1-p)) \qquad\qquad (4)$$

Wenn p = ½, ergibt Ausdruck 4 Folgendes:

$$\tfrac{1}{2} \times 1 + \tfrac{1}{2} \times 1 = \tfrac{1}{2} + \tfrac{1}{2} = 1$$

Ausdruck (4) ergibt weniger als 1, wenn p ungleich ½. Als Sonderfall ergibt sich 0, wenn p = 0 oder p = 1, wie in Ausdruck (3).

Dieses Beispiel verdeutlicht einen wichtigen Punkt: Wir können die Informationen in einer Meldung nur im Kontext der möglichen anderen Meldungen messen, die eventuell empfangen wurden. Um den Informationsumfang zu ermitteln, der durch den Empfang der Meldung übertragen wurde, müssen wir insbesondere die Wahrscheinlichkeit kennen, mit der diese Meldung übersandt wurde. Der Informationsumfang einer beliebigen Meldung ist unabhängig von anderen vergangenen oder künftigen Meldungen, ohne Bezug zu Zeitpunkt und Dauer, und hängt auch nicht von anderen Ereignissen ab. Wenn Sie eine Münze umdrehen, ist der Ausgang dieser Aktion unabhängig davon, ob Sie bereits vorher eine Münze umgedreht haben und zu welcher Zeit dies passiert ist.

Wie bei Shannon und Weaver (1963) erläutert, ist es auch wichtig, Folgendes im Gedächtnis zu behalten:

Information sollte nicht verwechselt werden mit Bedeutung [...]. Information ist ein Maß für die Freiheit der Wahl bei der Auswahl einer Nachricht.[...] Beachten Sie, dass es irreführend − wenn auch oft bequem − ist zu sagen, dass die eine oder andere Nachricht [wenn nur zwei möglich sind] [1 Bit] Information übermittelt. Das Konzept der Information bezieht sich nicht auf einzelne Nachrichten (wie es beim Konzept der Bedeutung der Fall wäre), sondern nur auf die Situation als Ganzes, auf jene Informationseinheit, die angibt, dass man in dieser Situation eine bestimmte Wahlfreiheit bei der Auswahl einer Nachricht hat, die sich als Standard oder Einheitsbetrag bezeichnen lässt (S. 9.)

Die Aktionen eines Benutzers, die eine Aufgabe ausführen, ließen sich noch genauer in Form eines Markoff-Prozesses darstellen, wobei die Wahrscheinlichkeit einer späteren Aktion von früheren Aktionen des Benutzers abhängt. Doch die erläuterten Wahrscheinlichkeiten von Einzelereignissen sind für die Zwecke in diesem Buch ausreichend; Nachrichten gelten als unabhängig und gleich wahrscheinlich.

Der Informationsumfang, der sich mit anderen Geräten als der Tastatur übermitteln lässt, kann ebenfalls berechnet werden. Wenn das Display in zwei Bereiche unterteilt ist − einer mit *Ja* und einer mit *Nein* beschriftet −, übermittelt ein einziger Klick in einen der Bereiche 1 Bit Information. Gibt es n gleich wahrscheinliche Ziele, wird mit einem Klick $\log_2 n$ Bit Informationen übertragen. Haben die Ziele nicht dieselbe Größe, ändert sich dadurch nicht deren Informationsumfang, aber es dauert länger, das GID auf kleinere Ziele zu setzen − und zwar um einen Betrag, dessen übliche Berechnung später noch erläutert wird. Wenn die Ziele eine ungleiche Wahrscheinlichkeit haben, ist die Formel identisch mit jener, die bereits für die Tastatureingaben mit ungleicher Wahrscheinlichkeit erstellt wurde. Doch es besteht ein Unterschied: Ein Benutzer kann eine Taste auf der Tastatur in 0,2 Sekunden drücken, während er für die Aktivierung einer Schaltfläche auf dem Bildschirm im Durchschnitt 1,3 Sekunden − ohne Rückkehr zur Tastatur − benötigt.

Der Informationsgehalt von Stimmeingaben lässt sich für unsere Zwecke berechnen, indem wir die Sprache als Kette von Input-Symbolen behandeln und nicht als ein kontinuierliches Phänomen mit einer bestimmten Bandbreite und Dauer.

Diese Darstellung der Informationstheorie und ihre Beziehung zum Interface-Design ist sehr verkürzt. Doch auch in dieser rudimentären Form kann uns die Informationstheorie − entsprechend der vereinfachten Darstellung des GOMS-Modells − einen ersten Anhaltspunkt zur Auswertung der Qualität eines Interface-Designs geben.

4-3-1   Effizienz von Hals Interface

Die Menschen lieben das Neue von Herzen.

— Chaucer, „The Knight's Tale"

Im Folgenden soll anhand eines Beispiels erläutert werden, wie der durchschnittliche Informationsgehalt berechnet wird, der für eine Interface-Technik notwendig ist. Dazu greife ich noch einmal auf das Beispiel des Temperaturumwandlers zurück. Gemäß der Anforderungsbeschreibung ist für den Umwandler ein durchschnittlicher Input von vier eingegebenen Zeichen erforderlich. Die Eingabe des Dezimalzeichens muss bei 90 Prozent der Eingaben vorgenommen werden und bei den restlichen 10 Prozent gar nicht. Das negative Vorzeichen kommt in 25 Prozent der Fälle hinzu und in den restlichen 75 Prozent nicht. Der Einfachheit halber und weil die Antwort keine prozentgenauen Werte enthalten muss, gehe ich davon aus, dass alle anderen Zahlen mit gleicher Häufigkeit auftreten, und ignoriere jene 10 Prozent der Eingaben, die kein Dezimalzeichen erfordern.

Wir müssen die Anzahl möglicher Nachrichten und deren jeweilige Wahrscheinlichkeit bestimmen. Folgende fünf Formen sind möglich, wobei d eine Stelle kennzeichnet:

1. –.dd
2. –d.d
3. .ddd
4. d.dd
5. dd.d

Die ersten beiden Varianten treten mit einer Häufigkeit von 12,5 Prozent auf und es gibt 100 von jeder einzelnen. Die letzten drei Varianten treten mit einer Häufigkeit von 25 Prozent auf und es gibt etwa 1.000 pro Variante[1]. Daraus folgt für jeweils eine der beiden ersten Nachrichtenarten eine Wahrscheinlichkeit von (0,125/200) = 0,000625; die Wahrscheinlichkeit für eine der drei restlichen Nachrichtenarten beläuft sich jeweils auf (0,75/3000) = 0,00025. Die Summe der Wahrscheinlichkeiten von Nachrichten ist, wie es sein muss, 1.

Der Informationsgehalt einer jeden Nachricht in Bit wird durch Ausdruck (2) bestimmt[2]:

$$p(i) \, log_2 \, (1 \, / \, p(i))$$

---

1. Das „etwa" berücksichtigt die Tatsache, dass die Temperatur von 0 Grad nicht als 0,00 oder 00,0 eingegeben wird.
2. Um Logarithmen auf der Basis 2 auf einem Taschenrechner oder Computer zu erhalten, der nur über natürliche Logarithmen (ln) verfügt, verwenden Sie folgende Formel:
   $log_2(x) = ln\ (x) \ / \ ln(2)$.

Dieser Ausdruck ergibt ungefähr 0,0067 für negative Werte und 0,003 für positive Werte. Berechnet man 200 x 0,0067 + 3000 x 0,003 ergibt dies einen Gesamtwert von 10,3 Bit pro Nachricht.

Wahrscheinlichkeiten mit einzubeziehen kann sehr wichtig sein. Wenn wir für dieses Beispiel einen einfacheren Ansatz gewählt hätten und davon ausgingen, dass alle zwölf Symbole (Minus, Dezimalzeichen und die zehn verschiedenen Zahlen) in derselben Häufigkeit auftreten, dann läge die Wahrscheinlichkeit für jedes einzelne Symbol bei $^1/_{12}$. Der Informationsgehalt in einer Nachricht, die aus vier Zeichen besteht, würde bei dieser einfachen Berechnungsmethode folgenden Wert ergeben:

4 log2 (12) ≈ 14 Bit

Ein Lehrsatz aus der Informationstheorie besagt, dass die Information ihren maximalen Punkt erreicht hat, wenn alle Symbole gleich wahrscheinlich sind. Wenn Sie also davon ausgehen, dass Nachrichten die gleiche Wahrscheinlichkeit haben, erhalten Sie einen Wert, der gleich oder größer dem Informationsumfang jeder einzelnen Nachricht ist. Eine solche Annahme erleichtert auch die Schätzung des Informationsgehalts einer Nachricht. Wenn ein solcher Annäherungswert kleiner ist als der Informationsumfang, den ein Interface vom Benutzer einfordert, müssen Sie sich mit einer detaillierteren Berechnung nicht mehr befassen.

Wir haben oben berechnet, dass die Aufgabe von Hal eine durchschnittliche Informationslieferung von 10 Bit pro Temperaturumwandlung erfordert. Wenn wir diese Menge durch den Informationsumfang dividieren, den das Interface von ihm fordert, erhalten wir als Ergebnis die Effizienz des Interface.

Eine weitere Vereinfachung für schnelle Analysen besteht darin, den Informationsumfang von einem Tastenanschlag oder einer GID-Aktion zu ermitteln und dann die verschiedenen Gesten zu zählen. Wenn ein Tastenanschlag Informationen an den Computer übermittelt, hängt der übermittelte Informationsumfang von der Gesamtzahl der vorhandenen Tasten ab – z.B. der Anzahl der Tasten auf einer Tastatur – und von der relativen Häufigkeit mit der jede einzelne Taste verwendet wird. Auf diese Weise lassen sich Tastenanschläge als grobes Maß für die Information verwenden.

Angenommen, eine Tastatur hat 128 Tasten, die jeweils mit der gleichen Häufigkeit angeschlagen werden, dann repräsentiert jede Taste 7 Bit Information. In der Praxis variiert die Häufigkeit natürlich beträchtlich (Leerzeichen und der Buchstabe *e* kommen sehr häufig vor, während *j* und \ selten sind) und die tatsächliche Information pro Taste beträgt bei den meisten Anwendungen eher 5 Bit. Die Anforderung besagte, dass die durchschnittliche Länge der Eingabe vier Tastenanschläge umfasst.

Für diese Analyse kann durchaus ein einfacheres Maß verwendet werden als die Effizienz aus der Informationstheorie, das häufig denselben praktischen Nutzen erzielt. Die **Zeicheneffizienz** wird wie folgt definiert: minimale Anzahl der für eine Aufgabe notwendigen Zeichen, geteilt durch die Anzahl der Zeichen, die ein Interface zur Eingabe für den Benutzer bereitstellt.

Mit einem Interface, das im Durchschnitt vier Tastenanschläge erfordert, würden wir eine Zeicheneffizienz von 100 Prozent erhalten. Wenn wir einen Tastenanschlag hinzufügen, der auswählt, welche Konvertierung gewünscht wird, und einen weiteren, der die Antwort begrenzt, dann beliefe sich die durchschnittliche Länge des Inputs auf sechs Tastenanschläge. Unsere Tasteneffizienz würde damit auf 67 Prozent sinken. Bestünde das Eingabegerät von Hal nur aus einem 16 Tasten umfassenden Ziffernblock, dann betrüge die Information, die eine einzelne Taste liefern könnte, 4 Bit und das Interface wäre damit effizienter. (Die Anforderungen erlauben eine solche Lösung aber nicht.)

Da jede Aufgabe in einer GOMS-Analyse mindestens einen mentalen Operator erfordert, benötigt das tastatureffizienteste Interface für den Temperaturumwandler theoretisch eine Durchschnittszeit von

$$M + K + K + K + K = 2{,}15 \; Sek$$

Dies wäre wesentlich schneller als die beiden bereits erläuterten Interfaces. Doch die Eingabe von vier Zeichen auf einer Standardtastatur ergibt mindestens 20 Bit Information, wobei nur 10 Bit erforderlich sind – eine informationstheoretische Effizienz von 50 Prozent. Daraus lässt sich immerhin schließen, dass eine deutliche Verbesserung möglich ist.

Wie wir gesehen haben, senkt die Verwendung eines Standardziffernblocks im Gegensatz zu einer kompletten Tastatur die einzugebende Information für vier Tastenanschläge auf 16 Bit, wodurch eine Effizienz von 62 Prozent erreicht wird. Ein komplett zugeschnittener Ziffernblock, der nur die Zahlen, das Minuszeichen und das Dezimalzeichen enthält, würde ein noch höheres Ergebnis erzielen, eine Effizienz von 70 Prozent. Das Ergebnis ließe sich weiter anheben, indem wir spezielle Codierungen für die Temperaturinformationen und ein anderes Eingabegerät verwenden. Doch dadurch entstünden wiederum Trainingsprobleme und erhöhte Kosten, weshalb dieser Ansatz nicht weitere verfolgt werden soll. Eine informationstheoretische Effizienz von 70 Prozent soll hier genügen. Diese theoretischen Grenzen können durch ein praktikables Interface erreicht werden oder auch nicht; zumindest setzen sie uns ein Ziel, das wir vor Augen haben können.

4-3-2 *Weitere Lösungen für das Interface von Hal*

In Abschnitt 4-3-1 haben wir bei einer informationstheoretischen Effizienz von 70 Prozent aufgehört und uns diese als Ziel gesetzt. Wir haben diese Effizienz auf der Basis eines nicht definierten, rein theoretischen Interface ermittelt, das irgendwie eine Tasteneffizienz von 100 Prozent schaffte. Lassen Sie uns sehen, wie nah wir diesem Ideal mit einer Standardtastatur und einem GID kommen.

Stellen Sie sich zu diesem Zweck zunächst ein ausschließlich tastaturgesteuertes Interface vor. In diesem Interface erscheint folgende Anleitung für den Benutzer:

> Wählen Sie die gewünschte Temperaturumwandlung aus,
> indem Sie C für Celsius oder F für Fahrenheit eingeben.
> Geben Sie die numerische Temperatur ein und drücken
> Sie Return. Die konvertierte Temperatur erscheint.

Durch eine GOMS-Analyse lässt sich ermitteln, dass der Benutzer sechs Tastenanschläge ausführen muss. Nach den Regeln zum Einfügen der Ms ergibt dies:

M K K K K K M K

Die Durchschnittszeit beträgt 3,9 Sekunden. Diese Zeit lässt sich noch reduzieren, wenn wir C oder F selbst als Begrenzer einsetzen. Dazu wäre ein Inteface mit folgender Anleitung denkbar:

> Wählen Sie die gewünschte Temperaturumwandlung aus,
> indem Sie nach dem Wert C für Celsius oder
> F für Fahrenheit eingeben.
> Die konvertierte Temperatur erscheint.

In diesem Beispiel ist die Eingabetaste nicht notwendig. Einige primitive Interface-Entwicklungstools erlauben es nicht, die Benutzereingabe Return durch die Verwendung von Begrenzern wie C oder F zu ersetzen, doch solche Tools sind für gelungen Interfaces nicht geeignet.

Die GOMS-Analyse für das Interface mit den C/F-Begrenzern lautet:

M K K K K M K

Die Durchschnittszeit beträgt 3,7 Sekunden. Wenn wir nach der Analyse nicht wüssten, das ein theoretisches Minimum von 2,15 Sekunden möglich ist, wären wir mit dieser Lösung vielleicht bereits zufrieden. Schließlich ist sie bei weitem effizienter als alle bisherigen Vorschläge. Doch das theoretische Mimimum hat unseren Ehrgeiz geweckt und wir fragen uns deshalb, ob ein noch schnellerer Ansatz gefunden werden kann. Werfen Sie einen Blick auf das in Abbildung 4.5 dargestellte Interface, das die Form einer Verzweigung hat: Ein Input liefert zwei Outputs.

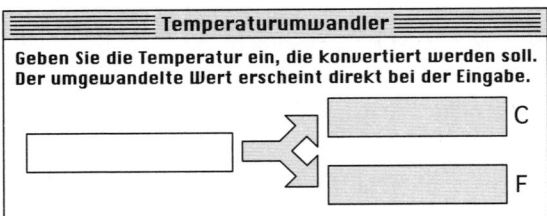

Abbildung 4.5:
Ein Interface, das keinen Begrenzer erfordert. Die Effizienz wird durch eine zeichenweise Interaktion und eine gleichzeitig Konvertierung möglich.

Bei diesem verzweigten Interface ist kein Begrenzer notwendig. Außerdem muss der Benutzer nicht angeben, welche Konvertierungsart er wünscht. Die GOMS-Analyse für den durchschnittlichen Input von vier Zeichen ist:

M K K K K

Das verzweigte Interface erreicht das Minimum von 2,15 Sekunden und hat eine Zeicheneffizienz von 100 Prozent.

Wenn sich, wie in diesem Beispiel, der Output manchmal ändert, sobald ein Zeichen eingegeben wird, stört das Flackern des Outputs den Benutzer nicht, weil dessen Zentrum der Aufmerksamkeit auf dem Input liegt. Die kontinuierliche Veränderung des Outputs kann sogar von Vorteil sein: Der Benutzer wird die wechselnde Anzeige bei den ersten Bedienungsversuchen nur peripher wahrnehmen, wobei er gleichzeitig das unmittelbare Feedback erhält, dass das System auf seine Eingaben reagiert. Damit die Interaktion bei einzelnen Zeichen wirkungsvoll ist, muss das System schnell antworten, d.h., die Interaktion muss mit der Eingabegeschwindigkeit des Benutzers Schritt halten. Doch dieses Problem dürfte nur bei langsamen Netzwerkverbindungen bestehen.

Obwohl dies nicht zu den Anforderungen gehört, können Sie sich fragen, wie der Temperaturumwandler für die nächste Aktion gelöscht wird. Wird für diese Löschaktion ein weiterer Tastenanschlag notwendig? Nicht unbedingt. Wir könnten die Oberfläche z.B. wie folgt entwerfen: Wann immer der Benutzer zu seiner anderen Aufgabe im Hintergrund zurückkehrt, erscheinen die Werte im Temperaturumwandler automatisch grau und werden inaktiv. Die Werte sind zu diesem Zeitpunkt noch nicht gelöscht, damit ein erneuter Bezug darauf möglich ist. Erst die nächste Eingabe löscht die alten Werte endgültig.

Nur weil das verzweigte Interface eine optimale Bedienungsgeschwindigkeit bietet und effizienter als alle anderen erläuterten Modelle ist, muss es noch nicht das beste sein. Es gibt noch andere Parameter außer der Geschwindigkeit, die große Bedeutung haben, z.B. die Fehlerhäufigkeit, die Lernzeiten für den Benutzer und eine langfristige Akzeptanz auf Seiten des Benutzers gegenüber dieser Form der Interface-Bedienung.

Besonders der Aspekt der Fehlerhäufigkeit sollte bei dem verzweigten Umwandler bedacht werden. Ein Fehler kann sich z.B. ergeben, wenn Hal den Wert aus dem falschen Ausgabefeld abliest; verstärkt werden kann dies dadurch, dass er zwar das Wort »Celsius« hört, aber aus dem Feld »Fahrenheit« ablesen muss. Trotzdem würde sich der verzweigte Umwandler auf der kurzen Liste jener Interfaces befinden, die als Temperaturumwandler getestet werden sollten. Einige der anderen Lösungen, die ohne GOMS-Analyse vielleicht überzeugt hätten, schaffen den Sprung auf diese Liste aber mit Sicherheit nicht.

Ob in Form einer einfachen Tastenanschlag-Zeit-Analyse oder in Form einer detaillierten informationstheoretischen Auswertung – eine Quantifizierung theoretischer Minimalzeiten, Minimalzeichen oder Minimalinformationen kann eine sinnvolle Richtlinie für unser Design sein. *Ohne diese quantitativen Vorgaben sind wir mehr oder weniger zum Raten verdammt und wissen nicht, wie gut unser Entwurf ist und welche Verbesserungsmöglichkeiten noch möglich sind.*

4-4 Fitts Gesetz und Hicks Gesetz

Es ist unsere Pflicht, die Wissensgrundlagen in der Mathematik zu verankern.

— Roger Bacon, Opus Majus (13tes Jahrhundert)

Verschiedene quantitative Gesetze, die sich auf das Interface-Design beziehen, haben einen soliden kognitiven Unterbau und sind bereits wiederholt bestätigt worden. Diese Gesetze ermitteln oft zusätzliche Daten, auf deren Grundlage sich Entscheidungen für das Interface-Design treffen lassen. Fitts Gesetz quantifiziert die Bewegung von der Cursorposition zu einem Zielpunkt, d.h., je weiter ein Ziel von der aktuellen Cursorposition entfernt ist oder je kleiner dieses Ziel ist, desto länger dauert es, bis der Benutzer den Cursor dorthin bewegt. Hicks Gesetz quantifiziert folgende Beobachtung: Je mehr Auswahlmöglichkeiten dem Benutzer angeboten werden, desto länger benötigt er, um zu einer Entscheidung zu gelangen.

4-4-1 Fitts Gesetz

Stellen Sie sich vor, wie Sie einen Cursor zu einer Schaltfläche auf dem Bildschirm bewegen. Die Schaltfläche ist das Ziel der Bewegung. Die Länge der geraden Linie von der Position, an der die Cursorbewegung beginnt, bis zum nächstgelegenen Punkt auf dem Ziel ist jene Entfernung oder Distanz, die in der Formel von **Fitts Gesetz** verwendet wird. Wenn die Größe des Ziels und die zu überwindende Entfernung gegeben sind, lässt sich damit die durchschnittliche

Zeit berechnen, die der Benutzer benötigt, um den Cursor auf der Schaltfläche zu platzieren.

In dem eindimensionalen Fall, in dem die Größe des Ziels, gemessen entlang der Bewegungslinie, S ist und das Ziel sich in der Entfernung D vom Startpunkt befindet (Abbildung 4.6), besagt Fitts Gesetz:

Zeit (in Millisekunden) = $a + b \log_2 (D/S + 1)$

(Die Konstanten a und b werden experimentell oder auf der Basis von Testparametern bestimmt.)[1] Die Zeit, die Sie berechnen, beginnt, wenn sich der Cursor am Ausgangspunkt befindet und nachdem der Benutzer das Ziel ausgewählt hat. Der Logarithmus mit der Basis 2 ergibt einen Wert für die Schwierigkeit der Aufgabe in Form der Anzahl von Bit, die dazu benötigt werden, den (eindimensionalen) Pfad des Curors zu beschreiben.

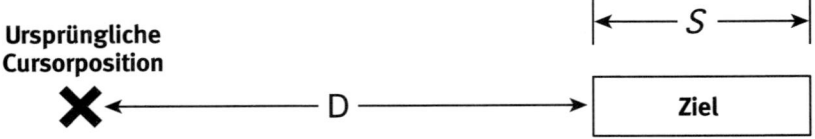

Abbildung 4.6:
Entfernungen dienen in Fitts Gesetz dazu, die Zeit zu bestimmen, die ein Cursor für die Bewegung zum Ziel benötigt.

Die Entfernungseinheiten haben keine Auswirkung auf die berechnete Zeit, denn D / S ist das Verhältnis von zwei Entfernungen zueinander und daher dimensionslos. Daraus folgt: Auch wenn die Bewegung des Zeigegeräts kleiner oder größer ist als die Entfernung, die der Cursor auf dem Bildschirm zurücklegt, lässt sich das Gesetz anwenden, sofern die Entfernungen auf dem Bildschirm gemessen wurden – weil nämlich vorausgesetzt werden kann, dass ein lineares Verhältnis zwischen GID und Cursorbewegung besteht. Fitts Gesetz lässt sich nur für jene Art von Bewegung anwenden, die wir bei den meisten Interfaces zwischen Mensch und Maschine ausführen: Bewegungen, die im Vergleich zur Körpergröße des Menschen klein sind und ohne Unterberechung verlaufen. Doch zurück zur Gleichung von Fitts Gesetz: Als Annäherungswerte verwende ich a = 50 und b = 150.

---

1. Die Mathematik, manchmal das Gegenteil von Klarheit, hängt noch an diesem altmodischen Stil, in dem undefinierte Variablen in einer Formel stehen, ehe bekannt ist, wofür sie eigentlich stehen. Es finden sich z.B. Anleitungen wie diese: $A = \pi r^2$, wobei r der Radius eines Kreises ist und A dessen Fläche.

Dies kann verwirrend sein, weil man zunächst weiterlesen und dann wieder zurückkehren muss, insbesondere wenn die Gleichung lang ist und viele unerklärte Variablen enthält. Vom Standpunkt des Lesers aus, wäre es besser, die Begriffe zu definieren, ehe sie verwendet werden: Ein Kreis mit dem Radius r hat eine Fläche A, die sich wie folgt berechnen lässt: $A = \pi r^2$

Eine Erweiterung von Fitts Gesetz für etwas komplexere Zwecke, z.B. für die Aufzeichnung einer Cursorbewegung zwischen geraden und kurvigen Wänden, wurde ebenfalls entwickelt und empirisch getestet (siehe Accot und Zhai 1997). Für ein zweidimensionales Ziel können Sie einen vernünftigen Annäherungs-wert für die benötigte Zeit der Cursorbewegung zum Ziel erhalten, indem Sie das kleinere horizontale und vertikale Maß des Ziels für den Wert von S ver-wenden (Mackenzie 1995).

Fitts Gesetz erklärt z.B., warum es schneller geht, den Cursor in ein Menü des Apple Macintosh zu setzen als in ein Menü, das im Windows-Stil gehalten ist (Abbildung 4.7). Ersteres befindet sich grundsätzlich am Rand des Bildschirms, während ein Windows-Menü frei auf dem Bildschirm positioniert sein kann (Abbildung 4.8). Die Höhe S des Windows-Menüs auf meinem Bildschirm be-trägt 5 mm. Die effektive Höhe des Zielbereichs auf dem Macintosh ist ver-gleichsweise groß, denn Sie müssen mit der Cursorbewegung nicht innerhalb der engen Grenzen der Menüleiste innehalten, sondern können das GID mit Schwung über eine beliebige Entfernung hinausziehen; der Cursor bleibt in je-dem Fall im Menü stehen, weil er nicht über den Rand bewegt werden kann, d.h., er stoppt automatisch am Bildschirmrand.

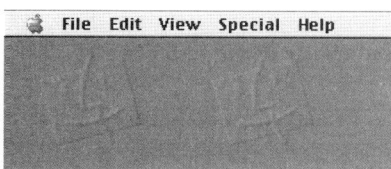

Abbildung 4.7:
Das Macintosh-Menü befindet sich am oberen Bildschirmrand und hat einen größeren Zielbereich im Vergleich zu einem Menü, das frei auf dem Bildschirm steht.

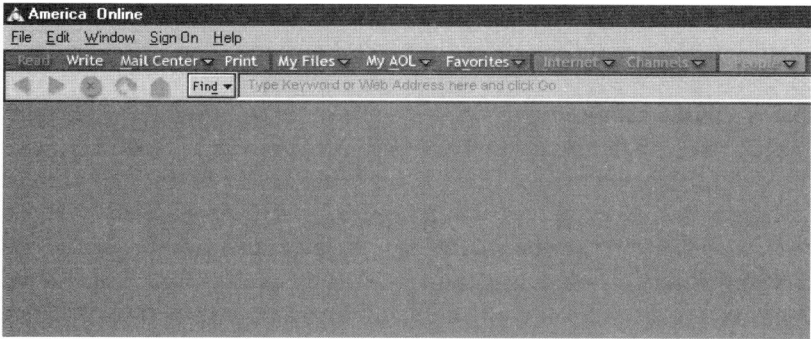

Abbildung 4.8:
Das Windows-Menü liegt unterhalb des Bildschirmrands; der Cursor muss deshalb sorgfältig platziert werden, um es zu öffnen.

Eine Reihe von Tests, die ich durchgeführt habe, belegen, dass Benutzer norma-lerweise in einem Berich, der 50 mm vom Bildschirmrand entfernt ist, mit der Bewegung anhalten; für den Macintosh lässt sich also S = 50 mm definieren. Auf einem 14-Zoll-Bildschirm beträgt die durchschnittliche Entfernung, die der

Cursor zurücklegen muss, um die Menüleisten zu erreichen, 80 mm; dies ergibt eine berechnete Zeit für die Cursorbewegung zu einem Menü auf dem Macintosh von:

$$50 + 150 \log_2 (80 / 50 + 1) = 256 \; Millisekunden$$

Das Ergebnis ist deutlich geringer als die berechnete Zeit für ein entsprechendes Menüelement im Windows-Stil:

$$50 + 150 \log_2 (80 / 5 + 1) = 663 \; Millisekunden$$

Diese Berechnungen beziehen sich ausschließlich auf jene Zeit, die der Benutzer benötigt, um den Cursor zu bewegen. Das Klicken auf das Ziel, welches anzeigt, das der Cursor an der gewünschten Position angelangt ist, dauert im Durchschnitt eine weitere Sekunde. (K = 0,2 im GOMS-Modell umfasst sowohl das Drücken als auch das Loslassen der Taste, während die hier genannte Zeit nur das Drücken umfasst.) In einer typischen Testsituation muss der Cursorbewegung noch die anfängliche menschliche Reaktionszeit von etwa 0,25 Sekunden hinzugefügt werden. Als wir diese Faktoren noch berücksichtigten, erhielten wir Zeiten, die mit meinen Beobachtungen übereinstimmten. Es dauert für einen Benutzer durchschnittlich etwa 0,6 Sekunden, um ein Menü auf dem Apple zu öffnen, und mehr als 1 Sekunde, um ein Windows-Menü aufzuklappen. Diese Analyse macht deutlich, warum Menüs absichtlich am Bildschirmrand angeordnet wurden, als das Interface des Macintosh entwickelt wurde.

4-4-2 Hicks Gesetz

Ehe Sie den Cursor an ein Ziel bewegen oder eine Aktion in einer Multiple-Choice-Auswahl vornehmen, müssen Sie zunächst das Ziel oder die Aktion selbst auswählen. **Hicks Gesetz** besagt: Wenn Sie unter *n* alternativen Aktionen eine auswählen müssen und die Wahrscheinlichkeit der Auswahl bei allen Alternativen gleich ist, ist die Zeit der Auswahl proportional zum Logarithmus (Basis 2) der Anzahl der Wahlmöglichkeiten, plus 1. So ausgedrückt, sieht Hicks Gesetz fast so aus wie Fitts Gesetz:

$$Zeit \; (in \; Millisekunden) = a + b \log_2 (n + 1)$$

Wenn die Wahrscheinlichkeit der i-ten Auswahl *p(i)* ist, verwenden Sie anstelle des logarithmischen Faktors in der Gleichung:

$$\sum_i p(i) \log_2 (1 / p(i) + 1)$$

Die Koeffizienten in Hicks Gesetz hängen von vielen Bedingungen ab, einschließlich davon, wie die Auswahl präsentiert wird und wie sehr ein Benutzer bereits an ein System gewöhnt ist. (Wird die Auswahl auf verwirrende Weise präsentiert, können sich sowohl *a* als auch *b* erhöhen, eine Gewöhnung reduziert *b*). Diese Abhängigkeiten werden hier nicht erläutert; wir müssen aber bedenken, dass eine Entscheidungsfindung Zeit kostet, komplexe Entscheidungen mehr Zeit benötigen als einfache und die Beziehung logarithmischer Natur ist. In Ermangelung besserer Informationen können wir dieselben Koeffizienten *a* und *b* wie bei Fitts Gesetz verwenden, um zu einem Endergebnis bzw. einer relativen Schätzung zu gelangen.

Welche positiven Koeffizienten (ungleich Null) wir für *a* und *b* auch verwenden – aus Hicks Gesetz folgt, dass ein Benutzer schneller mit einer großen Auswahl gleichzeitig präsentierter Alternativen umgehen kann als mit einer Aufteilung derselben Alternativen in hierarchische Gruppen. Eine Auswahl in einem Menü mit acht Elementen zu treffen, geht schneller, als aus zwei Menüs unter jeweils vier Elementen zu wählen. Angenommen, die Wahrscheinlichkeit der Auswahl ist für alle Elemente gleich – von der Zeit, die für das Öffnen des zweiten Menüs angewendet wird, einmal abgesehen, wodurch sich die Bedienung des Interfaces mit zwei Menüs noch erhöhen würde –, und wir vergleichen die Zeit zur Auswahl eines Elements aus acht, $a + b \log_2 8$, mit der Auswahl eines Elements aus zweimal vier, $2 (a + b \log_2 4)$. So ergibt sich Folgendes: Da $\log_2 8 = 3$ und $\log_2 4 = 2$ und da beide $a < 2a$ und $3b < 4b$, erkennen wir:

a + 3*b* < 2 (*a* + 2*b*)

Dies entspricht den Experimenten zu den Menüstrukturen (siehe zum Beispiel Norman und Chin 1988).

Unsere Erläuterung von Fitts und Hicks Gesetzen sind nicht vollständig. Es ist z.B. kein Zufall, dass sie dieselbe Form haben wie das Shannon-Hartley-Theorem. Dennoch müsste die knappe Abhandlung genügen, um Ihnen den Nutzen dieser Richtlinien für das Interface-Design bewusst zu machen. Sie können Ihnen auch dann helfen, wenn, wie in diesem Beispiel, keine empirischen Koeffizienten *a* und *b* bekannt sind (nähere Erläuterungen finden Sie bei Card, Moran und Newell 1983, Seiten 72ff.).

Fünf

Vereinheitlichung

*Er ist wirklich genial, sehr kompliziert und ausgesprochen effektiv,
aber irgendwie auch unfertig, umständlich und ungelenk; man hat
das Gefühl, es müsse noch eine bessere Lösung geben.*

—C. Strachey (nicht über einen Windows-Computer,
sondern über den IMB Stretch von 1962)

Bei dem Versuch, ein Allzweck-Interface zu entwickeln, das den Anforderungen entspricht, die in den vorherigen vier Kapiteln erläutert wurden, stellt sich heraus, dass man grundlegend anders als bislang vorgehen muss. Viele Richtungen sind denkbar, z.B. könnte man sich überlegen, was im Rahmen der Beschränkungen des Internets möglich ist und mit jenen vielen Millionen von Computern und informationsverarbeitenden Geräten, die schon existieren und die im Moment hergestellt werden.

Die Hardwarekonfiguration der meisten heute üblichen Personalcomputer ist heute schon nahezu universell. Wenn man nicht von den unterschiedlichen Handgriffen ausgeht, sondern von den allen Nutzern gemeinsamen, die quer durch alle Anwendungen bei der Bedienung der gängigen Hardware ausgeführt werden, kann es doch nicht so schwer sein, ein einfaches Interface zu entwickeln.

Die Liste der Aktionen, mit denen der Benutzer Inhalte beeinflusst – seien es Texte, Grafiken oder Multimedia-Elemente –, kann in einer einfachen Klassifizierung erfasst werden, mit der wir das Interface jeder Anwendung einheitlich beschreiben können. Durch diese Klassifizierung lassen sich Interface-Designs vereinfachen. Durch die Implementierung einer einfachen Rückgängig/Wiederherstellen-Funktion wird ein einheitliches Interface ebenfalls unterstützt, denn dadurch lässt sich vermeiden, dass die einzelnen Programme selbst für eine solche Funktion zur Fehlerbehebung sorgen müssen.

Die einzelnen Anwendungen haben verschiedene Befehle und ein Benutzer kann nicht die Befehle aus Anwendung A verwenden, während er in Anwendung B arbeitet oder umgekehrt. Wenn wir die Befehle von den Anwendungen lösen, entfernen wir damit eine Modalität, die durch die Anwendungen eingeführt wird. Die Gesamtzahl der Befehle, die ein Benutzer dann noch kennen muss, ließe sich auf diese Weise drastisch reduzieren, denn eine Vereinheitlichung würde zuallererst das immense Vorkommen doppelter Befehle aufheben. Der Canon Cat konnte z.B. mit nur 20 Befehlen Aufgaben aus der Textverarbeitung, der Tabellenkalkulation, der Datenbankverwaltung, Sortiervorgänge, Berechnungen und vieles mehr ausführen. Die heutigen Systeme mit vergleichbarem Leistungsumfang benötigen mehr als 100 Befehle, um das gleiche Aufgabenspektrum zu bewältigen. In der heutigen Umgebung ließen sich die derzeit Tausende von Befehlen auf Hunderte reduzieren. Da sich nicht alle Befehle für alle Datentypen eignen, müssten wir den Objekten Datentyp-Transformierer zuordnen, die neue Objekte erstellen, welche dann von den gewählten Befehlen gesteuert werden könnten.

Eine weitere Aufteilung, die sich aufheben ließe, sind z.B. die Funktionen, die zum einen von der kommerziellen Software und zum anderen vom Benutzer bereitgestellt werden. Zum Beispiel: Die Menüs sind heute Objekte des Betriebssystems, die von jeder Anwendung einzeln eingerichtet werden. Doch eigentlich handelt es sich dabei nur um schlichten Text. Gibt es einen Grund, warum der Benutzer nicht selbst eine Liste seiner Befehle eingeben kann? Eine solche Liste ließe sich dann sperren, damit die Befehle nicht aus Versehen verändert werden, und am oberen Bildschirmrand platzieren. Sie könnte in der gleichen Weise funktionieren wie ein vom System bereitgestelltes Menü. Um das Einrichten eines solchen Menüs zu vereinfachen, könnte auf dem Interface eine Funktion zum Sperren und zur Aufhebung der Sperre angeboten werden. Dadurch ließe sich der Text entweder zusammen mit anderen Inhalten platzieren oder in Bezug auf den Bildschirm an einer gewählten Position fixieren. Dies sind verschiedene Bearbeitungsmodi des Textes.

Eudora und Microsoft Word sind Programme, die es ermöglichen, den Inhalt von Menüs zu verändern, doch muss dazu eine Funktion verwendet werden, die die Programme ausschließlich zu diesem Zweck zur Verfügung stellen. Hier dagegen ist von der Möglichkeit die Rede, wie sich Menüs mit denselben Mechanismen erstellen lassen, die ansonsten für das Erstellen und Bearbeiten von Text benutzt werden. Menüs werden auf diese Weise zu Inhalten.

Der nächste Schritt bei der Vereinfachung von Interfaces besteht darin, die nur schwer in Erinnerung zu behaltenden und mühsam zu erstellenden Dateinamen sowie auch die gesamte vom System angelegte Dateistruktur zu entfernen. Wenn der Benutzer geeignete Suchfunktionen an die Hand bekommt, können sowohl die Dateinamen als auch die Dateistruktur überflüssig werden.

▮▮▮ 5-1 *Vereinheitlichung und elementare Aktionen*

Dinge sollten nicht unnötig vervielfacht werden.

— William of Occam

Für die Hardware, aus welcher sich das Interface eines Computers zusammensetzt, hat sich ein gewisser Standard entwickelt: Es gibt eines oder mehrere Texteingabegeräte (Tastatur, Tablett für handschriftliche Eingaben, Spracherkennung), ein GID und einen zweidimensionalen Farbbildschirm. Dieser Standard – kein schlechter übrigens – bietet ein paar Varianten, z.B. einen Touch-Screen, der gleichzeitig Texteingabegerät, GID und Display ist. Mikrofone für Sound, Videoeingabegeräte und andere elektronische Interfaces gehören nicht zu den reinen Interfaces zwischen Mensch und Maschine, weil sie selbst von Interfaces gesteuert werden.

Wenn Sie einen Mensch bei der Arbeit mit einer der heute üblichen Hardware beobachten und dabei nicht sehen, was am Bildschirm angezeigt wird oder aus einer anderen Quelle wissen, welche Aufgabe er ausführt, müssten Sie raten, um zu erfahren, was er macht. Es gibt allerdings auch Ausnahmen: Ein starrer Blick auf den Bildschirm, begleitet von wildem Gestikulieren mit dem Joystick, zu einem gleichbleibenden monotonen Soundtrack sind deutliche Hinweise darauf, dass der Benutzer ein Spiel spielt. Im Allgemeinen lässt sich jedoch anhand der Benutzeraktivitäten nicht erkennen, ob ein Anwender sich mit Textverarbeitung, Einträgen in eine Datenbank oder mit Tabellenberechnungen beschäftigt.

Diese bereits vorhandene Einheitlichkeit der Benutzeraktionen quer durch alle Anwendungen ist ein Indiz dafür, dass die verschiedenen Anwendungen gar nicht so verschieden sind, wie es vielleicht den Anschein haben mag. Die Anwendungen scheinen unterschiedlicher, als sie sind, weil der Inhalt, der sich damit bearbeiten lässt, so verschieden ist. Dadurch entsteht eine ungeheure Vielzahl an semantischen Entsprechungen für jede Aktion. Außerdem achten Sie meistens nicht auf die physikalischen Aktionen, die Sie ausführen.

Doch Anwendungen sind sich auch noch in anderer Hinsicht ähnlich: Beinahe alle erfordern die Eingabe von Text. (Selbst bei Spielen müssen Sie zumindest Ihren Namen eingeben.) Es ließe sich daher eine Funktion implementieren, die sicherstellt, dass Texteingaben – ob kurze Eingaben von Zeichenfolgen für eine Suchfunktion oder umfangreiche für das Schreiben eines Romans – mit einem praktischen Set von Operationen ausgeführt werden können.

Weder wir noch unsere Software sind perfekt; nicht jeder Tastendruck, jede Stiftbewegung, jeder Sprachakt wird das gewünschte Zeichen anzeigen. Deshalb gehört zu den wesentlichen Ausstattungen eines Interface eine möglichst einfache Funktion, die fehlerhafte Eingaben durch sofortiges Drücken der Backspacetaste (oder *Entfernen*) wieder löscht, wobei für die anderen Eingabeformen entsprechende Funktionen bereit stehen müssen. Umfangreichere Änderungen machen es erforderlich, dass der Benutzer den betreffenden Bereich markiert, ehe dieser gelöscht werden kann. Eine weitere wesentliche Anforderung besteht – außer bei kurzen Eingaben – darin, dass der Benutzer den Cursor auf jeden beliebigen Punkt im Text setzen können muss, um dort zusätzliche Zeichen einzufügen. Kurz gesagt: Wann immer Text eingegeben wird, erwartet der Benutzer, dass viele Funktionen aus einem Textverarbeitungsprogramm dafür bereitstehen.

Wenn Text eingegeben wird, platzieren Sie diesen entweder in ein Dokument oder in ein Feld, z.B. einen bestimmten Bereich in einem Formular für die Eingabe des Namens. Bei den heutigen Systemen steht von Feld zu Feld oder von Dokument zu Dokument je nach Anwendung ein unterschiedliches Instrumentarium für die Textbearbeitung zur Auswahl. Sogar die Bearbeitungsregeln können sich innerhalb eines Dokuments in Systemen unterscheiden, die es ermöglichen, in ein Dokument Elemente aus anderen Anwendungen zu integrieren (siehe Abschnitt 5-7 für eine Lösung dieses Problems).

Zwei verschiedene, aber doch ähnliche Softwareanwendungen auf einem System können zu Verwirrung und Frustration beim Benutzer führen. Doch genau dem entsprechen die meisten der heute üblichen Systeme für Personalcomputer. Auf meinem Computer gibt es elf Texteditoren, wobei jeder ein anderes Verhalten erfordert, und vielleicht habe ich sogar noch einige vergessen. So etwas ist unnötig verwirrend.

Ein wichtiger Schritt zur Entwicklung eines für den Menschen geeigneten Interface auf Computern oder ähnlichen Systemen wie dem Palm Pilot besteht darin sicherzustellen, dass immer dieselben Regeln für die Eingabe und Bearbeitung von Text gelten. Zum Beispiel: Auf dem Macintosh oder unter Windows können Sie Dateinamen keiner Rechtschreibprüfung unterziehen. Wenn Sie sich beispielsweise nicht sicher sind, wie das Wort »Rendezvous« geschrieben wird, dieses aber als Dateinamen verwenden möchten[1], müssen Sie die Schreibweise erraten oder ein Textverarbeitungsprogramm öffnen, den Begriff dort eingeben und prüfen lassen. Ich fürchte, wenn ich Softwareentwicklern vorschlüge, Benutzer sollten doch auch in der Lage sein, die Rechtschreibung von Dateinamen zu prüfen, würden sie eine neue Funktion, vermutlich im Menü *Bearbeiten*, *hinzufügen. Diese Art von Ad-Hoc-Einfügungen erhöht aber die jetzt schon absurde Komplexität der Software noch zusätzlich. Eine wirkliche Vereinfachung ließe sich erst dann erzielen, wenn es nur einen einzigen Befehl für die Rechtschreibprüfung beliebiger Texte gäbe, wo immer diese auch erscheinen.*

Interface-Design sollte es ermöglichen, dass alle Objekte, die ähnlich aussehen, auch dieselben Objekte sind. Wenn man dieses Prinzip konsequent verfolgt, führt das zu

---

1. Erlaubt das Betriebssystem keine langen Dateinamen, dann haben Sie noch ein zusätzliches Problem.

einer deutlichen Vereinfachung der Systeme und wäre ein Segen sowohl für den Benutzer als auch für den Programmierer. Ein solches Konzept erstreckt sich weit über den Text hinaus. Jedes Objekt, das durch dieses Konzept erreichbar ist, trägt zum Erfolg bei. Wenn ein Benutzer nicht weiß, was er mit einem Objekt am Bildschirm tun oder nicht tun kann, entspricht das Interface nicht den Kriterien der Sichtbarkeit, die in Abschnitt 3-4 erläutert wurden. Der Benutzer gerät dann in eine Situation, in der er raten muss, welche Operationen möglich sind, und außerdem muss er erraten, was geschieht, nachdem eine bestimmte Operation ausgeführt wurde. Ein Interface, das es dem Benutzer überlässt zu erraten, was die Software ausführt, ist eine Interface-Technik, die wohl eher für Spiele als für Arbeits-Tool geeignet ist.

Das Ideal „das Aussehen signalisiert die Funktion" lässt sich nicht immer erreichen. Beispielsweise kann ein Objekt ein anderes imitieren. Ein Bitmap-Text sieht genauso aus wie ein Text, doch in den heutigen Systemen lassen sich Bitmaps nicht mit den üblichen Textfunktionen bearbeiten. Diese Art von Problemen ließe sich teilweise umgehen, wenn die Systeme grundsätzlich eine Umwandlung des Objekts in einen Typ versuchten, der zu dieser Operation gehört (dieser Ansatz wird in Abschnitt 5-8 näher erläutert).

5-2 Elementare Aktionen katalogisieren

Beim Design eines Interface sollten Sie die Palette dieser Möglichkeiten in Ihrem Gedächtnis haben, so wie ein Maler die Farben in seinem Kopf hat. Das Spektrum der **Elementaraktionen**, die ein Benutzer ausführen kann, ist erstaunlich gering. Auf diesem Set von Elementaraktionen bauen alle anderen Benutzerinteraktionen auf. Auf der Tastatur können Sie Tasten drücken oder gedrückt halten, während Sie andere Aktionen ausführen. Mit einem GID können Sie den Cursor innerhalb der Grenzen des Bildschirms (oder der Bildschirme) des Systems führen. Außerdem können Sie dem Computer durch Geschwindigkeit, Richtung und Beschleunigung des GID etwas signalisieren, auch wenn die GID-Geschwindigkeit und -Beschleunigung meistens nur als Zeigehilfe dient. Mit einer GID-Taste kennzeichnen Sie Positionen am Bildschirm, auf die Sie mit dem Cursor zeigen. Diese Elementaraktionen haben eine sehr unterschiedliche Bedeutung, je nachdem in welcher Anwendung sie ausgeführt werden.

Drucksensitive Grafiktabletts können den Winkel ermitteln, in dem ein Stift gehalten wird. Daraus ergeben sich ein oder zwei numerische Werte, die jener Position zugeordnet werden, auf welche der Benutzer zeigt. Doch diese Parameter werden eigentlich nur dann verwendet, wenn der Benutzer eine Freihandzeichnung anfertigt. Musiktastaturen oder Keyboards berücksichtigen als Input an den Computer sowohl die Geschwindigkeit, mit der eine Taste gedrückt

wird, als auch den Druck, mit der eine Taste gehalten wird, nachdem sie angeschlagen wurde. Es gibt außerdem auch Joysticks und dreidimensionale Eingabe-
geräte. Dennoch wird der größte Teil aller Interaktionen mit der Tastatur und
dem zweidimensionalen GID ausgeführt.

Dieser Abschnitt befasst sich überwiegend mit den standardmäßigen Ein- und
Ausgabegeräten. In vielen Fällen wird deutlich, wie die oben erläuterten Prinzipien zu einem etwas exotischeren physikalischen und vielleicht auch mentalen
Interface führen. Wenn Sie eine ausdrückliche Klassifizierung und ein Vokabular
für die Elementaraktionen und jene elementaren Operationen besitzen, die darauf aufbauen, ist dies eine große Hilfe bei der Erläuterung und dem Design von
Interfaces.

Mit Hilfe der Elementaraktionen führt der Benutzer verschiedene Kombinationen von **Elementaroperationen** aus. Die elementaren Operationen werden
für Inhalte durchgeführt und kommen in fast jedem Interface zur Anwendung.
Zunächst soll festgestellt werden, in welchen Status Inhalte versetzt werden können:

- **Indiziert**: darauf wird gezeigt
- **Markiert**: von anderem Inhalt unterschieden
- **Aktiviert**: darauf wird geklickt
- **Modifiziert** oder verwendet (mit Hilfe von Befehlen)
    - **Erstellt**: Veränderung vom Leeren in das Nichtleere
    - **Gelöscht**: Veränderung vom Nichtleeren ins Leere
    - **Versetzt**: Einfügung an einem Ort und gleichzeitiges Löschen von einem
      anderen Ort
    - **Transformiert**: Änderung in einen anderen Datentyp
    - **Kopiert**: senden oder empfangen von einem externen Gerät oder dupli-
      ziert an verschiedenen internen Positionen – z.B. drucken, E-Mail senden,
      auf der Festplatte speichern oder in anderes Dokument kopieren.

Diese Elementaroperationen sollten zu den Grundlagen eines Computers oder
Geräts selbst gehören, d.h., sie sollten ein Teil der internen Hardware oder Software sein und nicht in den verschiedensten Softwarepaketen jedes Mal wieder
aufs Neue implementiert werden. Jede Elementaroperation sollte sich zudem auf
eindeutige Weise aufrufen lassen, unabhängig von dem jeweiligen Objekt, auf
das sie angewendet wird.

Die kognitiven Unterschiede zwischen den Anwendungen bestehen meist darin, wie Markierungen dargestellt werden oder wie der Benutzer mit ihnen arbeiten kann. In einer Tabellenkalkulation werden die Werte in tabellarischer
Form angezeigt und eine Operation kann darin bestehen, eine Spalte ohne
Summenanzeige in eine Spalte mit Summenanzeige zu ändern. In einem Textverarbeitungsprogramm werden Text und Illustrationen im Seitenlayout-Format
dargestellt, und eine typische Operation besteht darin, den Text von Normal-
schrift in Kursivdruck umzuwandeln. In einem HTML-Editor besteht eine typi-

sche Operation darin, eine Textseite aus einer Textverarbeitung in HTML zu verwandeln. In einem Grafikbearbeitungsprogramm wird ein Bild mit niedrigem Kontrast in eines mit hohem Kontrast umgewandelt.

Die meisten Operationen, die mit Inhalten durchgeführt werden, lassen sich mit den Begriffen dieser Elementaroperationen beschreiben. In vielen Systemen kann man beispielsweise die Eigenschaften eines Objekts abfragen. (In Systemen, die für die Bedienung durch zwei GID-Tasten eingerichtet sind, drückt der Benutzer meist die rechte Maustaste, wenn sich der Cursor auf dem betreffenden Objekt befindet.) Eine solche **Abfrage** dient dazu, weitere Informationen oder Optionen zu einem Element anzuzeigen. Derselbe Vorgang ließe sich aber auch wie folgt vorstellen: Ein Objekt bringt ein anderes, zugehöriges Objekt zum Vorschein. Aus der Sicht des Benutzers sollte es keine Unterscheidung zwischen den Operationen auf Betriebssystemebene und denen auf Anwendungsebene geben – und es gibt auch keine Notwendigkeit dafür.

Die Interfaces der Anwendungen beruhen alle auf einem kleinen Set aus Elementaroperationen und dies belegt, dass die Anwendungen selbst, so umfangreich und verschieden sie aus dem aufgabenorientierten Blickwinkel auch erscheinen mögen, sich kaum voneinander unterscheiden, wenn man einen Interface-orientierten Blickwinkel hat. Diese grundsätzliche Ähnlichkeit lässt sich dazu verwenden, leistungsstarke Computersysteme ungeahnter Einfachheit und Produktivität zu entwickeln.

Doch zunächst sollen verschiedene Methoden zur Auswahl und Markierung von Inhalten definiert werden, auf denen man aufbauen kann. Diese Methoden werden in Abschnitt 5-2-1 erläutert.

5-2-1 *Markieren, Anzeigen und Auswählen*

Beim **Markieren** wird einem angezeigten Objekt eine erkennbare Unterscheidung hinzugefügt. Die Funktion der Markierung ist Folgende: Der Benutzer kann durch bloße Beobachtung erkennen, dass das System dem betreffenden Objekt einen Sonderstatus eingeräumt hat. Die Bedeutung dieses Status unterscheidet sich je nach Art des Objekts und der Befehle, die dafür angewendet werden können. Für sehende Benutzer ist der Status der Markierung optisch erkennbar. Beispiele für optische Hervorhebungen sind inverse Darstellung der Schrift, Farbänderung, Kontraständerung, Unterstreichung, Blinken oder andere vorrübergehende Änderungen sowie das Zuweisen eines animierten Rahmens um ein Objekt. Nicht sichtbare Hervorhebungen lassen sich durch unterschiedliche Stimmauswahl oder durch die stimmliche Modulation transportieren.

Während der Benutzer den Cursor über Objekte bewegt, sollte das Objekt, auf welches der Cursor aktuell zeigt, markiert erscheinen. Bei Text ist das Objekt normalerweise ein einzelnes Zeichen. Die Markierung, die erfolgt, sobald der Cursor über ein Objekt bewegt wird, also ohne weitere Benutzeraktion, wird als **Anzeige** bezeichnet. Durch die Anzeige erfährt der Benutzer zu jeder Zeit, welches Objekt das System als Objekt des augenblicklichen Interesses interpretiert. Leider muss der Benutzer in vielen heutigen Systemen raten, was ausgewählt oder aktiviert wird, wenn er die GID-Taste drückt. Hat er falsch geraten, muss ein erneuter Versuch gestartet werden, wodurch Zeit und Energie verschwendet werden. Die Anzeige kann besonders wichtig sein, wenn Objekte, die der Benutzer markieren möchte, besonders klein sind, eng beieinander liegen, sich überlagern oder undeutlich voneinander getrennt sind. Die Anzeige ist unerlässlich, wenn ein Interface gemäß den Prinzipien der Sichtbarkeit entwickelt werden soll.

Die Art der Markierung, die für die Anzeige verwendet wird, muss nicht allzuviel Kontrast bieten oder übermäßig ins Auge springen, im Gegenteil, Objekte, die flackern, sobald der Cursor darauf gesetzt wird, können den Benutzer irritieren. In manchen Situationen kann es auch sinnvoll sein, Objekte nicht anzuzeigen, z.B. wenn der Cursor sich mit einer bestimmten Geschwindigkeit über die Objekte bewegt. Beachten Sie, dass ein kleineres Objekt für die Anzeige einen höheren optischen Kontrast erfordert – aber dies ist ein Thema aus der Ergonomie.

Die Anzeige wird in den heutigen Systemen zu wenig verwendet. Wenn Sie die Anzeige in einem Interface-Design offensiv einsetzen, können Sie damit einen Großteil der vergeblichen Mausklicks verhindern. Eine Anzeige kann das Klicken sogar oft ersetzen und das Klicken kann dann, z.B. beim Folgen eines Links in einem Browser, anstelle des Doppelklicks benutzt werden. Angenommen, ein Benutzer möchte ein inaktives Fenster vom Bildschirm entfernen. Jedes Fenster verfügt über das Symbol *Schließen*. Sowohl bei Windows als auch am Macintosh ist es erforderlich, dass der Benutzer zunächst das Fenster selbst anklickt, um dieses zu aktivieren und dann auf das Symbol *Schließen* klickt, um das Fenster zu entfernen. Dieser zusätzliche Klick ist wirklich lästig. Wenn das Fenster allein dadurch aktiviert wäre, dass der Cursor über ihm steht, würde ein einziger Klick auf das Symbol *Schließen* genügen, um diese Aktion auszuführen. Wenn Sie natürlich ein System entwickeln, das die Aktivierung nur an bestimmten Positionen und unter bestimmten Umständen ermöglicht, schaffen Sie damit eine modale Inkonsistenz, die für den Benutzer nicht nachvollziehbar ist. Die Aktivierung sollte im System selbst verankert sein. Je üblicher dies wird, desto mehr wird der Verbraucher diese Funktion auch verlangen.

Das **Auswählen** ist ein Vorgang, durch den ein Benutzer eines oder mehrere Objekte in einen anderen Status versetzen kann, der vom System erkannt wird. Normalerweise nimmt der Benutzer eine **Auswahl** vor, um für diese in Kürze einen Befehl aufzurufen. Anders als bei der Anzeige mit einer vorübergehenden Markierung besteht die Markierung, die eine Auswahl signalisiert, auch dann fort, wenn der Benutzer den Cursor von der Auswahl entfernt. Der Benutzer nimmt eine Einzelobjektauswahl vor, indem er die GID-Taste drückt, während das Objekt angezeigt wird. Ein Benutzer kann auch eine Mehrfachauswahl vornehmen, indem er einen rechteckigen Rahmen oder eine andere Form um eine zusammenhängende Objektgruppe zieht. Alle Objekte, die innerhalb dieses Rahmens liegen, sind dann ausgewählt.

Eine weitere bequeme Auswahltechnik besteht darin, ein Polygon oder eine frei gewählte Form zu erstellen. Alle Objekte, die innerhalb dieser Form liegen, sind ausgewählt, sobald der Benutzer die Umrisslinie dieser Form schließt.

Sobald eine Auswahl getroffen wurde, sollte die vorherige Auswahl zur **alten Auswahl** werden. (In den meisten heutigen Systemen, wird die alte Auswahl einfach aufgehoben.) Dieser Vorgang ließe sich beliebig verlängern, damit der Benutzer eine erste alte Auswahl, eine zweite alte Auswahl, eine dritte alte Auswahl etc. vornehmen kann. Ein Mathematiker wäre versucht, die aktuelle Auswahl die »nullte alte Auswahl« zu nennen. Die Markierung eine Auswahl sollte sich von jener Markierung unterscheiden, die für die reine Anzeige verwendet wird und deutlicher sein als diese. Markierungen für die ältere Auswahl von Objekten sollten sich untereinander ebenfalls deutlich abheben; die jeweils neuere Auswahl könnte zum Beispiel höhere Kontraste aufweisen als die älteren. Eine alphanumerische Kennzeichnung wäre bei älteren Auswahlobjekten ebenfalls sinnvoll, um eine genaue Identifizierung zu ermöglichen.

Eine Auswahl kann sich auf bestimmte Objekte oder geometrische Bereiche auf dem Bildschirm beziehen oder aus einer **Zusammensetzung** mehrerer ausgewählter Bereiche bestehen. In vielen heutigen Anwendungen kann der Benutzer eine Mehrfachauswahl – auch aus nicht zusammenhängenden Objekten – erstellen, indem er zunächst eine anfängliche Auswahl trifft. Dann hält er die Taste *Umsch* gedrückt und klickt in diesem Quasimodus weitere Objekte an, um auch sie in die Auswahl einzubeziehen oder aus einer bereits bestehenden Auswahl zu entfernen.

Aber diese Methode hat drei Nachteile: Erstens ist der Befehl für die Mehrfachauswahl unsichtbar. Zweitens ist die Fehleranfälligkeit hoch, wenn der Benutzer z.B. aus Versehen mitten in diesem Vorgang die Taste *Umsch* loslässt und ein weiteres Objekt anklickt; die gesamte bereits durchgeführte Auswahl geht dann wieder verloren. Drittens funktioniert dieser Mechanismus wie ein Schalter: Dieselbe Geste wählt zum einen ein Objekt aus, das noch nicht markiert ist, zum anderen hebt sie die Auswahl auf, wenn dieses Objekt zuvor bereits markiert war.

Das erste Problem – mangelnde Sichtbarkeit – ließe sich einfach lösen, indem auf dem Bildschirm ein Hinweis eingeblendet wird. Der zweite Nachteil birgt das hohe Risiko, dass dem Benutzer während des Auswahlvorgangs ein Fehler unterläuft. Eine komfortablere Methode für eine umfangreiche Mehrfachauswahl bestünde darin, einen Befehl bereitzustellen, der die neue Auswahl als Zusammensetzung zwischen alter und aktueller Auswahl definiert. Mit Hilfe eines solchen Befehls könnte der Benutzer sich auf den Auswahlvorgang konzentrieren, ohne sich um vorherige Aktionen zu kümmern, und müsste dann die aktuelle Auswahl bestätigen, um diese in die zusammengesetzte Auswahl aufzunehmen. Wenn die alte Auswahl weiterhin verfügbar und durch eine entsprechende Markierung sichtbar ist, wären auch Befehle mit Mehrfachargumenten möglich, z.B. zwei Argumente eines Befehls, die zwei Auswahlen miteinander vertauschen. Vergleichen Sie einmal die heutige Methode zum Austausch von zwei Textteilen mit der folgenden Technik: zwei Objekte auswählen und dann den Befehl zum Austauschen geben.

Die meisten heutigen Systeme dehnen die Funktion ihrer Befehle *Rückgängig* und *Wiederherstellen* nicht auf die Aktion der Auswahl aus. Das ist schade, denn Fehler bei der Auswahl sind relativ häufig. Eine entscheidende Funktion in einem gelungenen Interface wäre ein Befehlspaar *Rückgängig/Wiederherstellen*, das sich universell anwenden ließe. Lediglich der verfügbare Speicherplatz sollte die Anzahl der möglichen Vorgänge, die sich rückgängig machen oder wiederherstellen ließen, beschränken. *Rückgängig* und *Wiederherstellen* sollten alles abdecken und sich für jede Operation anwenden lassen, die logischerweise rückgängig zu machen ist oder sich wiederherstellen lässt. Auch diese Operationen selbst sollten wiederum – sofern logisch möglich – umkehrbar sein. *Rückgängig* gefolgt von *Wiederherstellen* und *Wiederherstellen* gefolgt von *Rückgängig* sollte keine Änderung am Inhalt hervorrufen. Die Befehle sollten sich aber nicht auf sich selbst anwenden lassen. Die Operatoren *Rückgängig* und *Wiederherstellen* sind von so großer Bedeutung, dass ihnen in künftigen Systemen eigene Tasten zugewiesen werden sollten. Wiederherstellen sollte sich mit Umsch↓ Rückgängig↓↑↑ aufrufen lassen. Die Taste sollten deutlich beschriftet sein (englisch: Redo und Undo, siehe Abbildung 5.1). Diese Taste wäre ein guter Ersatz für die problematische Taste *Caps Lock* (Feststelltaste).

Was den dritten Nachteil anbelangt, so wurde die Problematik von Schaltern bereits in Abschnitt 3-2 beschrieben, in dem ich vorschlug, Schalter grundsätzlich aus Interfaces zu verbannen. Eine einfache Lösung bestünde darin, einen Befehl oder Quasimodus zu verwenden, um ein Objekt in eine Auswahl aufzunehmen, und einen anderen Befehl oder Quasimodus für die Entfernung aus der Auswahl. Wird in diesem Fall aus Versehen ein Objekt ausgewählt, das bereits ausgewählt ist, so ändert sich an der Auswahl nichts und dies gilt auch für den umgekehrten Fall, dass versehentlich ein Objekt entfernt werden soll, das ohnehin nicht zur Auswahl gehört.

Im Allgemeinen hat jedes Interface einen Punkt, an dem die Designer Interaktionen stattfinden lassen: Dieser Punkt wird als **Brennpunkt** bezeichnet. Ein Beispiel: Wenn Sie perfekt blind tippen können und das Geschriebene auf dem Bildschirm erscheint, ist jener Ort, an dem das Geschriebene erscheint, der Brennpunkt – und häufig fällt dieser mit dem Zentrum der Aufmerksamkeit zusammen. Wenn Sie nicht so gut tippen können, wird Ihr Zentrum der Aufmerksamkeit ständig zwischen Tastatur und Bildschirm wechseln. In Interfaces, die einen Cursor verwenden, gibt es zu jeder Zeit immer nur einen Cursor. Seine Position wird durch das GID, die Bewegungstasten oder durch Befehle, z.B. *Suchen*, gesteuert.

Abbildung 5.1:
Taste Undo/Redo für
Rückgängig und
Wiederherstellen.

Im Zentrum der Aufmerksamkeit steht immer ein Objekt – und dies gilt auch für den Brennpunkt des Systems. In heutigen Textverarbeitungsprogrammen sieht es so aus, als stehe der Cursor, wenn damit im Dokument eine bestimmte Position angeklickt wurde – ein Klick, der überflüssig sein sollte – zwischen zwei Zeichen; demnach liegt also kein Objekt im Brennpunkt. Doch eigentlich stehen sogar zwei Objekte im Brennpunkt, nämlich jeweils die Zeichen links und rechts vom Cursor, die entweder durch entsprechende Befehle gelöscht oder auf deren linker oder rechter Seite eine Einfügung erfolgen kann.

Wenn der Mensch eine Interaktion durchführt, wird zumeist die aktuelle Auswahl im Brennpunkt stehen. Antwortet das System auf einen Menschen oder eine externe Aktion, steht das Ergebnis dieser Aktion meist im Brennpunkt.

5-2-2 Befehle

Ich bin ganz der Meinung von Science-Fiction-Autoren: Roboter
sollen sprechen wie Menschen und nicht umgekehrt.

— Spider Robinson

Einige Befehle, wie *Rückgängig*, sind Tastaturbefehle, die sich nicht unbedingt
auf eine Auswahl beziehen. Andere Befehle hingegen können nur in Bezug auf
eine Auswahl aktiv werden, zum Beispiel der Befehl zum Löschen der aktuellen
Auswahl. Einige dieser Befehle werden durch Tasten aufgerufen, aber die Anzahl
der Tasten auf einer Tastatur ist im Vergleich zur Anzahl der möglichen Befehle
begrenzt. Jede zusätzliche Modustaste, wie *Umsch*, *Alt*, *Ctrl* oder die Wahltaste,
verdoppelt die Anzahl der möglichen Tastenkombinationen. Eine vollständige
Tastatur, deren sämtliche Tastenkombinationen vom Computer erkannt werden,
ermöglicht eine astronomische Anzahl von Tastenkombinationen. Software, die
alle drei Tasten mit doppeltem Quasimodus auf einer Tastatur mit 110 Tasten
verwendet, kann beispielsweise mehr als eine Million Befehle über jeweils eine
einzige Geste signalisieren. Doch eine umfangreiche Nutzung der Modustasten,
insbesondere in Kombinationen, führt relativ schnell dazu, das man seine Finger
überanstrengt und sich kaum mehr an die Bedeutung einzelner Tastenkombinationen erinnert (oder wissen Sie auswendig, was Ihr Computer anstellt, wenn
Sie *Ctrl-Umsch-*Wahltaste-\ drücken?)

Das Erlernen willkürlicher Tastenkombinationen ist schwierig und stellt eine
inakzeptable Belastung des Gedächtnisses dar. Außerdem werden solche Befehle
nicht den Kriterien der Sichtbarkeit gerecht, es sei denn, das System zeigt an,
welche Auswirkung eine Tastenkombination hat, sobald sie gedrückt wird. Und
wenn eine dieser Gesten nicht aufgerufen werden kann oder die Geste zu verschiedenen Zeiten unterschiedliche Bedeutungen hat, ist das System modal in
Bezug auf diese Geste, wodurch jene Probleme entstehen, die in Kapitel 3 erörtert wurden.

Wenn Sie das System in Anwendungen unterteilen und ein bestimmter Befehl
zwar in allen Anwendungen benutzt werden kann, aber dort jeweils verschiedene Bedeutungen hat, erhöht sich die Anzahl der Befehle, die ein Benutzer mit
bestimmten Tastenkombinationen ausführen kann; aber eine Wiederverwen-
dung derselben Befehle von Anwendungen, die diesen Befehlen andere Bedeutungen zuweisen, kann dazu führen, dass der Benutzer Modusfehler begeht.
Auch die unterschiedliche Belegung von Gesten mit verschiedenen Bedeutungen kann zu einer unnötigen Belastung des Gedächtnisses führen. Diese wird
durch Menüs teilweise aufgehoben, obwohl der Benutzer sich auch dabei daran
erinnern muss, in welchem Menü er nach einem Befehl suchen soll. (Außerdem
muss sich der Benutzer vielleicht zunächst daran erinnern, welche Anwendung
den gewünschten Befehl enthält, insbesondere wenn die einzelnen Anwendun-

gen ähnliche Funktionen beinhalten.) Der Vorgang, einzelne Menüs zu durch-suchen, ist zwar einfach, kann aber frustrierend werden, vor allem wenn ein Be-fehl in tiefer liegenden Untermenüs versteckt ist und wenn die Designer die Menüs in einer für den Benutzer nicht logischen Weise strukturiert haben.

Wonach wir hier also suchen, ist eine Methode, die das Aufrufen von Befeh-len einerseits so einfach macht wie das Drücken von Tasten, andererseits aber Befehle schnell sichtbar macht und einfacher finden lässt, als dies bei einem Menüsystem der Fall ist. Wir möchten auch nicht aufdie duale Methode zurück-greifen, die in den meisten gängigen GUIs verwendet wird und sowohl ein lang-sames, menübasiertes System anbietet als auch ein undurchschaubare Masse an Tastenkombinationen. Es gibt beispielsweise keinerlei Erinnerungshilfe dafür, warum für das Einfügen folgende Tastenkombination verwendet wird:

Befehl (oder Strg)↓ v↓ ↑↑

Es gibt nur einen einzigen Grund, warum dafür *v* gewählt wurde: weil es sich neben dem *c* für *Kopieren* befindet, eine zumindest kleine Erinnungshilfe für den Befehl *Kopieren* mit der Tastenkombination

Befehl (oder Strg) ↓ c↓ ↑↑

(c für *Copy*).

Ein anderer Ansatz könnte viele dieser Probleme lösen. Angenommen, die Tastatur besäße eine Taste, die mit *Berechnen* beschriftet ist. Wenn diese Taste ge-drückt ist, wird die aktuelle Auswahl als mathematischer Ausdruck interpretiert und ausgewertet. In der folgenden Erläuterung werden Unterstreichungen ver-wendet, um zu verdeutlichen, welche Elemente ausgewählt sind. Angenommen, der Text lautet:

```
Ich möchte 3 + 4 Hemden kaufen
```

Ein Druck auf die Taste *Berechnen* würde Folgendes bewirken:

```
Ich möchte 7 Hemden kaufen
```

Ehe Sie die Taste *Berechnen* verwendet haben, war »3 + 4« ein ganz normaler Text. Er war zwar markiert, aber sonst war nichts Besonderes daran. Die fünf Zeichen, einschließlich der Leerzeichen, aus welchen die Auswahl bestand, hät-ten auch entfernt oder versetzt oder mit einem anderen typischen Befehl aus der Textverarbeitung bearbeitet werden können. Aber in diesem Fall wurde eine Berechungsoperation ausgeführt. Der Benutzer musste kein Rechenfenster öff-nen oder eine eigene Rechneranwendung aufrufen.

Doch es gibt keine Taste *Berechnen* auf der Tastatur (auch wenn diese Funk-tion eher eine eigene Taste wert wäre als so manche andere Funktion, z.B. F9.) Was wir brauchen, ist ein allgemeinerer Mechanismus für Befehle.

Ehe ein solcher Mechanismus erläutert wird, sollten die Anforderungen bedacht werden, die eine verbesserte Methode zum Aufruf von Befehlen erfüllen muss. Dazu gehört Folgendes:

- Die Methode darf nicht modal sein.
- Sie muss eine beliebige Anzahl von Befehlen ermöglichen – insbesondere darf sie nicht durch die Größe der Tastatur definiert sein.
- Der Benutzer muss einen Befehl aufrufen können, ohne die Hände von der Tastatur zu entfernen.
- Der Benutzer muss den Befehl auch mit einem grafischen Eingabegerät aufrufen können.
- Die Methode darf keine übermäßige Anzahl von Sondertasten umfassen.
- Das System darf nicht in zu vielen Quasimodi betrieben werden.

Eine ganz allgemeine Methode lässt sich am besten mit einem Beispiel demonstrieren. (Dieses etwas banale arithmetische Beispiel wurde gewählt, um die Methode zu zeigen. Später werden noch effektivere Mittel zu deren Anwendung erläutert.) Angenommen, der Text lautet:

```
Ich möchte 3 + 4 Hemden kaufen berechnen
```

Markieren Sie die Summe »3 + 4« und markieren Sie dann das Wort »berechnen«, wodurch die Summe zu einer alten Auswahl wird.

In dieser alternativen Methode, die dem Benutzer die Leistungsstärke einer Befehlszeilen-Methode anbietet, ließe sich durch Drücken der Befehlstaste der markierte Befehl ausführen. Wenn der Befehl ein Argument erfordert, wird dafür die alte Auswahl herangezogen. Bei dieser Methode wird der Befehl selbst gelöscht und das Ergebnis der Berechung markiert:

```
Ich möchte 7 Hemden kaufen
```

Dahinter steht der Gedanke, dass Befehle nicht durch Menüs beschränkt sind, sondern ein Teil des Textes selbst. Falls angebracht, könnte der Befehl anstelle eines Wortes oder mehrerer Worte auch ein grafisches Objekt sein. Es ist zudem wichtig, dass die Befehle vom Benutzer in der einfachsten nur denkbaren Form eingegeben werden können, also durch Tippen oder Zeichnen an irgendeiner Position. Diese Verwendung gerät nicht in Konflikt mit jener Methode, in welcher der Befehl aus bereits existierendem Text ausgewählt wird.

Menüs bieten den Vorteil, Befehle in Listenform sichtbar zu machen. Doch anstatt einen Befehl aus einem Menü auszuwählen, könnte der Benutzer den Befehl auch aus einem kleinen Dokument auswählen, das alle Befehle auflistet. Es spielt dabei keine Rolle, ob diese Befehlsliste dem Benutzer zur Verfügung gestellt wird oder ob er die Liste selbst erstellt hat. Außerdem müsste dieses Dokument nicht auf einen nüchterne Liste von Befehlen beschränkt bleiben. Sie könnte z.B. auch mit Beschreibungen versehen sein oder mit Anmerkungen, die der Benutzer selbst gemacht hat. Ein Dokument, das als Menü verwendet wird, kann ein ganz normales Textdokument sein, also kein Code, der nur für Programmierer oder mit Hilfe eines speziellen Tools zugänglich ist.

Dieser Ansatz bietet einige Vorteile. Ein Online-Handbuch enthält immer Beispiele für die Funktion des Befehls, der beschrieben werden soll. In den heutigen Systemen kann ein Menübefehl über die Tastatur aufgerufen werden oder auch nicht. Bei dem oben beschriebenen neuen Ansatz hat automatisch jeder Befehl, der durch eine Zeichenfolge beschrieben wird, ein Tastaturäquivalent. Dies wird nicht durch die besondere Sorgfalt der Designer garantiert, sondern durch das Wesen dieses Systems selbst. Wenn Sie einen Befehl in einem Menü sehen, gilt dieselbe Schreibweise auch als Tastenäquivalent. An dieses Tastenäquivalent werden sich die meisten Benutzer schnell gewöhnen können.

Ein weiterer Vorteil besteht darin, dass der Benutzer sich selbst ein Menü erstellen kann, in dem nur jene Befehle vorkommen, die er benötigt. Er gibt dazu einfach eine Liste der Befehle in das Textverarbeitungsprogramm ein. Wenn eine solche Liste permament angepasst oder geändert wird, gehen deren Vorteile allerdings verloren. Dann ist eine Gewöhnung an die Position der Befehle in der Liste nur schwer möglich.

Ebenso wie Links für das Web in einem Text oft optisch unterschiedlich dargestellt werden – z.B. in Farbe, meist Blau oder manchmal unterstrichen –, ließen sich auch Befehle in besonderen Formaten darstellen, z.B. rot und kursiv. Mit einer solchen Unterscheidung könnte der Benutzer einfach auf ein Befehlswort zeigen und danach die Befehlstaste drücken, um den Befehl aufzurufen. Auf diese Weise ließe sich der Schritt vermeiden, den Befehlsnamen für den Aufruf des Befehls zu markieren.

Wenn es keine spezielle Schrift oder Farbe für die Befehle gibt, müsste man eine andere Konvention finden, die deutlich macht, dass es sich bei dem Begriff oder einer Wortfolge um einen einzelnen Befehl handelt. Dabei wäre es klug, auf einige der heute üblichen Konventionen zu verzichten, die dazu verwendet werden, Worte in einzelne Einheiten zusammenzufassen und durch Leerzeichen oder andere Zeichen zu verbinden. Zum Beispiel: Soll der Befehl für die Änderung einer Bitmap-Bilddatei in ein JPEG gegeben werden, müssten wir nach heutigen Konventionen folgende Notationen verwenden: change.to.JPEG.bitmap, <change to JPEG bitmap> oder change_to_JPEG_bitmap.

Diese Notationen sind der reinste »Computerslang«, sie sind unschön und entmutigend, besonders für Einsteiger. Die Syntax, die für Befehle notwendig ist, sollte uns nicht daran hindern, Leerzeichen oder Returns einzufügen. Alle Beschränkungen des Zeichensatzes, den wir für die Benennung von Befehlen verwenden können, bergen die Gefahr, in Zukunft einmal vergessen zu werden.

Darüber hinaus sollte das Prinzip beachtet werden, das die *Verwendung einer Sprache, die nicht unserer natürlichen Sprache entspricht, dazu beiträgt, die Arbeit am Computer als fremd zu empfinden. Wir müssen die Maschine dazu bringen, dass sie so arbeitet wie wir, anstatt unsere Sprache so anzupassen, damit dies für ein Programm möglichst einfach ist.*

Es gibt noch eine weitere Interaktion der Eingabe und Auswahl, die in den aktuellen Interfaces Probleme aufwirft. In einem für Menschen konzipierten Interface sollten Eingaben nicht einen markierten Text ersetzen oder die aktuelle Auswahl aufheben. Dies ist das Gegenteil der augenblicklichen Konvention, in der Eingaben die aktuelle Auswahl ersetzen – eine Praxis, die Benutzer immer wieder verärgert, wenn neue Inhalte unerwartet einen Text ersetzen, der eigentlich nicht gelöscht werden sollte.

Die Idee, dass Eingaben eine Auswahl ersetzen, entstand, um einen einzigen Tastendruck einzusparen: In den meisten Textverarbeitungsprogrammen können Sie einen Textblock ersetzen, indem Sie diesen auswählen und dann einfach mit der Eingabe beginnen. Ohne diese Konvention müssten Sie den Text markieren, auf die Backspacetaste oder *Entf* drücken und dann den neuen Text eingegeben. Der einzige Tastendruck, der durch die gängige Konvention eingespart wird, ist das Drücken einer Löschtaste. Mit dieser Konvention verschwindet der ausgewählte Text sofort beim ersten Tastendruck der neuen Eingabe und stattdessen wird das neu Geschriebene eingefügt. Dies geschieht unabhängig davon, ob der Text, der ersetzt wird, gerade am Bildschirm zu sehen ist oder nicht, und unabhängig davon, ob es sich um ein paar Zeichen handelt oder beispielsweise um den Großteil eines Romans. Auf diese Weise kann also Text gelöscht werden, der sich 40 Seiten vom Zentrum der Aufmerksamkeit entfernt befindet.

Natürlich können Sie diesen Irrtum, sofern Sie ihn denn schnell genug bemerken, sofort wieder rückgängig machen. Doch wenn Ihnen entgangen ist, dass diese Textpassage vor einer Neueingabe markiert war, und Sie das nicht sofort bemerken, gibt es keinerlei Hinweis darauf, dass soeben ein Text gelöscht wurde – Sie haben dann eben Pech gehabt.

Ein für Menschen gestaltetes Interface darf Ihre Arbeit niemals einem solchen Risiko aussetzen; die Einsparung eines Tastendrucks ist einfach ein zu teurer Preis. Dies gilt auch, wenn es sich bei dem verloren gegangenen Text nur um ein einziges Zeichen handeln würde – es könnte eine Zahl aus einer wichtigen Telefonnummer sein oder der Teil einer E-Mail-Adresse, die sich aus dem übrigen Text nicht mehr rekonstruieren ließe. *Ein Interface sollte einen Benutzer grundsätzlich explizit dazu auffordern, Text zu löschen, wenn dies gewünscht wird, aber ihn nicht selbst praktisch als Nebeneffekt einer anderen Aktion löschen.*

Das Konzept des Zentrums der Aufmerksamkeit ist hilfreich, um zu definieren, was genau mit einem Nebeneffekt gemeint ist. Ein Nebeneffekt ist die Wirkung eines Befehls, welche Inhalte oder Ereignisse ändert, die nicht im Zentrum der Aufmerksamkeit liegen. In dem soeben erläuterten Fall ist das Zentrum der Aufmerksamkeit jener Text, der eingefügt werden soll, und der Nebeneffekt ist der Löschvorgang. *Nebeneffekte zu verhindern gehört zu den Zielen eines jeden Designers, der benutzerfreundliche Interfaces entwicklen will.*

Eine weitere Funktion aus der Textverarbeitung, die oft als hilfreich angesehen wird, ist die Möglichkeit, eine Auswahl von einer Position an eine andere im Text zu ziehen. Das verhindert jedoch, dass Sie eine neue Auswahl erstellen können, welche die aktuelle überlagert, oder eine Auswahl zu erstellen, die eine Unterauswahl der aktuellen ist. Wenn Sie versuchen, eine dieser beiden Auswahlarten zu erstellen, geht das System davon aus, dass Sie die Auswahl verschieben möchten. Das bedeutet: Sie müssen eine andere Position außerhalb der Auswahl anklicken, um die Markierung des Textes zunächst aufzuheben, ehe Sie fortfahren können. Die Geste des Ziehens hat dadurch zwei verschiedene Bedeutungen erhalten, zum einen nämlich auszuwählen und zum anderen, die Auswahl zu versetzen. Dies kann zu einem Konflikt bei der Ausbildung von Gewohnheiten führen. Fehler entstehen deshalb, weil die Zeichen in der Auswahl im Zentrum der Aufmerksamkeit liegen und nicht der aktuelle Status der Markierung selbst, obwohl dieser optisch sichtbar ist. Ich habe schon Benutzer beobachtet, die unabsichtlich eine Auswahl gezogen haben, obwohl sie eigentlich eine neue Auswahl erstellen wollten.

Ein weiteres Problem ergibt sich aus dem Ziehen im Text, dies gilt auch für Grafikanwendungen: Manchmal beginnt man damit, eine Auswahl zu ziehen und stellt dann fest, dass sich das Ziel nicht auf dem Bildschirm befindet. In diesem Fall muss man die Auswahl zurücksetzen oder an einer anderen Position ablegen und zur *Ausschneiden/Einfügen*-Methode wechseln. Das Prinzip der Monotonie legt nahe, dass nur eine Methode für dieselbe Aktion optimal ist. Einige Systeme beginnen automatisch zu blättern, wenn Sie die Auswahl bis an den oberen oder unteren Bildschirmrand gezogen haben, aber das Blättern ist oft zu langsam, wenn das Ziel mehr als ein paar Seiten entfernt liegt. Das Blättern kann aber manchmal auch zu schnell gehen, wodurch es unmöglich wird, an der gewünschten Zielposition anzuhalten oder diese überhaupt zu erkennen.

Wenn das Marketing nicht allzu laut damit werben würde, würde ich kein Interface entwerfen, das Drag&Drop im Text erlaubt, zumindest nicht in der Form, die gegenwärtig auf den Personalcomputern implementiert ist.

Benutzer, die sich bereits an das Drag&Drop-Verfahren im Text gewöhnt haben, würden, denke ich, genügend Ausgleich für diesen »Verlust« erfahren, wenn sie dafür ein System an die Hand bekämen, das weniger Frust und Fehler erzeugt. Es wäre noch besser, einige Quasimodi für das Auswählen und Ziehen bereitzustellen, denn dann wäre zumindest sowohl eine Auswahl und das Drag&Drop-Prinzip ohne kognitive Doppeldeutigkeit möglich.

Angenommen, das GID hätte eine Taste, die Sie drücken könnten, um eine Auswahl vorzunehmen, und es hätte ferner eine Vorrichtung, z.B. eine seitlich montierte Taste, die sich eindrücken ließe – mit fühlbarem Feedback, etwa einem Klick, der Ihnen mitteilt, dass Sie eine Auswahl greifen –, dann gäbe es wenig oder keine Verwirrung mehr zwischen diesen beiden Funktionen. Nach einer kurzen Anleitung und ein paar Versuchen wüssten Sie, wie diese Vorrichtung zu verwenden ist.

Etwas realistischere Methoden zur Trennung von Auswahl- und Ziehgesten bestünden darin, für das Ziehen eine andere Maustaste zu verwenden oder einen Quasimodus einzuführen, z.B. das Halten einer speziell markierten Taste, während die Haupttaste der Maus gedrückt wird (in Anhang A finden Sie eine ausführlichere Erläuterung dazu).

Eine weitere Verwendung für eine Greiffunktion auf einem GID wäre ein Ersatz für das Blättern. Sie können an einer beliebigen Position im Dokument etwas greifen und dann den Cursor nach oben oder unten versetzen: nur nach oben oder unten für schmale Dokumente und in beliebige Richtungen für breitere Dokumente. Wenn der Greifcursor – in heutigen Systemen sinnvoll durch das Symbol einer Hand angezeigt – den Bildschirmrand erreicht, wird solange in diese Richtung weitergeblättert, bis die Greiffunktion losgelassen oder der Cursor zurück in das Fenster gesetzt wird.

Die übliche Methode des Blätterns mit den Bildlaufleisten ist verwirrend. Das Drücken des Pfeils, der auf der Bildlaufleiste nach unten zeigt, bewirkt, dass der Inhalt nach oben über den Bildschirm geblättert wird. Die Pfeile andersherum zu zeichnen, wäre aber ebenfalls verwirrend. Hinzu kommt, dass die Pfeile auf den Bildlaufleisten sehr klein sind und diese Funktion deshalb recht mühselig zu bedienen ist, während es viel schneller geht, irgendwo in das Dokument zu greifen, wie die Analyse von Fitts Gesetz bereits zeigt.

Das Beispiel für die Notwendigkeit einer Greiffunktion an der Maus zeigt auch, dass die Arbeit an der Software eines Interface-Designs häufig zu neuen Ideen für die Hardware führt, ebenso wie umgekehrt oft Überlegungen aus dem Hardwarebereich zu Verbesserungen im Softwaredesign führen können. Es ist immer besser, das Design von Hardware und Software miteinander zu verbinden, auch wenn die Gelegenheiten dazu wirklich selten sind. Ein reines Software-Interface in eine Hardware zu pressen, die für ein anderes Interface entwickelt wurde, ist selten ganz zufriedenstellend, doch genau dies müssen wir in den meisten Projekten tun.

5-2-3 Anzeigestatus von Objekten

Eine gelungene Funktion muss prinzipiell die beiden folgenden Eigenschaften aufweisen: Sie muss für den Anfänger einfach verständlich sein und für den Experten effizient. Der Übergang von einer Stufe zur anderen sollte zudem keine neue Einarbeitung erfordern. Ein gutes Interface sollte dem Benutzer ein mentales Modell anbieten, dass sich für beide Arten von Benutzer anwenden lässt – erinnern Sie sich daran, dass wir immer gleichzeitig Anfänger und auch Experte für verschiedene Bereiche eines Systems sind. Im vorherigen Abschnitt wurde vorgeschlagen, eine Taste einzurichten, die ausgewählten Text als Befehl ausführen kann, wo immer dieser Text sich auch befindet und vorausgesetzt, es handelt sich dabei um einen Befehlsnamen – andernfalls gibt es keine Auswirkungen auf den Inhalt. Es wäre auch denkbar, eine solche Befehlstaste von vornherein gedrückt zu halten, sozusagen einen Quasimodus zu etablieren, währenddessen der Befehl eingegeben wird. Diese letztere Variante wäre eine Verbesserung der Befehlszeilensysteme, die wegen ihrer Geschwindigkeit sehr geliebt, aber wegen ihrer Schwierigkeit beim Erlernen auch sehr gehasst werden. Gegenüber diesem alten Modell ließen sich zwei Verbesserungen anbringen: Sie können die Befehle überall und zu jeder Zeit eingeben und sie sind identisch mit jenen, die im Menü erscheinen. Auf diese Weise wird der Übergang vom Menü zur direkten Befehlseingabe ein Kinderspiel.

Da es Zeitverschwendung wäre und unnötigen Bildschirmplatz belegen würde, einen bestimmten Ort für die Befehlseingabe vorzusehen, sollte ein Befehl an jeder beliebigen Position eingegeben werden können, wo immer der Cursor sich gerade befindet und die Notwendigkeit eines Befehlsaufrufs entsteht. Der eingegebene Befehlsname sollte direkt nach der Ausführung gelöscht werden, damit die Befehlsnamen nicht mitten im Inhalt stehen. Wenn Sie andererseits einen Befehl aus einer Liste von Befehlen aufrufen, möchten Sie nicht, dass dieser Befehl verschwindet; denn die Liste ist im Grunde ein Menü. Um ein solches Menü zu erstellen, ist eigentlich nicht viel mehr notwendig, als die Liste zu markieren und dann einen Befehl zu wählen, z.B. *Menü erstellen*, der dieser Liste ein bestimmtes, nur für Befehle verwendetes Format zuweist und sie gleichzeitig sperrt, damit sie nicht unabsichtlich geändert werden kann.

Es gibt noch einige andere Befehle, die den Status von Text ändern. Eine einfache Variante besteht darin, den Text oder andere Inhalte mit einem Befehl **Sperren** zu sperren. Gesperrter Inhalt ist sichtbar, lässt sich auswählen und kopieren, aber kann nicht geändert oder versetzt werden. Der umgekehrte Status **Sperre aufheben** lässt sich ausgewähltem Text zuweisen und hebt eine bereits zugewiesene Sperre wieder auf (eine Schalterfunktion sollte hier vermieden werden). Ein weiterer Befehl, **Sperren mit Kennwort**, sperrt die alte Auswahl, indem er die aktuelle Auswahl als Kennwort verwendet. Auch dazu muss es eine Umkehrung (**Sperre aufheben mit Kennwort**) geben. Gesperrter Inhalt lässt sich auf verschiedenste Weise verwenden, z.B. für das Erstellen von Formularen, die ausgefüllt werden sollen. Die unveränderbaren Teile des Formulars werden als gesperrter Text definiert (mit oder ohne Kennwort). Das einfache Sperren verhindert versehentliche Änderungen, das Sperren mit Kennwort verhindert, dass nicht berechtigte Personen einen Text verändern. Wenn die Handbücher für ein Computersystem als Text direkt auf dem PC mit ausgeliefert würden – was keine schlechte Idee wäre –, dann könnte man diesen Text bereits in der Fabrik mit Kennwort sperren.

Bildschirm sperren und **Bildschirmsperre aufheben** fixieren die Position ausgewählter Objekte in Bezug auf den Bildschirm bzw. heben diese Fixierung wieder auf. Mit einer solchen Funktion können Sie Menüs erstellen, die an einer festen Position am Bildschirm bleiben, während andere Inhalte sich dahinter bewegen: Auf diese Weise lassen sich die heutigen fest verankerten Menüs simulieren. (Ob es eine gute Idee ist, diese Funktion zu verwenden, ist eine andere Frage). Um diesen Befehl zu benutzen, müssten Sie das Objekt an die gewünschte Position am Bildschirm setzen und dann den Befehl *Bildschirm sperren* anwenden. Auch hierfür ließe sich ein Kennwortschutz einrichten, um zu verhindern, dass nicht autorisierte Benutzer die Menüs neu gestalten.

Ein weiterer sinnvoller Befehl wäre eine Transparenzsteuerung der Auswahl. In einigen Situationen, z.B. bei der Anzeige von Fehlermeldungen, kann es sinnvoll sein, die Auswahl transparent zu gestalten, damit der dahinter liegende Inhalt weiterhin sichtbar ist und bearbeitet werden kann (Abbildung 5.2). Auf ähnliche Weise könnte ein weiterer Befehl definieren, ob ein Objekt ein anderes verbirgt, selbst verborgen wird oder durch ein anderes Objekt hindurch zu sehen ist.

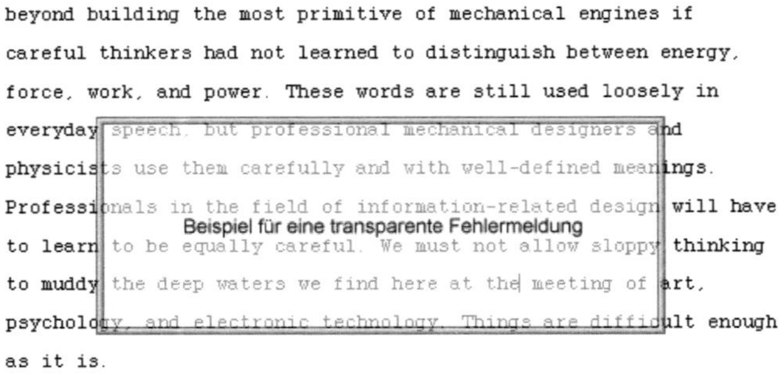

```
beyond building the most primitive of mechanical engines if
careful thinkers had not learned to distinguish between energy,
force, work, and power. These words are still used loosely in
everyday speech, but professional mechanical designers and
physicists use them carefully and with well-defined meanings.
Professionals in the field of information-related design will have
to learn to be equally careful. We must not allow sloppy thinking
to muddy the deep waters we find here at the meeting of art,
psychology, and electronic technology. Things are difficult enough
as it is.
```

Beispiel für eine transparente Fehlermeldung

Abbildung 5.2:
Eine transparente
Fehlermeldung vor Text
im Hintergrund hat eine
Effizienz von 1.

Da der Benutzer durch ein transparentes Dialogfeld hindurch klicken kann, ist kein Tastendruck notwendig, um das Dialogfeld wieder auszublenden. Diese Funktion ist moduslos und sehr effizient – die Effizienz liegt bei 1. Doch wie bei jeder Methode, hat auch diese Idee ihre Grenzen und kann überstrapaziert werden. Eine Schwemme überflüssiger Meldungen dieser Art kann den Benutzer sehr irritieren, auch wenn diese nach Wiederaufnahme der Arbeit sofort ausgeblendet werden. In Einklang mit dem Prinzip der Sichtbarkeit sollte eine optische Unterscheidbarkeit implementiert werden, damit der Benutzer erkennen kann, ob ein Text gesperrt ist, eine Bildschirmsperre oder eine Kennwortsperre eingerichtet wurde und so weiter.

Das Prinzip einer benutzerfreundlichen Schnittstelle lautet: Das System selbst sollte aus jenen Bausteinen bestehen, die bereits aus dem täglichen Umgang mit dem System bekannt sind.

5-3 Dateinamen und Strukturen

*Die Menschen sind daran gewöhnt zu leiden, wenn Böses auf sie
zukommt, anstatt sich selbst aufzuraffen und das abzuschaffen,
woran sie sich gewöhnt haben.*

—Thomas Jefferson, aus der Unabhängigkeitserklärung der Vereinigten Staaten von Amerika

Die Beschränkung der Dateinamen auf 8 Zeichen in früheren Systemen war wirklich schrecklich, weshalb die von Macintosh dann eingeführte Konvention mit einer maximalen Länge von 31 Zeichen für viele ein Segen war. Doch auch diese neue Form ist lediglich eine etwas weiter geschneiderte Zwangsjacke. Abgesehen von den realen Grenzen auf der Seite der Hardware, sollten Interfaces, wenn überhaupt, nur wenige Längenbeschränkungen haben. Ein Interface könnte auf eine dynamische Gedächtnishilfe, verknüpfte Listen, Zerlegungsmethoden oder andere Techniken zurückgreifen, sollte den Benutzer aber nicht mit Beschränkungen auf der Softwareebene konfrontieren, z.B. „Sie können bis zu 255 Kategorien anlegen" oder „Absätze können bis zu 32.000 Zeichen umfassen".[1]

Was ist ein Dateiname? Aus der Sicht des Anwenders ist es eine Methode, mit der sich auf eine Datei zugreifen lässt. Wir wissen alle aus Erfahrung, dass Dateinamen nicht so funktionieren, wie wir dies erwarten; sie sind ein Hindernis, das beim Abspeichern auftritt und eine Mühsal, wenn es darum geht, sie zu finden. Lassen Sie mich das genauer erläutern: Dateinamen sind deshalb beim Abspeichern ein Hindernis, weil der Benutzer mitten in einer Aktivität nicht nur den Speichervorgang auslöst sondern auch noch einen Dateinamen erfinden muss.[2] Das Ausdenken von Namen kann eine Belastung sein. Sie müssen sofort und auf der Stelle etwas erfinden und in nur wenigen Augenblicken soll ein Name gefunden werden, der aussagekräftig, gut zu merken und in Einklang mit den Konventionen des Systems ist. Hinzu kommt, dass die Vergabe von Dateinamen nicht im Zentrum der Aufmerksamkeit eines Benutzers steht, das Sichern der Arbeit hingegen schon. Dateinamen stellen auch eine Hürde dar, wenn eine Datei geladen werden soll. Der Name, den Sie vergeben haben, war vielleicht doch nicht so einprägsam und vielleicht haben sie ihn nach ein paar Wochen (oder früher) einfach vergessen. Ich selbst kann mich nur höchst selten an Dateinamen erinnern, es sei denn, ich habe sie vor kurzem vergeben, und das Blättern

---

1. Ein Textverarbeitungsprogramm, das ich vor längerer Zeit einmal benutzte, sah dieses Absatzbeschränkung vor. Ich hatte sie schon bald übertreten, weil ich ein Photo in einen Absatz einfügen wollte. Als ich mit den Designern sprach, gaben sie zu, dass sie daran überhaupt nicht gedacht hatten. Die Moral: Definieren Sie keine Beschränkungen, weil sich die Software dann einfacher schreiben lässt – die Beschränkung wird immer eine Beschränkung sein.
2. Dies ist auf den heutigen Systemen üblich. Auf gelungen Systemen der Zukunft sollte kein manuelles Abspeichern mehr notwendig sein.

durch die Listen ist mühsam. Was war nochmal in der Datei mit dem Namen „infos ybn 32“? Der Name schien doch so schlau ausgedacht und einprägsam, als ich ihn gewählt habe. Außerdem gleichen sich viele Dateien wie ein Ei dem anderen. An wie viele verschiedene kreative Dateinamen für Briefe, die Sie letztes Jahr dem Steuerberater geschickt haben, können Sie sich erinnern? Das Datum in den Dateinamen einzubinden, kann sinnvoll sein, aber wer weiß schon noch, dass der Brief zur Abschreibung des Firmenwagens am 14. August geschrieben wurde?

Das Benennen von Dateien erhöht die mentale Belastung des Benutzers. Durch die Vergabe eines Dateinamens geschieht eigentlich nichts anderes, als dass der Datei ein paar Zeichen mehr hinzugefügt werden und Sie dazu aufgefordert sind, sich die Datei anhand dieser winzigen Zeichenfolge zu merken. Ich halte dies für einen der größten Schrecken, den die konventionellen Computersysteme uns zumuten. Viele andere Informationssysteme haben diese benutzerunfreundliche Methode ebenfalls übernommen.

Es sollte keine Unterscheidung zwischen einem Dateinamen und einer Datei geben. Das menschliche Gehirn kann eine schnelle Volltext-Suchmaschine effektiver bedienen und dadurch ließe sich jedes Wort und jeder Satz aus der Datei als Schlüsselbegriff für die Suche verwenden. (Doch dabei wäre auch noch mehr möglich: Die Anfrage nach „einem Brief über Libellen“ könnte eine Suche auslösen, die zum einen nach einem Dokument sucht, das einem Brief ähnlich sieht, zum anderen nicht nur nach dem Begriff „Libelle“ fahndet, sondern auch nach zugehörigen Begriffen oder Ausdrücken, z.B. Ondodata – falls die Libelle mit ihrem wissenschaftlichen Namen bezeichnet wurde –, und, falls kein Treffer erzielt werden kann, die Suche auch auf Dokumente ausgedehnt wird, die diesen Inhalt, aber keinen Text enthalten. Dies ließe sich auch auf der Ebene von Netzwerken und dem Internet noch zusätzlich ausbauen.) Sie erinnern sich nämlich vielleicht nicht an den Inhalt des Dateinamens „Brief vom 21.12.92 an Jim“, wissen aber noch, dass Sie Jim über einen blauen Jaguar berichtet haben, der an Ihnen vorbeigrast ist. Eine Suche nach dem Begriff Jaguar stösst im gesamten System vermutlich bestenfalls auf einen oder zwei Einträge – es sei denn, Sie sind Mitglied in einem Jaguar-Fanclub, aber dann hätten Sie sicher einen anderen Suchbegriff ausgewählt. Ein unbeschränkter Dateiname ist die Datei. *Der Inhalt einer Textdatei ist der beste Name.*

Grafik- und Sounddateien müssen aber ebenfalls benannt werden; in Abschnitt 6-2 wird erläutert, wie sich die Belastung des Gedächtnisses, die durch das konventionelle Dateisystem entsteht, auch für Dateien reduzieren lässt, die keinen Text enthalten. Mit Ausnahme von Dateien, die keinen Text enthalten, würden sich durch eine Volltextsuche die Dateinamen – also eine ganze Spezies unnötiger Einheiten – komplett abschaffen lassen. Damit werden auch alle zugehörigen Szenarien und Mechanismen entfernt, z.B. die Verzeichnisse und Ordner für Dateinamen, die Regeln zur Bearbeitung der Dateinamen und die Syntaxbeschränkungen für Dateinamen. Wenn es keine Dateinamen mehr gibt, ist der Benutzer von einer beträchtlichen mentalen Belastung befreit und auch ein Großteil der internen Maschinerie – die im Moment noch von Programmierern erlernt und implementiert werden muss – erweist sich als überflüssig.

Das beste Interface für eine solche Volltextsuche müsste interaktiv sein, d.h., der Benutzer sieht jede vorhandene Instanz, die innerhalb des Kontextes gefunden wurde. Sobald Sie sehen, was Sie gesucht haben, wären Sie auch schon angekommen. Einige Systeme präsentieren Kopien der gefunden Instanzen in der Zeile, in der sie enthalten sind (Drori 1998). Doch diese Methode ist nicht so effizient wie die erste Suchform, denn sie müssen dann eine zweite Operation ausführen, um zu der Instanz selbst zu gelangen, und z.B. auf eine Kopie der gewünschten Instanz klicken.

Für Benutzer, die weiterhin auf einem System bestehen, das die konventionellen Dateistrukturen anzeigt, ließe sich ein eigener Befehl einfügen, der eine Art „Informationsdokument" erstellt oder eine eigene Seite an ein Dokument anhängt, wenn dieses ausgewählt und der Befehl aufgerufen wurde. Dieses Informationdokument könnte Datum und Uhrzeit der Erstellung des Dokuments enthalten, Überarbeitungsdaten, Länge des Dokuments oder welche Informationen auch immer sinnvoll sind. Die Software für die Implementierung eines solchen Befehls würde die notwendigen Informationen für den Benutzer unsichtbar speichern. Für Benutzer, die sich von ihrem alten System nicht verabschieden möchten, könnte ein Anbieter auch Utilities entwickeln, die Dokumente und Verzeichnisse in der althergebrachten Weise anzeigen.

Eine weitere Quelle der Organisation, die einfacher zu erlernen ist als die traditionellen Dateisysteme, ließe sich aus der hierarchischen Struktur ableiten, die viele Sprachen ohnehin besitzen: Worte werden durch Leerzeichen getrennt. Sätze oder Wortfolgen werden durch verschiedene Satzzeichen getrennt und mit einem bestimmten Zeichen beendet (z.B. Punkte, Fragezeichen und Ausrufezeichen.) Absätze oder Satzfolgen werden zumindest durch einen Return voneinander abgehoben. Seitenumbrüche markieren getrennte Kapitel oder den nächsten Level dieser hierarchischen Organisationsstruktur.

In einem konstistenten System sollten Seitenumbrüche eigene Zeichen sein und sich, anders als in den meisten heutige Systemen, ebenso einfügen, löschen und suchen lassen wie jedes andere Zeichen auch. Ebenso wie beim Return sollten die Seitenumbrüche eine feste Länge für die physikalische Seite angeben und Teil des Inhalts sein, was die impliziten Seitenumbrüche der heutigen Systeme oft nicht sind.[1]

Es gibt einen guten Grund dafür, an dieser Stelle der Hierarchie nicht bereits aufzuhören, wie dies die meisten Systeme heute tun. Dokumente sind Folgen

---

1. Dr. James Winter von *Information Appliance* hat die Struktur noch weiter vereinheitlicht, indem er herausstellte, dass das Englische bereits dieselbe Art von hierarchischer und zeichenbegrenzter Struktur bietet, die für höhere Organisationsebenen vorgeschlagen werden.

von Seiten, getrennt durch ein Dokumentzeichen, das sich eingeben lässt und gesucht und gelöscht werden kann wie jedes andere Zeichen auch. Es kann auch Einheiten auf noch höheren Ebenen geben, z.B. Ordner, Bandnummern und Bibliothekszeichen; die Anzahl der Ebenen hängt von der Datenmenge ab. Ein Set von zwei aufeinanderfolgenden Dokumentzeichen stellt eine ausgezeichnete Markierung eines Sets von Dokumenten dar. Wenn noch mehr Organisationsebenen notwendig sind, könnten drei oder vier aufeinanderfolgende Dokumentzeichen wiederum als Begrenzung dafür verwendet werden. Es ist vermutlich einfacher, die Dokumenttaste wiederholt zu drücken - auch viermal – als selten benutzte Tasten für Ordner, Bände und Bibliotheken zu bedienen. Diese Konvention verhindert auch die explosionsartige Vermehrung neuer Tasten auf der Tastatur.

Es ist wichtig, dass alle diese Begrenzungszeichen eigene Tasten haben, andernfalls würden sie sich nicht so verhalten wie andere Zeichen, die eingegeben werden können. Das heißt, es sollte dafür keine Kombination mit einem Befehl, z.B. Return und der Befehl *Seitenumbruch einfügen*, verwendet werden, sondern es muss ein eigenes Zeichen für die Seite geben.

Da sich die verschiedenen Trennzeichen genauso verhalten würden wie alle anderen Zeichen, gäbe es auch keine Notwendigkeit, dem Benutzer beizubringen, wie er nach diesen suchen soll. Wer dennoch darauf besteht, ausdrückliche Dokumentnamen zu verwenden, kann die persönliche Konvention einführen, diese am Anfang direkt nach dem Dokumentzeichen einzugeben. Um ein Dokument mit dem Namen „Asiatische Hunde" zu suchen, würden Sie nach einer Zeichenfolge suchen, die mit dem Dokumentzeichen beginnt, auf das „Asiatische Hunde" folgt. Ein solcher Suchbegriff würde alle anderen Instanzen von „Asiatische Hunde" ignorieren, mit Ausnahme derjenigen, die in Dokumentnamen vorkommen. Wenn Sie ein Verzeichnis wünschen, könnte es einen Befehl geben, der alle Zeichenfolgeninstanzen sucht, die aus einem Dokumentzeichen bestehen. Von diesem Punkt an würden die folgenden Zeichen bis zum nächsten Return oder einer anderen Begrenzung in ein Dokument eingelesen, wodurch eine Art Inhaltsverzeichnis entstünde.

Die Abschaffung der hierarchischen Dateistrukturen bedeutet nicht, dass die Strukturierung von Informationen aufgehoben werden soll. Nichts hindert Sie daran, Inhaltsverzeichnisse und Indizes zu erstellen und alle Briefe an Onkel Albert und Tante Agathe auf einander folgenden Seiten anzuordnen. Nichts hindert Sie ferner daran, eine weitere Kopfseite (nichts weiter als ein Dokument) zu erstellen, das die Beschriftung „Briefe an Onkel Albert und Tante Agathe" trägt. Ist dies geschehen, haben sie selbst einen Dateinamen erstellt, ohne dabei aber der Software einen speziellen Mechanismus hinzuzufügen. Sie können eine komplette eigene hierarchische Dateistruktur erstellen, falls Sie Dateinamen und Verzeichnisse wirklich so sehr schätzen, Eine Struktur, die Sie selbst erstellt haben, ist Teil Ihres *Inhalts*, aber nicht mehr Teil des *Interface*.[1] Anstelle einer speziellen Suchfunktion für Dateien können Sie dann den üblichen Suchmechanismus verwenden, um Dateinamen zu finden. Auch ein Ordnername lässt sich als Dokument vor eine Anzahl von gesammelten Dateien setzen und ein Bandname vor ein Sammlung von Ordnern (Ihr Muster wäre ein Bandzeichen, gefolgt von einem Bandnamen; ein solches Muster würde verhindern, dass auch andere Instanzen des Namens, die nicht als Bandbezeichnung in den Dokumenten auftauchen als Band interpretiert werden.) Die Abwesenheit eines vordefinierten Datensystems hindert Sie also nicht daran, eine Datei zu erstellen, die Ihren Erfordernissen gerecht wird und die Sie – weil Sie sie selbst erstellt haben – sofort verstehen.

Da sich das System seinem Wesen nach aber eigentlich nicht geändert hat, kann sich auch ein Gastbenutzer in dieser Struktur zurechtfinden oder das gesamte Dokument als reine, unstrukturierte Datei betrachten.

Ein Vorteil dieser Art der Informationsablage besteht darin, dass die Strukturen nicht von den Systemdesignern diktiert werden, die vielleicht andere Vorstellungen davon haben als Sie. Sie müssen also nicht erst nachvollziehen, was sich die Designer gedacht haben. Viele Anwender entwickeln ungenaue Vorstellungen von den Modellen der Designer und diese Vorstellungen leben fort und führen immer wieder zu Schwierigkeiten (Norman 1988.)

Dies ist keine theoretische Diskussion. Bei den Produkten SwyftWare und Canon Cat gehörte die Abschaffung von Dateinamen, Verzeichnissen und verschiedenen anderen Mechanismen, die zu deren Bearbeitung dienten, zu den erfolgreichsten Funktionen. Benutzer, die an konventionelle Systeme gewöhnt waren, fanden den Übergang zu diesen inhaltlichen Strukturen gelegentlich schwierig. Sobald diese Hürde aber einmal genommen war, schien ihnen die konventionelle Methode nur noch lästig. Benutzer, die sofort mit dem Cat begonnen hatten, fanden es später weniger lustig, die komplexen Methoden der konventionellen Dateisysteme zu erlernen, wenn sie zu einem PC oder Macintosh wechselten.

Benutzer, die an die Standardverfahren der grafischen Benutzeroberflächen (engl. *Graphical user interface* oder kurz GUI) gewöhnt sind, mögen die hier vorgestellten Methoden im Vergleich dazu komplex erscheinen. Aber der Eindruck dieser scheinbaren Komplexität liegt einzig und allein an einem Mangel an Vertrautheit mit der neuen Methode und daran, dass wir uns schon an die vielen Schritte und Probleme, die uns das aktuelle System aufnötigt, gewöhnt haben. Die Lernphase haben wir hier im Wesentlichen schon längst hinter uns gelassen. Aber wenn wir den Fortschritt von Anfängern auf beiden Systemen miteinander vergleichen oder auch die Effektivität erfahrener Benutzer, dann liegen die Vorteile dieses einfacheren Systems auf der Hand.

---

1. Dasselbe gilt auch für benutzerdefinierte Dateinamen und Menü, die in diesem Buch angeregt wurden.

Überlegen Sie einmal Folgendes: Sie haben *n* Dokumente, die Sie auf ein externes Medium kopieren möchten, z.B. eine Festplatte. Mit dem Betriebssystem des Macintosh (OS), ziehen Sie das Symbol eines jeden Dokuments auf das Symbol der Festplatte, um es zu kopieren. In dem neuen Idealsystem, scheint dieser Vorgang zunächst komplizierter: Sie müssen den Anfang und das Ende eines jeden Dokuments finden, das Dokument markieren, den Cursor auf das Laufwerk setzen und dann jedes Dokument bewegem.

Sie erinnern sich, dass Sie bei einem GUI zunächst in der Anwendung beginnen. Der erste Schritt besteht darin, zum Desktop zu gelangen. Dann müssen Sie sich an die Symbole erinnern, die den gewünschten Dokumenten entsprechen, die Sie selbst oder jemand anderes schon einmal benannt hat (ein weiterer Schritt.) Sie müssen auch wissen, in welchem Ordner die Dokumente gespeichert sind. Die scheinbare Einfachheit stellt sich erst nach einer beträchtlichen Anzahl von Arbeitsschritten ein und der Benutzer hat währenddessen eine beachtliche mentale Last geschultert. Angenommen, es gilt dasselbe wie bei dem GUI und der Cursor befindet sich in einem der Dokumente, die bewegt werden sollen, und Sie markieren das Dokument mit LEAP (einer Sprungtaste), eine besonders effiziente Technik zur Cursorbewegung, die aus vier Tastenanschlägen besteht: LEAP-Auf↓ Dok↓↑↑ Use Front↓ LEAP-Unten↓↑↑. Eine GOMS-Analyse würde zeigen, dass LEAP bedeutend schneller ist, als ein Symbol zu ziehen.

LEAP funktioniert wie folgt: Es gibt zwei LEAP-Tasten, wovon die eine ausgehend von der aktuellen Position vorwärts und die andere rückwärts sucht. Das Drücken der LEAP-Taste aktiviert einen Quasimodus; sobald dieser Modus aktiv ist, können Sie ein Muster eingeben. In diesem Fall war das Muster ein einzelnes Dokumentzeichen. Sie geben das Dokumentzeichen im LEAP-Quasimodus ein, wodurch der Cursor auf das Dokumentzeichen gesetzt wird. Das nächste LEAP versetzt den Cursor an das Ende des Dokuments. Das gleichzeitige Drücken beider LEAP-Tasten markiert den Text. (Dies ist vermutlich am einfachsten, wenn die LEAP-Tasten mit den Daumen betätigt werden, die sonst beim Tippen meist nur wenig beschäftigt sind. Siehe Abbildung 2.1 für eine typische Tastatur, die für die Verwendung von LEAP entworfen wurde. Eine eigene Auswahltaste wäre eine weitere Alternative.) Damit die Funktion auch sichtbar ist, muss an den LEAP-Tasten eine Beschriftung angebracht sein. Diese könnte z.B. lauten: „Für eine Auswahl drücken Sie beide LEAP-Tasten gleichzeitig." Beachten Sie, dass Sie bei der Markierung des Dokuments nicht auf den Bildschirm blicken müssen. Sobald ein Dokument markiert ist, wird der Cursor an ein Ziel im Inhalt des Laufwerks versetzt. Dessen Inhalte wurden bereits bei der Installation des Laufwerks in den Computer zu einem Teil der Inhalte des Systems. Ein Kopierbefehl steht zur Auswahl. Wenn ein Dokument auf diese Weise markiert wird, sind darin alle Dokumentzeichen und Begrenzer enthalten. Wenn das Dokument also kopiert wird, behält das Dokument seine Eigenschaft als Dokument, weil sich auch die Dokumentbegrenzer mit bewegen.

Dieselbe Technik, die für das Kopieren eines Dokuments – oder eines beliebig langen Textes, Dokumentensatzes oder den gesamten Inhalt des Systems! – verwendet werden kann, lässt sich auch für das Versetzen benutzen. Der einzige Unterschied besteht darin, dass anstelle des Kopierbefehls der Befehl *Versetzen* gewählt wird. Dieser Vorgang ist nicht komplizierter als derjenige, der bei einem GUI benötigt wird. Er ist sogar oft schneller und die Anzahl der Methoden, Konzepte und Strukturen, die der Einzelne verstehen muss, ist geringer.

Überlegen Sie, wie einfach es wäre, mit einem LEAP-basierten Konzept einige Markierungen aus verschiedenen Dokumenten auf ein Laufwerk zu verlagern. Und überlegen Sie dann, wie kompliziert dieselbe Aufgabe auf einem GUI wäre. Mit LEAP ist die Methode dieselbe wie soeben für das Bewegen von Dokumenten beschrieben. Die Markierungen werden gesucht und sobald sie gefunden sind – sie müssen nicht geöffnet werden, weil das Öffnen überflüssig geworden ist, wie bereits zuvor beschrieben, es sei denn Sie haben anstelle des Dokumentszeichens Text an den Anfang und das Ende der Auswahl gestellt – können sie kopiert werden. In einem GUI muss der Benutzer zunächst das neue Zieldokument öffnen, eventuell mit dem Befehl *Neu* aus dem Menü *Datei* der Anwendung, dann sucht er das Dokument, das die Auswahl enthält, die er verwenden möchte, er öffnet das Dokument, sucht die Auswahl innerhalb des Dokuments, markiert diesen Teil, verwendet den Befehl *Kopieren*, wechselt zum neuen Dokument, fügt die Auswahl dort ein, aktiviert den Desktop, sucht das nächste Dokument, mit der gewünschten Auswahl und wiederholt diese Schritte immer wieder bis alle Bereiche in das Zieldokument eingefügt sind. Dann muss er das Ergebnis noch auf dem Laufwerk speichern, indem er ein Dialogfeld verwendet.

Auch wenn die Komplexität der Aufgabe in beiden Systemen gleich war, so wäre die konzeptionell einfachere Methode sicher vorzuziehen. In den meisten Fällen ist darüber hinaus noch die erforderliche Arbeit geringer.

5-4 *Suchläufe und Suchmethoden*

Ein großer Schritt für die Menschheit.

— Neil Armstrong (1969)

Ehe die LEAP-Methode detaillierter beschrieben wird, ist es hilfreich, das Thema Interface für Suchläufe etwas genauer zu betrachten. Ein **String** ist eine Folge[1] von Zeichen; normale Wörter und Sätze sind Beispiele für einen String. Bei Suchläufen wird ein String (meist ein längerer), auch Text genannt, nach einer bestimmten, vom Benutzer angegebenen Zeichenfolge oder Instanz (meist kurz) durchsucht. Der vom Benutzer definierte String wird auch Muster genannt. Jede Instanz eines Textes, die diesem Muster entspricht, wird als Ziel bezeichnet. Angenommen, Sie wissen nicht mehr, wo Sie in einem langen Brief den Katzennamen »kleine Tatsu« erwähnt haben und suchen danach. »Kleine Tatsu« ist eine gute Zielbezeichnung, Sie könnten aber auch einfach nur nach »Tatsu« suchen. Die Übereinstimmung zwischen Suchbegriff und gefundener Instanz kann exakt sein, sich nach der Schreibweise richten oder einen andere Beziehung zwischen Muster und Ziel aufweisen; sie könnten sich z.B. reimen. Ein häufig verwendetes Kriterium für die Überstimmung, das auch sinnvoll ist, besteht darin, zwischen Groß- und Kleinbuchstaben zu differenzieren. Kleine Buchstaben im Muster können entweder großen und kleinen Buchstaben im Text entsprechen, während große Buchstaben im Muster auch auf große Buchstaben im Text treffen müssen, um als Entsprechung zu gelten. Die Suche beginnt meist an der aktuellen Cursorposition und fährt im Text fort. In den meisten Systemen gibt es eine Einstellung, mit deren Hilfe der Anwender die Suche im Text auch rückwärts lenken kann (Abbildung 5.3.)

*Abbildung 5.3:
Ein modales Such-
fenster mit modalen
Suchtypen und Rich-
tungseinstellungen*

---

1. Ich verwende den Begriff der *Folge* in seiner mathematischen Bedeutung. Eine Folge von Objekten besteht aus einem ersten Objekt, einem zweiten und so weiter.

Die Interfaces für Suchen beruhen meist auf zwei Interface-Strategien. Die häufigste Strategie ist die **abgegrenzte Suche**, die in den meisten Textverarbeitungsprogrammen zu finden ist. In einer typischen abgegrenzten Suche aktiviert der Benutzer einen Modus, in dem die Texteingabe nicht als Text, sondern als Muster interpretiert wird. Dies geschieht meist in einem Dialogfeld, in welchem der Benutzer die gesuchten Zeichen in ein Feld eingeben kann. Nach dem Aufruf des Dialogfelds gibt der Benutzer das Muster gefolgt von einem im Suchfeld nicht erlaubten Begrenzer – meist Return – ein. In den meisten Dialogfeldern kann der Benutzer das Muster auch begrenzen, indem er mit dem GID auf eine Schaltfläche klickt, z.B. auf OK oder *Suchen* oder *Weitersuchen*. Sobald der Text gefunden ist, wird das Ziel markiert und der Cursor sofort an das Ende der Auswahl gesetzt.

Diese traditionelle Methode ist für den Benutzer eine Art Bestrafung, obwohl sich viele bereits so sehr an diese Leiden gewöhnt haben, dass sie keine Schmerzen mehr spüren. Sicher kennen Sie folgendes Szenario: Bei der Eingabe der gesuchten Textfolge in das Feld hat sich aus Versehen ein Fehler eingeschlichen, Sie haben aber bereits auf OK geklickt und müssen nun leider auf das Ergebnis einer Suche warten, von der Sie bereits wissen, dass sie erfolglos sein wird. Das Unterbrechen von Suchläufen ist meist nicht möglich: ein schwer wiegender Designfehler. Da der Computer wartet, bis der Benutzer das Muster bis zum Ende eingegeben hat, ehe er die Suche beginnt, lassen abgegrenzte Suchläufe die Kapazität des Computers vorübergehend brachliegen und diese unnötige Wartezeit fällt auf den Benutzer zurück

Die weniger verwendete Strategie besteht aus einer **schrittweise erweiterten bzw. konkretisierten Suche**; ein beliebtes Beispiel dafür findet sich in EMACS, einem Editor, den das Betriebssystem UNIX verwendet (Stallman 1993.) Bei den meisten Implementierungen einer schrittweise erweiterten Suche muss der Benutzer ebenso wie bei der abgegrenzten Suche zunächst ein Dialogfeld aufrufen, das ein Textfeld enthält. Sobald er dort das erste Zeichen eingegeben hat, beginnt das System jedoch bereits nach diesem Zeichen in der ausgewählten Richtung zu suchen. Wenn eine Instanz dieses ersten Zeichens gefunden und ehe das nächste Zeichen eingegeben wird, wird der Cursor am Ende der Auswahl platziert. Wird das nächste Zeichen der Suche eingegeben, ehe eine Instanz gefunden wurde, wird dieses Zeichen in das Muster einbezogen und die Suche fortgeführt – jetzt nach einer Instanz des nun erweiterten Musters. Diese Methode wird für jedes neu in das Muster eingegebene Zeichen wiederholt.

Mit der Backspacetaste oder der Entf-Taste kann der Benutzer Zeichen aus dem Muster für eine schrittweise erweiterte Suche löschen, wobei die Suche dadurch wieder auf die ursprüngliche Zeichenfolge im Muster zurückgesetzt wird. Der Benutzer kann dann wieder ein neues Zeichen eingeben und die Suche wird fortgeführt, wobei der bereits durchgeführte Teil des Suchlaufs nach einem

Teil des Musters aber nicht verloren geht. Viele andere Implementierungen können diese wünschenswerte Eigenschaft nicht vorweisen.

Die schrittweise erweiterte Suche hat gegenüber der abgegrenzten Suche noch einige weitere Vorteile: Sie reduziert die Zeit, die ein Benutzer auf Suchergebnisse warten muss. Die Suche beginnt bereits bei der Eingabe des ersten Zeichens, d.h., das System wartet nicht, bis die komplette Eingabe erfolgt ist. Bei einer abgegrenzten Suche wartert der Computer auf die Eingabe des Musters, begrenzt diese und dann muss der Benutzer warten, bis der Computer die Suche durchgeführt hat. Bei einer abgegrenzten Suche muss der Benutzer erraten, wie viele Instanzen des Musters der Computer auswerten muss, bis er das gewünschte Ziel erreicht; bei einer schrittweise erweiterten Suche kann der Benutzer genau verfolgen, wie viele Zeichen er eingeben muss, um zum gewünschten Ziel zu gelangen, denn das Ziel erscheint sofort auf dem Bildschirm. Sobald er sieht, dass der gewünschte Punkt angesteuert ist, kann er die Eingabe des Musters beenden. Wenn er zu viele Zeichen eines Musters eingibt – sofern die Hand schneller ist als die Suche –, dann bleibt der Cursor trotzdem an dem gewünschten Ziel stehen. Wenn dem Benutzer bei der abgegrenzten Suche ein Fehler in der Eingabe des Musters unterläuft, muss er warten bis die Suche nach der falschen Zeichenfolge durchgeführt ist, ehe er seinen Fehler korrigieren kann – bestenfalls kann er die Suche unterbrechen, falls ein entsprechender Mechanismus vorgesehen ist. In einem umfangreichen Text kann eine Suche durchaus geraume Zeit beanspruchen. Bei einer gut implementierten schrittweise erweiterten Suche kann der Benutzer jederzeit die Backspacetaste betätigen und damit zum zuletzt gesuchten Muster zurückkehren. Da eine Korrektur mit dieser Taste zu den Gewohnheiten von Benutzern zählt, dauert diese Fehlerbehebung meist nicht lange und die Suche wird sofort unterbrochen. Außerdem wird sie durch die Eingabe eines neuen Buchstabens unmittelbar darauf wieder fortgeführt.

Ein weiterer Vorteil einer schrittweise erweiterten Suche ist folgender: Während der Benutzer das Muster eingibt, erhält er ein konstantes Feedback über die Ergebnisse seiner Suche. Bei einer abgegrenzten Suche weiß er nicht sofort, ob das eingegebene Muster zum Ziel führt bzw. ob seine Eingabe korrekt war, sondern erfährt dies erst beim ersten Versuch. Aus dem Blickwinkel der Interface-Entwicklung überwiegen die Vorteile einer schrittweise erweiterten Suche gegenüber denjenigen einer abgegrenzten Suche in einem Maße, dass mir keine einzige Situation einfällt, in der einer abgegrenzten Suche der Vorzug gegeben werden könnte. Trotz beinahe einhelliger Übereinstimmung in Hinblick auf die Vorzüge von schrittweise erweiterten bzw. konkretisierten Suchläufen auf Seiten der Designer und der Benutzer bieten die meisten Interface-Tools einfache Implementierungsmechanismen für abgegrenzte Suchen an, während es äußerst schwierig oder unmöglich ist, eine schrittweise erweiterte Suche zu implementieren. JavaScript und Visual BASIC sind zwei Beispiele dafür.

Der Aufbau eines schrittweise erweiterten Musters erlaubt dem Benutzer, dieses während der Suche interaktiv zu verändern, was dazu führt, dass er seine Suchstrategien verbessern kann, weil er ein sofortiges Feedback erhält. Auch der Aufbau eines Boolschen Suchmusters lässt sich effektiver gestalten, wenn die ersten Ergebnisse einer Suche bereits erscheinen, während der Benutzer detaillierte Muster hinzufügt. Die gefundene Instanz sollte in der Mitte eines Anzeigebereichs erscheinen und nicht oben oder unten am Bildschirmrand. Auf diese Weise wird auch der Inhalt vor und nach der Instanz sichtbar, d.h., die gefundenen Zeichen werden in ihrem Kontext angezeigt. Die gefundene Instanz eines Musters sollte immer in derselben Position in Bezug auf den Bildschirm oder das Fenster erscheinen, damit der Benutzer schnell lernt, wohin er blicken muss, um das Ergebnis der Suche zu sehen. Auf dem Canon Cat erschien das Ergebnis immer in der vertikalen Mitte des Bildschirms. Es sollte keinesfalls am Rand stehen, damit der umliegende Inhalt auf allen Seiten der Instanz ebenfalls im Blickfeld ist.

Wenn die Instanz eines Musters nicht im Text vorhanden ist, schlägt die Suche fehl. Viele Systeme vermeiden eine Behandlung dieses Ereignisses und können nicht benutzt werden, bis der Anwender eine bestimmte Taste – meist Enter oder Return – drückt oder eine bestimmte Schaltfläche am Bildschirm anklickt. Eine modale Meldung erscheint am Bildschirm, die darüber aufklärt, was zu tun ist, damit der Computer wieder benutzt werden kann. Auf Multidisplay-Systemen oder wenn der Bildschirm visuell in Aktion ist, befindet sich diese Meldung kaum im Zentrum der Aufmerksamkeit. Es kann sogar sein, dass sie überhaupt nicht bemerkt wird. Dies erweckt dann den Anschein, als reagiere der Computer nicht auf die Bedienung der Tastatur und sei abgestürzt. Bei einer schrittweise erweiterten Suche ist ohne jeden zusätzlichen Hinweis immer deutlich, dass eine Suche erfolglos war. Der Cursor kehrt einfach an die Originalposition zurück und zusätzliche Tastenanschläge haben keine Auswirkung. Ein kurzer Warnton oder ein Blinken am Bildschirm könnten ebenfalls hilfreich sein, insbesondere wenn eine Suche die Kapazitäten des Kurzzeitgedächtnisses übersteigt, d.h., länger als etwa 10 Sekunden dauert. Der Benutzer hat in diesem Fall nämlich vielleicht schon vergessen, wie der Bildschirm vor dem Suchlauf aussah. Der Warnton ist auch sinnvoll, um Benutzer zu informieren, die visuell abgelenkt sind.

5-4-1 Begrenzer für Suchmuster

Ein weiterer großer Nachteil von abgegrenzten Suchen ist, dass der Begrenzer, der als Signal für das Ende des Musters eingegeben wird, selbst nicht in das Muster einbezogen werden kann. Oft sind auch andere Begrenzer davon ausgeschlossen. Ich habe mir einmal die vier gängigsten Textverarbeitungsprogramme angesehen: In einem ist es nicht möglich, Return in das Suchmuster einzugeben. Das zweite Textverarbeitungsprogramm verlangt vom Benutzer die Eingabe von ^r, um einen Return in das Suchmuster einzubeziehen. Im dritten soll \\ verwendet werden und im vierten soll der Return über ein spezielles Dialogfeld mit Hilfe eines Pulldown-Menüs, in dem auch andere Begrenzer aufgeführt sind, in das Suchmuster eingefügt werden (Abbildung 5.4.) Es ist bei weitem einfacher, die Returntaste zu drücken, wenn ein Muster eingegeben werden soll. Warum soll das, was in einem Text erscheint, in einem Dialogfeld nicht möglich sein? Als allgemeines Prinzip gilt: *Dieselbe Folge von Zeichen sollte auch immer auf dieselbe Weise eingegeben werden können. Man sollte nicht hier die eine Methode und dort die andere benutzen.* Oder anders gesagt: Die Eingabe von Sonderzeichen sollte nichts Besonderes sein.[1]

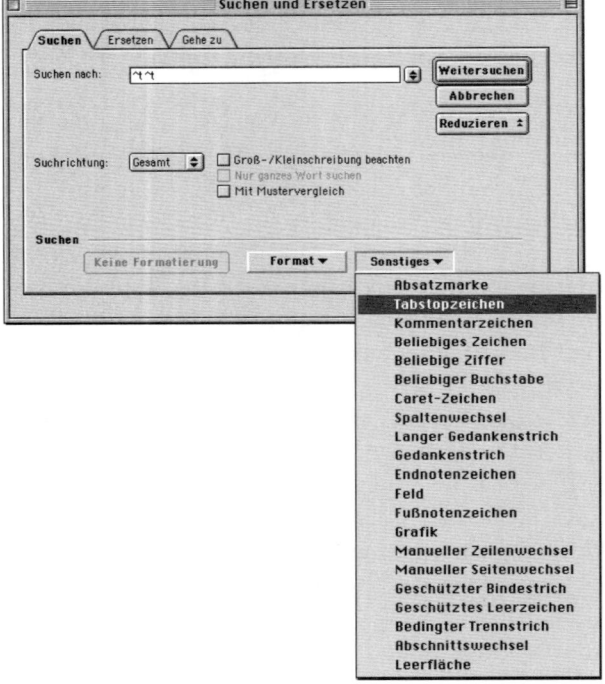

Abbildung 5.4:
Das geöffnete Suchdialogfeld von Word zeigt in einem Menü eine Liste von Zeichen an, die eingefügt werden können. Mit einem besseren Suchdesign könnte der Benutzer z.B. einfach auf die Tabulatortaste drücken, um das Tabulatorzeichen einzufügen. Beachten Sie die beiden Zeichen, die für das Tabulatorzeichen in das Suchfeld eingefügt werden.

Obwohl schrittweise erweiterte Suchen den abgegrenzten Suchen vorzuziehen sind, ist auch eine Verbesserung des im EMACS implementierten Suchmechanismus möglich. Zum Beispiel sollte die Suche den Cursor auf dem ersten Zeichen des Ziels belassen, anstatt diesen auf das letzte zu setzen. Im Allgemeinen können Sie nicht steuern, was das letzte Zeichen sein wird, denn Sie geben ja einfach nur so viele Zeichen ein bis das Ziel gefunden wurde. Sie wissen also nicht genau, wo der Cursor steht, wenn die Suche abgeschlossen ist. Befindet

---

1. Ein ähnliches Problem ist die Verwendung reservierter Wörter in Programmiersprachen.

sich der Cursor aber auf dem ersten Zeichen des Musters, wissen Sie bereits, wie das Ziel angezeigt wird. Dies bedeutet auch, dass sich mit Hilfe des Suchmechanismus der Cursor schnell an einer bestimmten Stelle im Text platzieren lässt, weil sich das Zentrum der Aufmerksamkeit auf dem Zeichen befindet, auf dem der Cursor platziert werden soll. Ein Muster zu erfinden, in dem dies das letzte Zeichen ist, ist deutlich schwieriger, als das gewünschte Zeichen zusammen mit allem, was darauf am Bildschirm folgen mag, abzutippen.

In konventionellen GUIs sind sowohl abgegrenzte als auch schrittweise erweiterte Suchen modal, denn sie erfolgen über ein Dialogfeld. LEAP hingegen ist moduslos. Das Konzept, einen Quasimodus für die Suche einzuführen, ließe sich auch auf einen Schalter an einem Mikrofon (oder GID) übertragen, wodurch Wörter, Tonaufzeichnungen oder handschriftliche Briefe zum Erstellen von Suchmustern verwendet werden könnten. Andere Eingabetechniken haben entsprechende Bedeutungen beim Erstellen von Quasimodi für die Suche (Raskin und Winter 1991.)

Die Geschwindigkeit von schrittweise erweiterten Suchen lässt sich ebenfalls durch ein paar Implementierungstricks erhöhen. Zum Beispiel: Wenn Sie das erste Zeichen eines String für die Suche eingeben, sucht der Computer sofort nach dem ersten gleichlautenden Zeichen im Text, das markiert ist und – falls noch nicht geschehen – in seinem Kontext im Anzeigefenster erscheint. Dies geschieht meist sehr schnell, denn es gibt viele potenzielle Übereinstimmungen bei nur einem Zeichen, die meist ganz in der Nähe sind. Während der Anwender darauf wartet, das nächste Zeichen einzugeben, könnte bereits im Hintergrund eine Suche nach der nächsten Instanz für das erste Zeichen, gefolgt von einem nächsten, wahrscheinlichen Zeichen initiiert werden. Dazu ließe sich eine Liste der häufigsten Wahrscheinlichkeiten als Grundlage verwenden, um möglichst schnell einen Treffer zu erzielen. Das Programm kann Hinweise auf diese gefundenen Übereinstimmungen abspeichern. Wenn dann das zweite Zeichen eingegeben ist, kann der Computer das gefundene Ziel bereits anzeigen.

Die Suche nach Strings lässt sich auch durch Methoden wie dem Boyer-Moore-Algorithmus für eine schnelle Zeichenfolgensuche beschleunigen (Moore und Boyer 1977), wobei sich die Zeit für die Suche reduziert, je größer die Zeichenlänge ist. Falls der Benutzer mit Backspace im Muster zurückgeht, kann ein Verweis auf die letzte gefundene Position abgespeichert werden – eine pro Zeichen im String –, um das Zurückgehen in kürzester Zeit zu ermöglichen. Eine Indizierung aller lokalen Massenspeichergeräte ermöglicht eine Suche in einem lokalen System oder Netzwerk innerhalb von Millisekunden. Interaktion bei hoher Geschwindigkeit in WAN-Netzwerken oder dem Web hängt aber auch von der Indizierungsmethode ab. Schrittweise erweiterte Suchmechanismen gab es bereits in verschiedenen Versionen. Sie standen z.B. in kommerziellen Produkten wie DIE von Borland, dem Faxprogramm von Global Village, dem Canon Cat und Swyft Ware zur Verfügung.

5-4-2 Einheiten der Interaktion

Die schrittweise erweiterte Suche ist nur ein Beispiel für ein umfassenderes und dem Menschen angemesseneres Interface-Design. *Ein Programm sollte mit dem Benutzer auf der Basis der kleinsten bedeutungsvollen Einheit des Input in Interaktion treten.* Die Interaktion mit dem Input von einer Tastatur sollte also auf der Basis eines einzelnen Zeichens und nicht einer Zeile funktionieren. Bei der Stimmeingabe sollte die Basis ein Wort sein und bei einigen Anwendungen könnte die Interaktion auf der Basis von Morphemen erfolgen und so weiter.

Interaktion, die durch Eingabe einer gesamten Textzeile erfolgt, also Text, der von einem Return begrenzt wird, ist ein Relikt aus den Tagen des Telex und sollte zusammen mit der entsprechenden Hardware in einem Museum aufbewahrt werden.[1] Heute können und sollten wir Interfaces verwenden, die auf jedes eingegebene Zeichen reagieren, wann immer eine solche Reaktion die Qualität der Interaktion verbessern könnte. Wie immer muss der Designer mit Bedacht vorgehen: Zeichenweise Interaktion sollte nicht dazu verwenden werden, Meldungen über Rechtschreibfehler inmitten der Eingabe eines Wortes einzublenden; dies würde von jedem Datentypisten zu Recht als unerträglich empfunden.

In den kurzen Texten, für welche die Suchläufe ursprünglich entwickelt wurden, begann die Suche meist an der aktuellen Cursorposition und wurde bis zum Ende des Textes durchgeführt. Bei umfangreichen Texten wäre es besser, die Suche automatisch fortzuführen, wenn bis zum Textende kein Ziel gefunden wurde, wobei dann vom Textanfang aus wieder in Richtung aktuelle Cursorposition gesucht werden sollte, falls der Benutzer vergessen hat, dass sich das gewünschte Ziel weiter vorne im Text befindet. Untersuchungen bei *Information Appliance* haben Folgendes gezeigt: Wenn die Suche schnell geht, wird diese Form der Automatisierung von den Benutzern befürwortet. Schnell bedeutet, dass zwischen dem Startzeitpunkt der Suche und einem Erfolg oder Fehlschlag nicht genug Zeit für eine Benutzeraktion bleibt; es handelt sich also um einen Zeitrahmen von etwa 250 Millisekunden. In vielen Systemen kann der Benutzer auch wählen, ob die Suche am Ende der Datei abgeschlossen sein oder am Anfang fortgesetzt werden soll. Dies kann ein typisches Modusproblem verursachen: Wenn die Suche nicht für die gesamte Datei definiert ist und der Benutzer sich dieser Einstellung nicht bewusst ist, kann die Meldung „Suchbegriff nicht gefunden" zu einem falschen Eindruck führen. Eventuell meint der Anwender, das Muster sei nicht im Text vorhanden. Oder, was ich bereits öfter beobachtet habe, der Benutzer wiederholt die Suche mehrmals, weil er genau weiß, dass eine Instanz des Musters im Text vorhanden ist, und rätselt darüber, warum die Suche immer wieder ohne Erfolg ist. Es kann mehrere Sekunden oder gar

---

1. Der Bedarf an einem Museum für Interaktion nimmt ständig zu und sollte befriedigt werden. Das Internet ist vielleicht der richtige Ort dafür.

Minuten dauern, ehe er entweder das Problem erkennt oder frustiert aufgibt. Wenn es notwendig ist, verschiedene Arten der Suche anzubieten, lässt sich dies auch ohne Modi erledigen, indem verschiedene Befehle oder Schaltflächen für die einzelnen Sucharten bereitgestellt werden.

Häufig lässt sich Modalität durch ein Set von Startschaltflächen vermeiden, pro Operation eine, anstatt die gewünschte Variabilität einzurichten, aber nur eine Startschaltfläche anzubieten, mit der die Operation dann unter jenen Bedingungen ausgeführt wird, die vom Designer definiert wurden. Diese Verbesserung schafft nicht nur einen Modus ab, sondern spart auch Tastenanschläge bzw. Mausklicks ein. Außerdem liegt das Zentrum der Aufmerksamkeit des Benutzers auf der Aufgabe, die er ausführen möchte, und nicht auf deren Vorbereitung. Abbildung 5.5 zeigt ein typisches Dialogfeld zur Vorbereitung einer Operation in Microsoft Word. Ein solches Dialogfeld wirft ein weiteres Interface-Problem auf: Sollen die Optionsfelder in dem Status angezeigt werden, den der Benutzer zuletzt definiert hat, oder soll eine Voreinstellung dafür definiert werden?

Alle drei hier dargestellten Interface-Optionen sind falsch. Wenn der Benutzer immer die gesamte Tabelle aktualisieren möchte, erfordert dieses Dialogfeld jedesmal zwei Klicks – oder einen Klick und einen Return. Wenn das Dialogfeld in der zuletzt gewählten Einstellung belassen wird, kann der Benutzer das Dialogfeld nicht gewohnheitsmäßig bedienen, weil er jedes Mal darüber nachdenken muss, ob der gewählte Status seinen Wünschen entspricht. Wenn es eine Voreinstellung gibt (siehe Abschnitt 3-2-2), wird ein Modus eingerichtet.

Das Dialogfeld aus Abbildung 5.6 löst all diese Probleme und die größeren Schaltflächen bieten die Vorteile von Fitts Gesetz gegenüber den Optionsfeldern. Die Schaltfläche *Abbrechen* könnte auch entfernt werden, wenn dieses Dialogfeld transparent wäre, wie in Abschnitt 5-2-3 erläutert. Wenn die beiden Schaltflächen nicht transparent sind, wird angezeigt, dass sie aktiv sind.

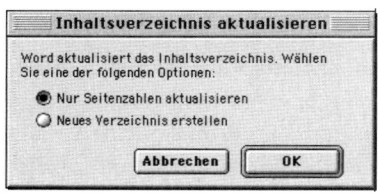

Abbildung 5.5:
Ein Dialogfeld mit Optionsfeldern zur Einrichtung
verschiedener Sucharten und einer Startschaltfläche.

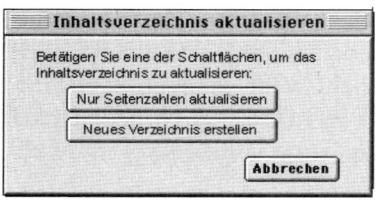

Abbildung 5.6:
Ein effizienteres Dialogfeld mit verschiedenen
Startschaltflächen.

Dialogfelder für abgegrenzte Suchen sehen meist eine Funktion vor, mit der sich das aktuelle Muster erneut verwenden lässt, um die nächste Instanz zu suchen.

Dies lässt sich auch als Funktion zum „noch einmal Suchen" oder „Weitersuchen" bezeichnen. In einigen Implementierungen wird dies durch Anklicken derselben Schaltfläche ausgelöst, die auch die ursprüngliche Suche initiiert hat. Bei einer schrittweise erweiterten Suchfunktion ist ein Befehl für die erneute Suche nach demselben Muster erforderlich, weil kein Befehl nötig war, um die ursprüngliche Suche zu initiieren. Es ist gefährlich, eine Quasimodustaste *Suchen* anzubieten, um die Suche zu wiederholen, weil ein Benutzer eine Suche beabsichtigen, die Taste drücken, seine Meinung ändern und wieder loslassen könnte. In diesem Fall würde eine unbeabsichtigte Suche ausgelöst und der Benutzer könnte als Ergebnis seine aktuelle Position verlieren. Eine vollständige Rückgängig-Funktion könnte diese Gefahr zwar eindämmen, aber es ist besser solche Probleme gar nicht erst aufkommen zu lassen. Eine spezielle Methode für wiederholtes Suchen wird in Abschnitt 5-6 erläutert.

In größeren Texten ließe sich ein komplette Suche nicht nur im lokalen Dokument durchführen, sondern auch in automatisch ausgeweiteten Domains, einschließlich des gesamten Internets.[1] Nachdem das lokale Dokument komplett durchsucht wurde, wird dann mit den folgenden Dokumenten fortgefahren, bis das Ende des Ordners erreicht ist. Anschließend wird die Suche am Anfang des ersten Dokuments im Ordner weitergeführt, bis wieder das aktuelle, bereits durchsuchte Dokument erreicht ist. Nachdem alle Ordner der Reihe nach durchsucht wurden, wird die nächstgrößere Domain nach demselben Prinzip durchsucht etc. Wenn ein Benutzer während einer schrittweise erweiterten Suche feststellt, dass seine Suche allzu weit ab führt, kann er sie abbrechen und sich sicher sein, dass es keine nähere Instanz des gesuchten Musters gibt. Es ist eigentlich einfach anzugeben, in welcher Domain gesucht werden soll, denn die Ergebnisse sind im Kontext zu sehen, d.h., der Anwender sieht nicht nur eine Liste von Dateinamen wie bei den meisten heutigen Suchsystemen.

Im Allgemeinen würden die Menschen gerne effizientere Strategien für die Suche verwenden, statt sich auf die ausdehnende hierarchische Struktur zu verlassen. Wenn Sie z.B. nach einem bestimmten Dokument im aktuellen Ordner suchen, würden Sie vermutlich eine wiederholte Suche nach Dokumentzeichen ausführen und auf diese Weise schnell den Anfang und die Überschriften eines Dokuments sehen. Ist das gewünschte Dokument gefunden, wird eine schrittweise erweiterte Suche nach dem Ziel initiiert. Dadurch ist garantiert, dass das gewählte Dokument zuerst durchsucht wird; der Vorteil dieses Verfahrens besteht darin, dass Sie meist ein kürzeres Suchmuster verwenden können, wenn der Bereich, der durchsucht werden soll, kleiner ist. Wenn Sie nicht wissen, in welchem Dokument sich das Ziel befindet oder nicht extra nach dem Dokument suchen möchten, können Sie eine spezielle Suche von Anfang an durchführen, die das Ziel auf alle Fälle ausfindig macht.

---

1. Es ist mit Techniken wie der Voraussuche und der Indizierung absolut machbar, eine Antwortzeit von 250 Millisekunden zu erzielen.

5-5 Cursordesign und eine Strategie für das Auswählen

Der traditionelle Zweck von abgegrenzten und schrittweise erweiterten String-Suchen besteht darin, einen Ziel-String zu finden und auszuwählen. Die Muster, die von den Anwendern für die Suche eingegeben werden, sind aber meist eher kurz, weil lange Eingaben mühsam sind und in den meisten Systemen auch die genaue Zeichenfolge getroffen werden muss. Aus diesem Grund wird eine Suche meist nicht dazu verwendet, etwas größere Ziele auszuwählen – mit einer Länge von mehr als 10 bis 15 Zeichen –, geschweige denn umfangreiche Textblöcke. Ein anderer Anwendungsbereich von String-Suchen ist es, die Position für eine gewüschte Auswahl zu finden. Anschließend verwenden Sie dann eine andere Technik, z.B. das Ziehen eines GID, um die Markierung zu ziehen und die Auswahl zu definieren. Doch wenn Anfang und Ende der Auswahl nicht gleichzeitig sichtbar sind, müssen Sie eine andere Strategie verwenden. Diese Strategie besteht darin, (1) das eine Ende der Auswahl zu markieren, wobei die Markierungstechnik vom verwendeten System abhängt, und (2) Hilfselemente wie Bildlaufleisten zu benutzen, um auch das andere Ende der Auswahl in das Blickfeld zu rücken und (3) das andere Ende zu markieren. In den meisten Systemen wird durch die Markierung des Endpunktes die gewünschte Auswahl definiert.

Ein effizienterer Ansatz wäre es, einen Suchmechanismus zu entwickeln, der den Cursor auf ein bestimmtes Zeichen setzt. Zwei solche Positionen würden genügen, um das erste und letzte Zeichen einer Auswahl zu definieren. Die vielen Mechanismen, die bei der konventionellen Methode angewendet werden müssen, um den Anfangs- und Endpunkt zu finden – Cursorbewegung, Blättern, mehrere Seiten und Suchfunktion anwenden – und diese zu markieren, ließen sich durch einen einzigen Mechanismus, der zweimal angewendet werden muss, ersetzen. Dadurch würde das Erlernen, die Operation selbst, die Gewöhnung und auch die Implementierung der Funktion stark vereinfacht.

Es ist jetzt an der Zeit, das grafische Design des Cursors unter die Lupe zu nehmen. Im Moment besteht die gängigste Form des Textcursors in einem Strich, der zwischen den Zeichen steht, wie in Abbildung 5.7 dargestellt. Ein Problem dieses Standard-Textcursors ist, dass die Benutzer ihn genau zwischen ein Zeichenpaar platzieren müssen, also auf ein sehr kleines horizontales Ziel, das schwer zu treffen ist und den Zeitvorgaben von Fitts Gesetz widerspricht.

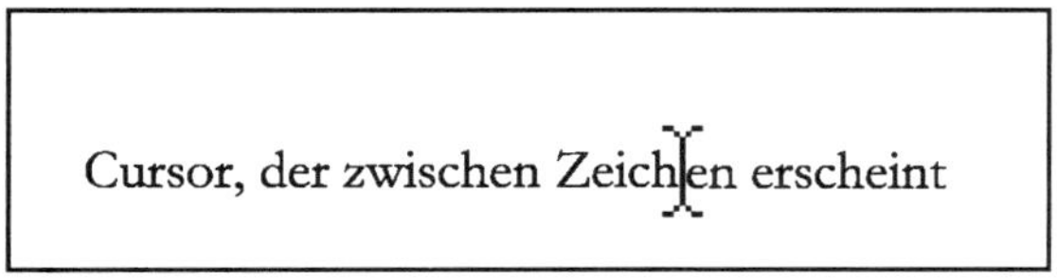

Cursor, der zwischen Zeichen erscheint

Abbildung 5.7:
Der Standard-Cursor zwischen den Zeichen

Bei Tests von *Information Appliance* waren wir überrascht zu entdecken, dass diese bekannte Cursorform auch ein interessantes kognitives Problem aufwarf. Sie müssen den Cursor, je nachdem, was Sie als Nächstes tun möchten, in unterschiedlicher Weise platzieren. Insbesondere, wenn Sie ein vorhandenes Zeichen mit der Backspacetaste löschen möchten, setzen Sie den Cursor auf die rechte Seite – bei Sprachen, die von links nach rechts geschrieben werden, auf die linke Seite. Um ein Zeichen an der Position eines vorhandenen Zeichens einzufügen – dieses wird dabei nach rechts versetzt – platzieren Sie den Cursor aber links von diesem vorhandenen Zeichen. Wir waren so überrascht, weil die Standardoperationen des Cursors so bekannt sind, dass wir überhaupt nicht daran gedacht hatten, ihn als Grund für potenzielle Probleme in Betracht zu ziehen.[10] Wie jeder weiß, der dies einmal versucht hat, ist der Standardcursor nicht schwer zu verstehen. Trotzdem lassen sich eine gewisse Verwirrung und einige Fehler beobachten, wenn Anfänger den Computer erstmalig bedienen. Ihre Verwirrung wird durch die Unsichtbarkeit des Zentrums der Aktion noch verstärkt

Ein Modus, der den Löschvorgang in umgekehrter Richtung zum Üblichen ausführt, ist nicht die Lösung. Diese Methode, Vorwärtslöschen genannt, erlaubt es, den Cursor immer auf der linken Seite des Zeichens, mit dem eine Aktion durchgeführt werden soll, zu platzieren, aber Sie würden gelegentlich vermutlich trotzdem in die falsche Richtung löschen, weil die aktuelle Löschrichtung nicht im Zentrum Ihrer Aufmerksamkeit liegt. Wenn ein Löschvorgang in zwei Richtungen gewünscht wird, ist es besser, zwei verschiedene Tasten dafür anzubieten oder einen Quasimodus für das Löschen in die entgegengesetzte Richtung.

Eine sinnvolle Verbesserung für textbasierte Interfaces wäre es, einen Cursor zu verwenden, der optisch sowohl (1) die Einfügeposition und (2) das oder die Zeichen anzeigt, die gelöscht werden, wenn die Backspacetaste verwendet wird. Die zweite Form der Markierung könnte mit jener identisch sein, die für eine Auswahl benutzt wird. Eine Möglichkeit für diese Technik ist in Abbildung 5.8 dargestellt.

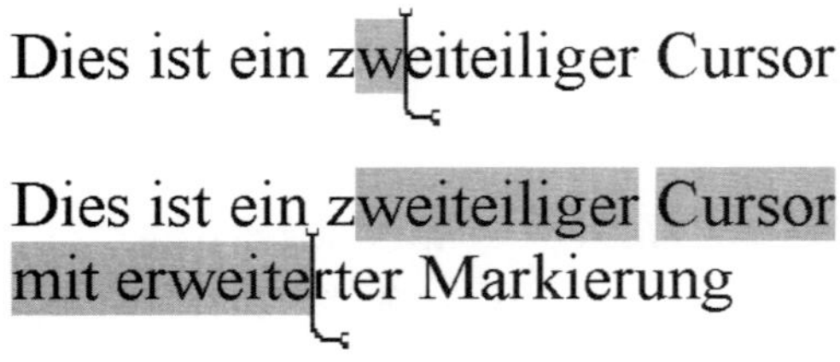

Dies ist ein zweiteiliger Cursor

Dies ist ein zweiteiliger Cursor mit erweiterter Markierung

Abbildung 5.8:
Ein zweiteiliger Cursor, jeweils mit einer Einzelzeichenwahl und einer erweiterten Auswahl ausgestattet. Die Einfügeposition des Cursors blinkt, so dass man diese auf dem Bildschirm einfacher findet.

---

1. Dieses Beispiel zeigt ebenfalls, wie wichtig es ist, Interfaces mit Vertretern der Zielgruppe zu testen.

Den Cursor mit einem GID an ein Ziel zu setzen ist ein Vorgang in mehreren Schritten: Der Anwender fasst das Ziel zunächst ins Auge und bewegt den Cursor dann in diese Richtung. Wenn er sich nicht mehr daran erinnert, wo sich der Cursor befindet, muss er vielleicht auch noch diese Stelle suchen. Dann fasst er das Ziel erneut ins Auge etc. – solange, bis Ziel und Cursor im Sehzentrum des Auges – ein Bereich von etwa 5 Grad – stehen. Dies kann zu einem zeitraubenden Unterfangen werden. Dennoch ist ein GID erforderlich, um auf grafische Objekte zu zeigen oder wenn man in einer ausgesprochenen Grafikumgebung arbeitet.

Die Trägheit des GID beim Zeigen auf Text wird noch gesteigert, wenn auf Positionen außerhalb des Blickfeldes gezeigt werden soll. In diesen Fällen zwingt die ausschließliche Verwendung des GID dazu, die Bildlaufleiste zu verwenden, Seitenzahlanzeigen anzuklicken oder andere Mechanismen zu benutzen, um den Inhalt anzuzeigen, auf den Sie deuten möchten. Jede dieser Methoden muss eigens erlernt werden und viele sind langsam.

LEAP bietet dem Benutzer den kognitiven Vorteil, nicht in Abhängigkeit von der Entfernung des Ziels eine bestimmte Auswahlmethode zu verwenden (Alzofon et al. 1987.) Mit LEAP und einem GID gibt es zwei grundlegende Methoden der Cursorbewegung; doch anstatt die Methode auf der Grundlage der Entfernung zwischen Cursor und Ziel zu wählen, wählen Sie die Methode nach dem Inhalt am Ziel aus. Wie meistens befindet sich der Inhalt im Zentrum der Aufmerksamkeit, wodurch eine Trennung zwischen LEAP/GID kognitiv einfacher wird.

LEAP ist in stimmgesteuerten Systemen sinnvoll und für Benutzer mit motorischen Problemen oder immer wieder auftretenden Stresserkrankungen, bei denen eine Reduktion der Tastenanschläge besonders sinnvoll ist. Ein Schalter, vielleicht am Mikrofon angebracht, richtet den LEAP-Quasimodus ein. Das Ziel von LEAP ist immer ein bestimmtes Zeichen im Text und dieses Zeichen – ob es der Benutzer sieht oder daran denkt – befindet sich während des LEAP-Vorgangs im Zentrum der Aufmerksamkeit. Anders als bei der Verwendung eines GID muss der Benutzer das Ziel nicht optisch ausfindig machen, ehe er den Cursor darauf zubewegen kann. Diese Eigenschaft ist eine so große Stärke von LEAP, dass sie sich auch von Blinden einsetzen lässt. Dies wurde im *Veteran's Administration Hospital* in Palo Alto getestet.

Besonders wichtig ist jedoch, dass LEAP in Systemen, die darum herum entwickelt wurden, so häufig eingesetzt wird, dass dessen Verwendung schon bald automatisch wird. Im Design von LEAP gibt es nichts, was die Ausbildung einer Gewohnheit verhindern oder Probleme nach der Gewöhnung aufwerfen würde. Damit LEAP korrekt funktioniert, muss es schnell sein und die nächste Instanz des aktuellen Musters immer innerhalb der menschlichen Reaktionszeiten finden. Auf diese Weise hat der Benutzer keinen Grund oder keine Zeit, während der Suche etwas zu tun. Die notwendige Geschwindigkeit ist durch jene Methoden erreichbar, die in Abschnitt 5-4 beschrieben werden.

Eine tastaturbasierte GOMS-Analyse lässt sich dazu verwenden, die Zeiten von GID und LEAP zu vergleichen. Wenn die Hände des Benutzers auf der Tastatur zu tippen beginnen und ein GID dazu benutzen, auf einen Buchstaben im Text zu deuten, erfordern diese Operationen: H P K. Laut den Regeln für die Einfügung des M-Operators erhalten wir demnach H M P K oder 0,4 + 1,35 + 1,1 + 0,2 = 3,05 Sekunden. Die Zeit für einen LEAP-Vorgang hängt von der Anzahl der Zeichen ab, die Sie eingeben müssen, bis das Ziel erreicht ist. Tests haben gezeigt, dass die durchschnittliche Anzahl der Zeichen, die bei LEAP verwendet werden, 3,5 für Anwender beträgt, die seit einer Woche den Conan Cat bedienen. Die Operationen, die notwendig sind, um ein bestimmtes Ziel zu erreichen, bestehen darin, die LEAP-Taste zu drücken und dann die 3,5 Zeichen einzugeben. Ein durchschnittlicher LEAP-Vorgang besteht also aus der Eingabe von 4,5 Zeichen. Nach Hinzufügen des M-Operators gemäß den Regeln ergibt dies eine Zeit von 1,35 + (4,5 x 0,2) = 2,25 Sekunden.

Bei einem Zeitexperiment mit erfahrenen Benutzern wurde die Maus mit der Taste LEAP verglichen. Der Cursor sollte zwischen zwei zufällig ausgewählten Zeichen auf einem Bildschirm mit 25 Zeilen à 80 Zeichen bewegt werden und die Zeit wurde erst ab dem Moment gestoppt, in dem die Maus sich zu bewegen begann bzw. die LEAP-Taste gedrückt wurde. Die ermittelte Durchschnittszeit lag bei 3,5 Sekunden für die Maus und bei 1,5 Sekunden für LEAP. Die Zeiten für die Maus – die länger waren als errechnet – ergaben sich möglicherweise aus der kleinen Größe der Ziele, bei denen es sich um einzelne Zeichen handelte: ein Effekt von Fitts Gesetz. Die unerwartet kurzen Zeiten für LEAP lagen wohl ebenfalls in der kleinen Textgröße begründet, die eine durchschnittliche Eingabelänge von nur 2 Zeichen erlaubten. Die Testpersonen hatten vorher zur Planung ihrer Aktionen mit Maus oder LEAP unbegrenzte Zeit. *Sehr oft lässt sich eine Cursorbewegung mit LEAP schneller durchführen, als Sie benötigen, um die Hände von der Tastatur zur Maus zu bewegen.*

5-6 *Cursorposition und LEAP*

Das Ziel eines LEAP ist ein einzelnes Zeichen. Soll der Cursor rechts oder links von diesem Zeichen stehen? Den Cursor links vom Zeichen zu platzieren, ist nur dann korrekt, wenn der Benutzer an der Zeichenposition eine Einfügung vornehmen möchte. Den Cursor rechts vom Zeichen zu platzieren, ist nur dann korrekt, wenn der Benutzer das Zeichen löschen möchte. Der Computer, so scheint es, soll wissen, welche Absichten der Benutzer hat, damit er den Cursor richtig positionieren kann.

Für das Einfügen könnte man sich stattdessen einen altmodischen Cursor vorstellen, der ein Rechteck über dem Zeichen oder eine Unterstreichung darunter bildet. Wenn Sie mit LEAP zu einem Buchstaben gelangen möchten, sollte der Cursor auf dem Buchstaben selbst landen. (Der Cursor stört dabei die Lesbarkeit des Buchstabens nicht, siehe Abbildung 5.9.) Sie können mit einem solchen Cursor ohne Zweideutigkeiten einfügen oder löschen. Der Blockcursor bietet eine genauere Möglichkeit anzuzeigen, wo eine Einfügung oder Löschung stattfinden soll als der Standardcursor, der zwischen den Zeichen steht.

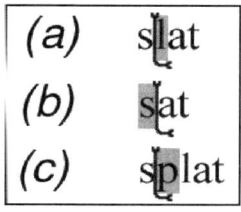

Abbildung 5.9:
(a) Der Cursor wurde mit einem GID oder LEAP auf den Buchstaben l in slat gesetzt. (b) Wenn Sie Backspace drücken, erhalten Sie sat. (c) Aber wenn Sie ein p eingeben, erscheint splat. Beachten Sie, dass bei (a) der Einfüge- und Löschteil des Cursors jeweils auf dem l stehen. Dies zeigt an, dass hier sowohl eingefügt als auch gelöscht werden kann. Nach dem Löschen (b) oder Einfügen (c), sind der Einfügeteil und der Löschteil des Cursors getrennt, es wird aber immer noch angezeigt, wo eine Einfügung oder Löschung stattfindet.

Diese Lösung führt zu einem anderen Problem: Angenommen, Sie sehen das Wort *Sand*, wobei der Cursor auf dem *a* steht und Sie geben den Buchstaben *t* ein. Sie erhalten dann Stand. Aber wo soll der Cursor stehen? Auch in diesem Fall scheint der Computer vorausahnen zu müssen, welche Absicht der Benutzer hat. Wenn der Cursor auf dem *t* steht, zeigt dies dann an, ob der Buchstabe die Einfüge- oder Löschposition sein soll? Eine Löschung sollte die Umkehrung einer Einfügung sein, damit durch Drücken der Backspacetaste das *t* gelöscht und wieder das Wort *Sand* erscheinen kann. Aber wenn Sie einen anderen Buchstaben, wie *r*, eingeben, sollte dieser das *a* nach rechts verschieben, damit das Wort *Strand* entsteht. Es scheint, dass auch ein Cursor, der auf einem Zeichen steht, hellseherische Kenntnisse besitzen muss, um am richtigen Ort zu stehen.

Das Problem lässt sich wie folgt lösen: Wenn Sie den Cursor bewegen, steht dieser auf einem einzelnen Zeichen. Sobald Sie eine Eingabe vornehmen oder löschen, wird der Cursor in zwei Teile unterteilt, die mit den beiden nachfolgenden Zeichen verbunden sind, wie in Abbildung 5.9 dargestellt: Auf dem ersten Zeichen steht der Löschcursor, der Einfügezeiger „windet sich" teilweise unter das zweite Zeichen. Zu diesem Vorgehen gehört das Design eines zweigeteilten Cursor, der grafisch beide Seiten desselben Zeichens unabhängig voneinander darstellt. Dies mag in Worte gefasst etwas kompliziert klingen, aber der LEAP-Cursor ist für einen Anfänger einfacher zu erlernen als der konventionelle Cursor aus Abbildung 5.7. Alles, was Sie einem Anfänger erklären müssen, ist, wie der Markierungsteil und der Einfügeteil des Cursors aussehen und dass die Entf-Taste, den markierten Teil löscht, während neue Eingaben an der Position des Einfügeteils erscheinen.

Die Zeichen sind aufeinanderfolgend, aber nicht angrenzend – meist sind zwar aufeinanderfolgende Zeichen auch angrenzend, aber am Zeilenende ist dies nicht der Fall. Für Sprachen, die von links nach rechts geschrieben werden, befindet sich der Löschcursor meist auf der rechten Seite des Einfügezeichens, für Sprachen, die von rechts nach links geschrieben werden ist es umgekehrt. Bei vertikal ausgerichteten Sprachen wäre der Einfügecursor unter dem Löschcursor und bei Schriften, die von unten nach oben gelesen werden, würde die Richtung gewechselt.

Das Anvisieren des Ziels ist mit einem GID und einem zweiteiligen Cursor einfacher, weil die Ziele oder Zeichen größer sind als die Zwischenräume und der entscheidende Bereich besser zu sehen ist. (Der entscheidende Bereich für den PARC-Cursor erstreckt sich jeweils bis zur Hälfte in jedes Zeichen zu beiden Seiten des Zwischenraums. Da diese Grenzlinie durch nichts visualisiert wird, erscheint sie kleiner. In der Praxis versuchen viele Anwender den Cursor zwischen die Zeichen zu setzen und unterliegen damit den Nachteilen von Fitts Gesetz, die sich durch kleinere Ziele ergeben.)

Wie bereits erläutert verstehen unerfahrene Anwender manchmal nicht, wie der Standardcursor, der zwischen den Zeichen steht, funktioniert: ein vorübergehendes Phänomen bei einem Interface-Element, das so bekannt ist, dass es selten hinterfragt wird. Mit dem zweiteiligen Cursor, der sich nach einer Cursorbewegung auf ein einziges Zeichen konzentriert, lässt sich die anfängliche Verwirrung darüber, wo der Cursor eigentlich steht, vermeiden, wodurch das ursprüngliche Problem gelöst wäre.

Es mag manchmal vorteilhaft sein, den Bereich von LEAP zu beschränken. Eine beschränkte Suche lässt sich definieren, indem (1) der Bereich ausgewählt wird, der durchsucht werden soll, (2) ein Befehl oder eine aktuelle Auswahl gewählt wird, wie in Abschnitt 5-2-1 beschrieben, welche den nächsten LEAP auf diesen Bereich beschränkt und zur alten Auswahl wird und (3) die Taste LEAP benutzt wird. Es sollte jedoch kein Modus zur Beschränkung von LEAP eingeführt werden. Wenn ein Benutzer sich nicht im Klaren über den Modus ist, kann LEAP zu großem Ärger führen, denn er wird Dinge nicht finden, die er sonst immer finden konnte. Canon hat ein Konzept namens „Local Leap" auf dem Canon Cat eingeführt und dies verursachte beträchtliche Probleme, die jemand, der dieses Buch gelesen hat, bestimmt vorhersagen könnte.

Eine weitere Funktion, die notwendig ist, wenn LEAP implementiert wird, lautet LEAP AGAIN, wodurch der LEAP-Vorgang einfach erneut in derselben Richtung durchgeführt wird wie der vorherige LEAP. Dies führt zur nächsten Instanz desselben Musters. Bei SwyftWare und dem Canon Cat nehmen die Suchen meist die folgende Form an: Zunächst wird mit LEAP zur ersten Instanz eines Musters gewechselt und dann die Suche mit LEAP AGAIN so lange wiederholt, bis die gewünschte Instanz gefunden ist.

LEAP vereint das Suchen und die Cursorbewegung im Text, wobei Sie sich daran erinnern sollten, dass als Text auch Tabellenblätter, Beschriftungen in Grafiken und andere alphanumerische Zeichen gezählt werden. Schon nach kurzer

Zeit, wird der Anwender vergessen, dass er die LEAP-Taste drückt, ebenso wie ein Datentypist sich darauf konzentriert, Inhalte zu erstellen und die mechanische Bewegung des Tippens nicht mehr wahrnimmt. Wenn Sie ein Ziel auf den Bildschirm holen möchten, können Sie dieses mit LEAP ansteuern, ohne sich zu fragen, in welchen Ecken des Systemuniversums sich der Inhalt mit dem Ziel befindet. Sie müssen nicht durch Hierarchien hangeln oder Ordner öffnen, sondern springen einfach direkt auf das Ziel. Wer bereits an die Standard-Dateistruktur gewöhnt ist, mag bei der ersten Begegnung mit LEAP häufig noch die Frage mit sich herumtragen, wo sich das gewünschte Element in der Hierarchie befindet, und vielleicht erst einmal die allgemeine Position suchen, bis er zu der speziellen, gesuchten Instanz gelangt. Wenn das Universum, das Sie durchsuchen möchten, korrekt indiziert ist, spielt es für den Benutzer keine Rolle, ob sich das gesuchte Element im Arbeitsspeicher, auf der lokalen Festplatte oder dem Speicherplatz im Netzwerk befindet oder in einem lokalen oder globalen Netzwerk selbst.

Bei der Abwägung der Suchmethoden bleiben die Beobachtungen von Landauer und seinen Kollegen nachhaltig im Gedächtnis. Sie haben gezeigt, das die meisten Formen der erweiterten Textsuche, wobei der Suchbegriff in Form von Boolschen Zeichenkombinationen angegeben wurde, weniger effektiv sind als eine Volltextsuche. Letztere ist schneller und einfacher und Benutzer werden bei ihrer Suche zu einem höheren Prozentsatz fündig. (Landauer 1995) LEAP ist, sowohl auf der Basis von GOS als auch auf der von Effizienzmessungen, den Such-Start-Methoden, die von Landauer verwendet wurden, überlegen und sollte deshalb noch größer Vorteile bieten.

5-7 Abschied von den Anwendungen

Die Zeit, die für die Erledigung einer Aufgabe
in Ihrer bevorzugten Anwendung notwendig ist,
verdoppelt sich mit jeder neuen Versionsnummer.
— Lincoln Spector

Die heutige Struktur der Computersoftware, die aus einem Betriebssystem besteht, unter dem Anwendungsprogramme ausgeführt werden, ist in sich modal. Um also ein nichtmodales Interface zu entwickeln, ist ein Ansatz erforderlich, der sich von den Anwendungen in ihrer derzeitigen Form unterscheidet.

Da Gesten, wie z.B. der Aufruf von Befehlen, in einer Anwendung zur Auswahl stehen, in der anderen aber nicht, muss der Benutzer sich immer bewusst sein, welche Anwendung gerade aktiv ist. Dies lässt sich aber nicht verlässlich tun, denn das Zentrum der Aufmerksamkeit liegt auf der auszuführenden Aufgabe. Deshalb kommt es gelegentlich vor, dass Benutzer Gesten ausführen, die zu keinem oder zu einem unerwünschten Ergebnis führen. Durch verschiedene

Anwendungsprogramme entsteht aber noch ein weiteres Problem: Wenn Sie in einer bestimmten Anwendung arbeiten, stehen die Funktionen aus einer anderen Anwendung nicht zur Auswahl; angenommen, Sie möchten eine Aufgabe ausführen, die sich in Anwendung A erledigen ließe, Sie arbeiten aber momentan in Anwendung B, die keinen vergleichbaren Befehl besitzt. Der Computerwissenschaftler Dan Swinehart nennt dies das Dilemma der Vorbestimmung. (Tesler 1981, S. 90)

Drei Versuche, das Problem der Vorbestimmung zu lösen, sind bestens bekannt. Die gängigste Methode besteht darin, in jeder Anwendung all jene Funktionen anzubieten, die der Benutzer eventuell gebrauchen könnte. Dies wurde bereits in Abschnitt 5-1 anhand der Feststellung erläutert, dass jeder Personalcomputer viele verschiedene Texteditoren besitzt, die jeweils Teil einer Anwendung oder Funktion sind. Die meisten Textverarbeitungsprogramme auf Personalcomputern verfügen zudem noch über verschiedene Texteditoren, z.B.: Ein schächerer Editor wird für die Eingabe des Musters im Dialogfeld *Suchen* bereitgestellt, während für die Arbeit im Haupttext ein leistungsstarker Editor bereitsteht. Dieser Ansatz erzwingt aufgeblähte Anwendungen, die jeweils einer Fülle an Benutzeranforderungen gerecht werden müssen, welche häufig mit dem ursprünglichen Sinn einer Anwendung nicht mehr viel zu tun haben. Ein Beispiel: In meinem Textverarbeitungsprogramm ist ein Zeichenprogramm eingebettet, damit ich einfache Illustrationen erstellen kann, ohne den Texteditor verlassen zu müssen. Gleichzeitig bietet mein Zeichenprogramm einen Texteditor an, damit ich formatierte Textblöcke in meine Zeichnungen einfügen kann, ohne das Zeichenprogramm verlassen zu müssen. Die Zeichenfunktionen im Texteditor und die Textfunktionen im Zeichenprogramm sind weniger leistungsstark, als die Software, die ursprünglich für diese Aufgaben entwickelt wurde. Idealerweise müssten alle Befehle und Funktionen sowohl im Zeichen- als auch im Textprogramm jederzeit zur Auswahl stehen.

Auf ähnliche Wiese bietet jedes Programm Funktionen zum Speichern und Laden benannter Dateien an. Doch diese Funktionen unterscheiden sich jeweils und enthalten in den einzelnen Anwendungen verschiedene Zusatzoptionen. Dies ist verwirrend, schwer zu bedienen und erfordert große Mengen überflüssiger Software, für die Sie bezahlen müssen, die Sie erlernen müssen, deren Dokumentation Sie aufbewahren müssen und wofür ein angemessener Platz im Hauptspeicher und auf der Festplatte reserviert werden muss. Dasselbe gilt für viele andere Funktionen, z.B. das Drucken.

Die Industrie hat diese Schwierigkeiten durchaus erkannt und einige Firmen haben Software entwickelt, die es ermöglicht, in einem Dokument Bereiche zusammenzuführen, die in verschiedenen Anwendungen erstellt wurden. Wenn Sie einen Punkt in einem solchen **zusammengeführten Dokument** anklicken, wird jeweils die Anwendung aktiv, in der dieser Bereich erstellt wurde. Sobald ein zusammengefügtes Dokument einmal erstellt worden ist, ist es nicht mehr notwendig, die einzelnen Anwendungen explizit zu öffnen. Um ein solches Dokument allerdings zu erstellen, ist es notwendig, die einzelnen Anwendungen zunächst aufzurufen, die betreffenden Bereiche für das zusammengeführte Dokument zu erstellen und diese dann zusammenzufügen – meist durch Ausschneiden und Einfügen oder durch das Ziehen mit der Maus.

Obwohl damit zwar eine bequemere Methode für den Wechsel zwischen den Programmen geschaffen wurde, ist das Dilemma der Vorbestimmung mit diesen Interfaces, die von Apples Opendoc, HPs NextWave und Microsofts OLE-Software und anderen Nachkommen vertreten werden, nicht gelöst. Wenn Sie im Bereich eines zusammengeführten Dokuments arbeiten, stehen die Funktionen aus anderen Anwendungen nicht zur Auswahl, mit denen die anderen Bereiche des Dokuments erstellt wurden. Sie arbeiten nun in einem Dokument, das keine Grenzen zu haben scheint, aber dessen Verhalten sich von Bereich zu Bereich und ohne Warnung ändert. Eine Tabelle und ein Arbeitsblatt können identisch aussehen, aber das eine lässt sich nur nach den Regeln der Textverarbeitung bedienen und das andere gemäß den Regeln des Tabellenkalkulationsprogramms. Dies ist Modalität mit Rachegelüsten am Anwender. Die einzige Warnung, die der Benutzer erhält, wenn er hierhin und dorthin klickt, besteht darin, dass sich die Menüs – meist weit entfernt von Zentrum der Aufmerksamkeit – ändern. Wie wir gesehen haben, ist dies ein ungeeignetes Mittel, um Benutzer auf Änderungen des Systemstatus hinzuweisen, wobei es natürlich keine vollkommen effektiven Mittel gibt.

Der ursprüngliche Ansatz, die inhärenten Modi der Anwendungen abzuschaffen, war die Idee, Fenster zu entwickeln. Bei Xerox PARC schlug Alan Kay sich überlagernde Fenster vor, um das Problem der Modalität von Anwendungen zumindest teilweise zu beheben. Er wollte auch den Unterschied zwischen Betriebssystem und Anwendungen abschaffen, wobei er es zumindest schaffte, die Funktionsweise des Betriebssystems in Form des Desktops sichtbar zu machen. Dies war ein wirklicher Fortschritt, aber wie Larry Tesler von PARC meinte „Fenster sind eine Art Modus im Schafspelz" (Tesler 1981, S. 94.) Das heißt, Fenster heben die Modalität von Anwendungen nicht auf, sondern machen nur mehrere Anwendungen gleichzeitig am Bildschirm sichtbar und zugänglich. Kays Einsicht und die anderen Ideen, die rund um das Fensterkonzept entwickelt wurden, haben uns zwar einen großen Schritt nach vorne gebracht und gereichen dem Anwender seit einem Jahrzehnt zum Vorteil, aber das Problem der Modi und das Dilemma der Vorbestimmung, das durch die Existenz der Anwendungen entsteht, ist nicht gelöst worden. Seit dieser Zeit wurde der Schafspelz immer löchriger und der Wolf beißt allzu oft zu. In Abschnitt 5-8 wird eine Methode vorgestellt, die den Wolf wirklich vertreibt.

Rechner oder Computer?

Es ist leider wahr. Viele von uns legen sich einen Taschenrechner neben den Computer. Warum brauchen Sie dieses primitive Gerät, wenn Sie vor einem Computer sitzen? Sie brauchen es, weil Sie vermeiden möchten, ein wahres Sammelsurium an Zwischenschritten, die schon fast zirkusreif sind, auszuführen, nur um eine einfache arithmetische Rechenaufgabe mit dem Computer zu lösen. Mit dem Taschenrechner geht das so: Sie nehmen die Hand von der Tastatur und rechnen aus, was der Preis von einem Paket ist, wenn 375 Pakete 248,93 DM kosten. Eine einfache Division. Auf dem Computer geht das so: Ich muss mein Rechnerfenster öffnen. Dazu muss ich die Hand von der Tastatur auf die Maus legen. Damit klicke ich mich durch verschiedene Menüs oder bestenfalls auf den Desktop, um den Rechner zu öffnen. Ich lege meine Hände wieder zurück auf die Tastatur und gebe die Zahlen ein oder schneide diese mühsam aus und füge sie aus dem Dokument ein. Dann muss ich einige weitere Tasten drücken und kann schließlich das Ergebnis aus dem Rechnerfenster in mein Dokument kopieren. Wie um dem Ganzen noch die Krone aufzusetzen, öffnet sich das Rechnerfenster manchmal genau über jenen Zahlen am Bildschirm, die ich benötige. In diesem Fall muss ich das Rechnerfenster mit der Maus verschieben, damit ich fortfahren kann. Es geht einfach schneller, zum Taschenrechner zu greifen.

Eine bessere Lösung wäre die Taste Berechnen oder ein omnipräsenter Menübefehl, der es ermöglicht mathematische Ausdrücke, wie 248,93 / 375 zu interpretieren, auszuwählen und die Berechnung in einem Textverarbeitungsprogramm, einem Kommunikationsprogramm, einer Grafikanwendung, einem Präsentationsprogramm oder einfach auf dem Desktop auszuführen. Mit anderen Worten: Dies wäre ein gutes Beispiel für eine universelle Funktion, die überall benutzt werden kann.

Ich habe einen erfahrenen Computerbenutzer als Testperson herangezogen. Er sollte von seinem Textverarbeitungsprogramm aus, das vor ihm geöffnet war, einen Taschenrechner zur Hand nehmen, ihn anschalten, eine einfache Addition durchführen und die Hände zurück auf die Tastatur legen. Dafür hat er 7 Sekunden gebraucht. Dann habe ich ihm einen eingebauten Rechner zur Verfügung gestellt. Er musste den Cursor auf die Menüleiste am oberen Bildschirmrand setzen, das Rechnerprogramm suchen, die Summe eingeben und dann wieder zurück in das Textverarbeitungsprogramm klicken, damit er mit der Eingabe fortfahren kann. Dieser Vorgang nahm 16 Sekunden in Anspruch.

Dieselbe Testperson sollte anschließend eine Berechnung aus einem Dokument heraus auf einem Canon Cat vornehmen, der eine eingebaute Taste Berechnen besitzt, mir der sich arithmetische Aufgaben im Text lösen lassen. Hier betrug die Zeit 6 Sekunden, denn er verwendete die oberste Zahlenreihe der Tastatur für die Eingabe der Ziffern. Es gibt also keinen nennenswerten Zeitvorsprung gegenüber einem externen Taschenrechner. Auf dem Cat blieb das Ergebnis allerdings im Dokument stehen, für den wahrscheinlichen Fall, dass dieses in das Dokument eingefügt werden soll. Aber das Ergebnis war auch links markiert, d.h. ein Drücken auf die Entf-Taste hätte es schnell entfernen können, falls ein Eintrag im Dokument nicht erwünscht wäre.

Hier soll noch eine weitere Funktion angesprochen werden, die generell zur Verfügung stehen sollte: Überall, wo sich eine Zahl eingeben lässt, sollte es auch die Möglichkeit geben, einen arithmetischen Ausdruck einzufügen, der diese Zahl verwerten kann. Aber auch folgende Befehle sollten im Grunde überall aktivierbar sein, was durchaus machbar ist:
- *Rechtschreibprüfung für die aktuelle Auswahl*
- *Aktuelle Auswahl als arithmetischen Ausdruck interpretieren und berechnen*
- *Aktuelle Auswahl als E-Mail verschicken*
- *Aktuelle Auswahl als Fax verschicken*
- *Nachschlagen, was sich unter einer URL im Web finden lässt*
- *Aktuelle Auswahl als Java-Programm (oder anderes) ausführen*

5-8 Befehle und Transformer

Ein gutes Design ist besser, als Sie denken.

— Rex Heftman

Wir sind meist mit Recht verärgert, wenn ein Produkt, eine Software oder ein Computersystem uns mit einer Komplexität an Funktionen konfrontiert, die wir überhaupt nicht benötigen und dadurch Schwierigkeiten auftreten, die wir nicht verstehen. Wir möchten nur ein paar einfache Aufgaben aus der Textverarbeitung erledigen und werden dazu gezwungen, uns mit Hunderten oder – wie im Falle von Microsoft Office – Tausenden von Befehlen und Methoden zu befassen, die wir nicht benötigen. Wenn wir auf der anderen Seite alle nötigen Befehle selbst einbringen könnten, würde sich das Gefühl, fehl am Platze und vollkommen überfordert zu sein, schwächer werden, auch wenn das daraus resultierende System ebenso komplex wird wie die Originalanwendung.

Wenn wir die Maxime ernst nehmen, dass ein System nicht komplexer sein sollte als die aktuellen Anforderungen und wir außerdem ein System anbieten, dessen Leistungsstärke allmählich zunimmt, dann ließe sich der Traum von Produkten, die anfänglich einfach sind und entsprechend den Kenntnissen des Anwenders „mitwachsen" verwirklichen, ohne an Einfachheit und Flexibilität einzubüßen. Um die Mittel zu verstehen, die eine Umsetzung dieses Konzepts ermöglichen, sollten Sie sich Abschnitt 5-1 in Erinnerung rufen. Hier wurde erläutert, dass der Kern der Arbeit an einem Computer der Inhalt ist und sich auch die Bedienung in der Form von Inhalten darstellen lässt. Ferner sollten Sie sich daran erinnern, dass das Interface für solche Operationen aus zwei Bereichen besteht: zunächst wird der Inhalt ausgewählt und dann wird die Operation aufgerufen. Zum Beispiel: In einem Spiel lässt sich ein Monster abschießen oder prosaischer ausgedrückt: Es wird eine Operation ausgeführt, die das Bild des Monsters in das Bild einer Explosion verwandelt. Der Inhalt wird ausgewählt, indem der Cursor auf das Monster gesetzt wird, und die Operation wird aufgerufen, indem Sie mit der GID-Taste klicken – ein hervorragendes Interface, schell und zufriedenstellend.

Wird ein Befehl für eine Auswahl aufgerufen, können sich daraus drei Möglichkeiten ergeben:

1. Die Operation kann für die Auswahl ausgeführt werden.
2. Es ergibt keinen Sinn, die Operation für die Auswahl durchzuführen.
3. Die Auswahl kann verändert werden, um eine Operation zu ermöglichen.

Im ersten Fall wird die Operation ausgeführt und der Inhalt verändert. Im zweiten Fall bleibt der Inhalt unverändert. Im dritten Fall muss ein anderer Vorgang vom Computer aktiviert werden, um die Auswahl zu ändern, ehe der Befehle ausgeführt werden kann.

Angenommen, Sie wählen einen Teil einer Fotografie mit einer Straßenszene aus und geben dann einen Befehl zur Rechtschreibprüfung. Der Befehl erwartet eine Zeichenfolge (Text), findet aber nur eine Fotografie (Bitmap.) Zu den Fähigkeiten eines Computers gehört es, Inhalte von einem Datentyp in einen anderen umzuwandeln.[1] In diesem Beispiel ist der Datentyp ein Bitmap und der Befehl erwartet einen Text, daraufhin könnte der Computer nachsehen, ob es einen Transformer gibt, der Bitmaps als Input und Text als Output vorsieht. Solche Transformer gibt es; sie werden als Optical-Character-Recognition (OCR)-Programme bezeichnet. OCR-Programme werden im Allgemeinen dazu verwendet, den Input von Scannern in bearbeitbaren Text umzuwandeln. (Einige zitierte Artikel aus diesem Buch wurden mit einem Scanner zunächst als Bitmap eingelesen und dann mit einem OCR-Programm in Text konvertiert.) Angenommen, der Computer verfügt über ein OCR-Programm. Das OCR-Programm würde automatisch aufgerufen und das Bitmap analysieren. Es würde einige Zeichen darin finden – z.B. ein Straßenschild mit der Aufschrift STOP und ein dunkles Straßenschild mit der Beschriftung „Hamburger Straß". Dieser Text würde dann einer Rechtschreibprüfung unterzogen, die auf ein unbekanntes Wort (Straß) trifft und vorschlägt, dass vielleicht „Strauß" oder „Straße" das korrekte Wort sein könnte.

---

1. Diese Fähigkeit wird häufig als Filter bezeichnet, aber der Begriff Filter beinhaltet eher das Anlegen von Auswahlkriterien als eine allgemeine Umwandlungsfähigkeit. Deshalb verwende ich den Begriff Transformer, der selten in den Computerwissenschaften verwendet wird, während der Begriff Filter häufig auftaucht, z.B. bei digitalen Filterprogrammen.

Anstatt die Software als ein Betriebssystem und ein Set von Anwendungen zu sehen, müsste ein Interface, das dem Menschen entgegenkommt, die Software als Set von Befehlen interpretieren, bei denen es sich zum Teil um Transformer handelt, die automatisch aufgerufen werden, wenn der von einem Befehl erwartete Datentyp nicht dem aktuell vorliegenden Datentyp entspricht. Es kann auch vorkommen, dass mehrere Transformer aufgerufen werden müssen. Zum Beispiel: Angenommen, ein Computer mit einem Transformer konvertiert A in B und ein anderer konvertiert B in C; wenn ein Befehl den Datentyp C erwartet, die Auswahl aber Datentyp A entspricht, müssen vor der Ausführung des Befehls zunächst beide Transformer angewendet werden. Steht kein Transformer für die Aufgabe zur Verfügung, wird an der Auswahl keine Änderung vorgenommen, der Benutzer wird entsprechend informiert und die Auswahl bleibt unverändert.

Anstatt Anwendungsprogramme zu entwickeln, würden die Softwarehersteller Sets von Befehlen anbieten, die eine Sammlung gegenstandsspezifischer Operationen beinhalten. Zum Beispiel: Anstatt ein Programm zur Fotobearbeitung zu entwickeln, könnte ein Hersteller eine Anzahl unabhängiger Befehle anbieten, die gesammelt genau denselben Aufgabenbereich abdecken. Der Benutzer könnte sich dann genau so viele Befehle installieren, wie er benötigt, anstatt sich umfangreiche Anwendungen zu installieren, die er in ihrer Gesamtheit nie in Anspruch nimmt. Mit Hilfe des Internet könnte der Vertrieb von Software von weitsichtigen Herstellern auf einer Basis von Befehl-für-Befehl verkauft werden, eventuell mit deutlichen Nachlässen für ein umfangreiches Befehlsset.

Wenn sich die Anwender über die absurde Komplexität der Anwendungen beklagen und nach einfacheren Programmen fragen ohne all die für sie „unnötigen Schnörkel", dann antworten die Marktbeobachter: „Light"-Versionen von Softwarepaketen hätten keinen Absatzmarkt. Es gibt aber einen guten Grund, warum diese „Light"-Versionen keinen Erfolg haben. Der Benutzer weiß nämlich nicht, welche Funktionen, die das Komplettpaket bietet, er eines Tages vielleicht doch noch benötigt und entscheidet sich deshalb für den Erwerb des Gesamtpakets, denn nur so kann er sicherstellen, dass er diese Funktionen auch erhält. Wenn er zuerst eine beschränkte, kostengünstigere Version erwirbt, kann er später nur noch einen Upgrade auf das Gesamtpaket kaufen, auch wenn er eigentlich nur eine einzige kleine Funktion zusätzlich aus diesem Komplettpaket benötigt. Der Käufer geht also auf Nummer Sicher und erwirbt sofort die Vollversion und fügt sich in das Schicksal, von deren Komplexität überfordert zu werden. Kein Wunder, dass er sich in der Falle fühlt. Befehle, die einzeln nach Bedarf erworben werden können, sind eine Möglichkeit, die den Vorstellungen der Menschen entspricht.

In verschiedenen Befragungen ging es um Programmfunktionen, die nie verwendet werden. Diese Anzahl ist in den letzten zehn Jahren gestiegen und hat sich in dieser Zeit von 15 Prozent auf fast 50 Prozent (letzte Marktbefragung) erhöht. Das ist eine Menge überflüssiges Zeug. Durch das Anbieten von Befehlssammlungen, deren Einzelbefehle sich jeweils unabhängig installieren ließen, könnte der einzelne Benutzer diese Statistik auf nahezu Null bringen. Andere Vorteile für den Hersteller sind die Möglichkeiten der zunehmenden Produktverfeinerung und der einfachere und häufigere Verkauf neuer Funktionen, denn der Benutzer muss nicht jedesmal das gesamte neue Release erwerben, um in den Genuß der einen oder anderen neuen Funktion zu kommen. Das Web ist der ideale Ort für einen solchen wiederholten stückweisen Zukauf.

Die Hersteller, nicht unbedingt dieselben, welche die Befehle anbieten, können auch die Transformer vertreiben. Auch diese ließen sich einzeln verkaufen. Wenn eine Mehrzahl von Benutzern regelmäßig die meisten Befehle für die Textverarbeitung von Hersteller A bezieht und Hersteller B einen sinnvollen Befehl entwickelt hat, den A nicht anbietet, dann kann B diesen Befehl dennoch an die Kunden von A verkaufen. Es könnte jedoch sein, dass B eine andere Datenstruktur verwendet. In diesem Fall wäre B klug, wenn er einige Umkehrtransformer bereitstellt, die von As Datenstruktur zu Bs Datenstruktur wechseln und umgekehrt. Wenn As Produkt eine sehr breite Kundenbasis hat, dann könnte es sich für B als klug erweisen, eine Version des Befehls zu erstellen, die direkt mit der Struktur von A arbeitet. Außerdem könnte ein anderer Anbieter C ein Spezialist für die Entwicklung von Transformern sein. Es könnte gängige Praxis werden, dass Benutzer Transformer von solchen Herstellern erwerben und die Befehlsanbieter die benötigten Transformer in Lizenz erwerben. Diese kommerzielle Struktur besteht zum Teil schon heute: Firmen wie DataViz sind auf den Vertrieb von Transformern spezialisiert.

Die notwendigen Teile für eine Computerumgebung, die sich für Befehleplus-Transformer einsetzen ließen, gibt es ebenfalls bereits. Es ist nicht kompliziert, diese zu einem funktionierenden System zusammenzufügen. Für den Benutzer sind solche Systeme einfacher und flexibler als die heutigen anwendungsbeladenen Designs. Dies wäre eine Lösung, um der Flut von Funktionen und der übermäßigen Komplexität Einhalt zu gebieten, aber auch um Probleme der Inkompatibilität zwischen Anwendungen zu verhindern und das Erlernen der zahlreichen Lösungswege für dieses Problem.

Im Laufe der Zeit könnte das Betriebssystem ganz aus dem Blickfeld des Benutzers verschwinden. Wenn ein solches Programm korrekt ausgeführt wird, würde nicht einmal der Schafspelz heutiger Betriebssysteme – auch Desktop genannt – übrig bleiben.

Natürlich erfordern nicht alle Programme all diese Mechanismen. Ein Spiel könnte z.B. einfach gestartet werden und würde unabhängig ablaufen. Dies ließe sich auch weiterhin in gewohnter Weise per Klick auf den Namen des Spiels bewerkstelligen, vielleicht aus einem Text heraus, der eine Liste von Spielenamen enthält. Dann fehlt nur noch der Befehl zum Ausführen. In Abschnitt 6-2 wird eine alternative Methode erläutert.

Durchdachte Programmierung.
Anwendungen als Besucher

Stellen Sie sich einmal vor, Sie sind in das Haus Ihrer guten Freunde, der Familie Grummel, eingeladen. Sie mögen sogar deren Hund. Das einzige Problem ist das verehrte Porträt von Tante Elfriede über dem Bett. Es vermittelt Ihnen und Ihrer Frau ein beklemmendes Gefühl und Sie können wahrscheinlich nicht in einem Zimmer mit Tante Elfriede schlafen. Sie wagen es nicht, die Grummels zu bitten, es abzuhängen. Wie verhalten Sie sich in einer solchen Situation?

1. Sie nehmen das Bild von der Wand und verbrennen es.

2. Sie verstecken das Bild im Weinkeller, wo es einen Monat dauert, bis die Grummels es wiederfinden.

3. Sie stellen das Bild in den Schrank, wo es schneller gefunden wird.

4. Sie stellen das Bild in den Schrank und hängen es wieder auf, ehe Sie das Haus verlassen.

Jeder, der einmal Gast war, weiß, dass Option 4 die beste Verhaltensmöglichkeit ist. Das ethische Prinzip lautet: Wenn es notwendig ist, kann man Änderungen in fremder Umgebung vornehmen, so lange man die Dinge so hinterlässt, wie sie zuvor waren.

Die heutigen Computer haben viele Umgebungsparameter, die sich einstellen lassen: Lautstärkeeinstellung des Lautsprechers, Bildschirmauflösung und Bildtiefe, Menüverhalten und Systemschriftarten. Ein Macintosh-Computer besitzt Hunderte solcher Einstellungen. Auf einem IBM-kompatiblen Computer, der Windows und Microsoft Office ausführt, beläuft sich diese Zahl auf über 1.000. Die Parallele zu den Grummels? Wenn Sie die Maschine einer anderen Person benutzen und dort Einstellungen ändern, wäre es angemessen, wenn Sie diese nach Beendigung der Arbeit wieder zurücksetzen.

Viele Programme erfordern eine bestimmte Bildschirmauflösung, eine bestimmte Anzahl von Bit pro Pixel oder einen anderen speziellen Parameter, um korrekt ausgeführt zu werden. Deren Verhalten, sofern das System nicht die richtigen Parametereinstellungen aufweist, reicht von einem leichten Grummeln, über offene Streitsucht bis hin zu blankem Vandalismus. Im Folgenden ist aufgelistet, was die verschiedenen Programme anstellen, die ich getestet habe, wenn sie auf falsche Anzeigeeinstellungen treffen:

1. Computerabsturz erzwingt manuellen Neustart.

2. Computerabsturz mit der Ausgabe einer unverständlichen numerischen Meldung; der Benutzer muss eine Warmstart initiieren, um neu zu booten.

3. Ausgabe einer Fehlermeldung, die besagt, dass die Bildschirmeinstellungen neu definiert werden müssen; doch wenn Sie auf OK klicken, stürzt der Computer ab.

4. *Ausgabe einer Fehlermeldung, die besagt, dass die Bildschirmeinstellungen neu definiert werden müssen. Wenn Sie auf OK klicken, können Sie die betreffende Systemsteuerung öffnen und die Einstellungen anpassen.*

5. *Fragt nach, ob die Bildschirmeinstellungen geändert werden können, und wenn Sie auf OK klicken, werden die Einstellungen geändert. Wenn Sie auf Abbrechen klicken, wird das Programm nicht gestartet und die Bildschirmeinstellungen bleiben unverändert.*

6. *Änderung der Bildschirmeinstellungen und Ausführung des Programms ohne Kommentar.*

7. *Ankündigung, dass Einstellungen in einem Dialogfeld geändert werden. Wenn Sie auf OK klicken, werden die Einstellungen geändert und das Programm ausgeführt. Wenn Sie das Programm verlassen, werden die Einstellungen wieder in den Status zurückgesetzt, der vor der Programmausführung aktiv war.*

Ein Leser aus der Zukunft wird sicher der Meinung sein: Den Computer zum Absturz zu bringen ist etwas übertrieben. Keine dieser Methoden entspricht bislang den Anforderungen, die oben für einen guten Gast beschrieben wurden, auch wenn Variante 7 dem schon nahe kommt.

Das sicherste Verhalten ist eine Kombination aus einer Meldung wie unter Punkt 5 und einem Verhalten wie unter Punkt 7. In dem unwahrscheinlichen Fall, dass die Änderung der Bildschirmeinstellungen mit einem parallelen Vorgang oder einem Vorgang im Hintergrund in Konflikt gerät, kann der Benutzer entscheiden, ob er das Programm unter diesen Umständen ausführen will und erhält die Option, es in diesem Stadium abzubrechen.

8. *Änderung der Bildschirmeinstellungen und Ausführung des Programms ohne Kommentar und abschließendes Zurücksetzen beim Beenden des Programms.*

Mit anderen Worten, Sie starten ein Programm, das unkompliziert abläuft: Es tut, was Sie sich vorgestellt haben, und kein anderes Programm ist davon betroffen. Dies ist meine Definition von einem „gut erzogenen" Computersystem. Aber was, wenn zwei Programme, die unterschiedliche Bildschirmeinstellungen erfordern, gleichzeitig ein Bild anzeigen? Dann erscheint vielleicht ein Pferd in einer anderen Farbe oder ein Fisch mit einer anderen Auflösung.

Variante 7, die akzeptabel scheint und häufig verwendet wird, hat den Schönheitsfehler, ein „Dialogfenster" anzubieten, das keinen Dialog ermöglicht. Das mögen Benutzer nicht besonders. Die mitgeteilten Informationen lassen sich nicht ändern und sind deshalb reine Zeitverschwendung. (Siehe transparente Dialogfelder in Abschnitt 5-2-3, um dieses Problem zu lösen.)

Anwendungsprogramme sind in der Argumentationslinie diese Buches per se eine Zumutung. Aber solange wir uns mit ihnen befassen müssen, sollten sie sich wenigsten angenehm verhalten (siehe auch Raskin 1993.) Zusammenfassend kann festgehalten werden: Ein Programm oder, in Zukunft, ein Befehl, sollte automatisch jene Einstellungen vornehmen, die für dessen Ausführung notwendig sind. Die Ausfüh-

rung sollte korrekt sein und beim Abbruch durch den Benutzer oder nach Beendigung des Programms sollten alle Parameter wieder in jenen Status zurückversetzt werden, der beim Start angetroffen wurde. Wenn ein Zurücksetzen nicht möglich ist oder zu einem unerwünschten Nebeneffekt führen könnte, muss eine Meldung angezeigt werden, die den Benutzer darüber informiert, welcher Schaden entstehen kann. Außerdem sollte dem Benutzer die Wahlmöglichkeit überlassen sein, ob der Vorgang fortgesetzt werden soll oder nicht.

Bis jetzt ist es nicht möglich, verschiedene Auflösungen gleichzeitig für einen Bildschirm zu definieren. Aber dies ist ein anderes Problem. In der Zwischenzeit sind die Benutzer sicher dankbar, wenn Sie auf ein Interface stoßen, dass sich an Richtlinie 8 orientiert.

Sechs

Die Navigation und andere wichtige Interface-Aspekte

Der normale Mensch leidet sehr
unter den Geburtswehen einer neuen Idee. — *Admiral William S. Sims*

Zu den Lobeshymnen, die man auf ein Interface singen kann, gehört die Feststellung, das Design sei „intuitiv". Doch bei näherer Betrachtung entpuppt sich dieser Begriff als Worthülse und man sollte die zugrunde liegende Idee weniger pathetisch aber treffender mit dem Begriff „vertraut" bezeichnen.

Unsere heutigen Navigationssysteme, die alles andere als zufriedenstellend sind, versagen angesichts der Billionen von Bytes an Informationen, die eingelesen werden müssen. Menschen und Tiere dagegen durchwandern schon seit Jahrmillionen äußerst komplizierte Umgebungen und haben dafür sinnvolle Navigationstechniken entwickelt. Diese Fähigkeiten, die sich im Laufe von Äonen ausgebildet haben, lassen sich für unsere Zwecke übernehmen und sollen zunächst einmal als ein „Zoom-Interface-Paradigma" bezeichnet werden.

6-1 *Intuitive und natürliche Interfaces*

Wer eine beinahe von allen vertretene Meinung angreift, hat eine schwere Last zu tragen. Er muss viel Glück und ungewöhnliche Fähigkeiten haben, damit er überhaupt Gehör findet.

— John Stuart Mill, „The Subjection of Women"

In vielen Interface-Spezifikationen ist zu lesen, dass das Endprodukt intuitiv sein soll. Es gibt aber keine natürliche Gabe der Intuition – zumindest nicht in deren ursprünglicher Bedeutung – also eines Wissens, das ohne vorherige Auseinandersetzung mit einem Thema entsteht bzw. ohne einen Lernprozess zu durchlaufen oder auch nur einen vernünftigen Gedanken daran zu verschwenden. Wenn ein Spezialist etwas einsetzt, das wir als seine Intuition bezeichnen, um zu einer Entscheidung zu gelangen und zwar in einer Geschwindigkeit und Genauigkeit, welche die meisten Menschen an diesem Punkt nicht aufbringen könnten, dann ist es eigentlich korrekt davon zu sprechen, dass er seine Entscheidung auf der Grundlage seiner Erfahrung und seines Wissens getroffen hat. Experten haben oft gelernt, Methoden und Techniken zu verwenden, die Laien nicht kennen. Fachleute bedienen sich so mancher Hinweise, die andere nicht wahrnehmen oder nicht verstehen. In Wirklichkeit handelt es sich also um Erfahrung und nicht um Intuition.

Wenn Benutzer sagen, dass ein Interface intuitiv ist, dann meinen sie, dass es so verfährt, wie sie es von anderer Software gewöhnt sind, weil sie mit den dort verwendeten Methoden bereits vertraut sind. Manchmal wird der Begriff im Sinne von *gewohnheitsmäßig* verwendet, zum Beispiel in Sätzen wie diesem: „Die Berabeitungsfunktionen lassen sich mit der Zeit immer intuitiver einsetzen." Oder er kann auch *bereits gelernt* bedeuten, wie in folgendem Satz: „Wie alles, lässt sich auch das erlernen, aber es würde viel Erfahrung brauchen, wollte man es intuitiv ausführen." (Collins 1994)

Ein weiteres Wort, das ich in Diskussionen über Interfaces gerne vermeide, ist *natürlich*. Ebenso wie *intuitiv* ist es häufig nicht definiert. Eine Interface-Funktion wird umgangssprachlich natürlich genannt, wenn sie so arbeitet, dass ein Mensch keine besondere Anleitung zu deren Bedienung benötigt. Das heißt, es gibt bereits eine allgemeine menschliche Aktivität, die dieser Funktionsweise *ähnlich* ist. Doch es ist nicht einfach auf den Punkt zu bringen, was diese Ähnlichkeit ausmacht. Ähnlichkeiten und Analogien können sich auf vieles beziehen. Man kann ohne weiteres sagen, es sei natürlich, wenn sich der Cursor nach links bewegt, sobald die Maus nach links bewegt wird und umgekehrt. Hier lässt sich der Begriff *natürlich* aber auch durch *einfach zu lernen* ersetzen. Es ist zwar unmöglich, das Quantum an Natürlichkeit zu bemessen, aber es ist nicht allzu schwierig, Zeiten für das Erlernen quantitativ zu erfassen.

Die Verwendung der Maus wird häufig als natürlich und intuitiv beschrieben. Es ist schwierig, heute noch ein Experiment dazu durchzuführen, weil dieses berühmteste aller GIDs so weit verbreitet ist. Aber als sie noch weniger bekannt war, unterzog ich einige Leute, die mit der Maus nicht vertraut waren, einem Test. Als Aufgabe sollten die Testpersonen ein Programm namens *The Manhole* bedienen, ein unterhaltsames und gut ausgearbeitetes Kinderspiel zur Erforschung verschiedener Sachverhalte an verschiedenen Positionen auf dem Bildschirm. Die Tastatur wurde vom Computer entfernt, ich deutete auf die Maus und sagte: „Dies ist eine Maus, die Sie zur Bedienung des Spiels benötigen. Fangen Sie einfach damit an und probieren Sie damit herum." Auf Rückfragen gab ich nur indifferente Antworten nach dem Motto „Versuchen Sie es einfach weiter." Die Reaktion einer intelligenten finnischen Erzieherin, die noch nie einen Macintosh gesehen hatte, aber ansonsten in Hinblick auf Computer belesen war, war typisch: Sie nahm die Maus in die Hand und hielt sie hoch.

Heutzutage scheint das absurd, doch dieselbe Szene ist in der Science-Fiction-Serie Star Trek zu finden. Der Ingenieur des Raumschiffs wird in unsere Zeit zurückversetzt und begegnet dort einem Macintosh. Er hebt die Maus hoch und führt sie an den Mund, als wäre es ein Mikrofon. Dann spricht er mit starkem schottischen Akzent hinein: „Computer, ..." Das Publikum lacht über diesen Fehler. Ich bewundere die Autoren dieses Films, weil sie erkannt haben, dass die Maus kein Gerät ist, deren Bedienung sich sofort von jedermann erraten lässt. Im Falle der finnischen Testperson bestand der nächste Schritt darin, dass sie die Maus umdrehte und versuchte den Ball zu bewegen. Nichts geschah. Sie schüttelte die Maus und dann hielt sie die Maus in der einen Hand und klickte mit der anderen auf die Tasten. Keine Reaktion. Doch schließlich gelang es ihr, das Spiel zu beginnen, indem sie die Maus in der rechten Hand hielt und den Ball mit den Fingerkuppen der rechten Hand rollte, während sie mit der linken Hand gleichzeitig die Taste drückte.

Dieses Experiment zeigt, dass die Einfachheit der Bedienung eines Interface und die Geschwindigkeit des Lernens nichts mit irgendwelchen Eigenschaften wie Intuition und Natürlichkeit zu tun haben. Die Bedienung der Maus ist sehr einfach zu lernen. Ich musste sie nur vor den Testpersonen auf den Tisch legen, sie bewegen und dabei etwas anklicken. In fünf bis zehn Sekunden hatten alle verstanden, wie die Maus verwendet wird. Das geht schnell und einfach, ist aber weder intuitiv noch natürlich. Kein künstlicher Gegenstand ist intuitiv oder natürlich.

Der Glaube, dass Interfaces dies sein könnten, ist wenig geeignet, das Interface-Design zu verbessern. Als Berater werde ich häufig gebeten, ein „besseres" Interface für ein Produkt zu entwickeln. Normalerweise lässt sich ein Interface so entwickeln, dass es in puncto Lernzeiten, Geschwindigkeit der Operationen (Produktivität), Reduzierung der Fehlerhäufigkeit und einfacher Implementierung mit den bereits vorhandenen Produkten des Kunden oder den Produkten der Mitbewerber konkurrieren kann. Trotzdem werden meine Vorschläge, auch wenn die darin enthaltenen Verbesserungen durchaus zur Kenntnis genommen werden, mit dem Argument zurückgewiesen, sie seien nicht intuitiv genug. Das ist ein klassisches Eigentor: Der Kunde wünscht etwas, das der Konkurrenz deutlich überlegen ist. Wenn es aber überlegen sein soll, muss es anders sein. (Normalerweise kann man davon ausgehen: Je größer die Verbesserung, desto größer der Unterschied.) Aus diesem Grund kann es aber wiederum nicht intuitiv, nicht sehr vertraut sein. Was der Kunde will, ist ein Interface mit nur wenig Änderungen in Bezug auf die gängige Praxis – damit ist meist Microsoft Windows gemeint – das aber trotzdem irgendwie große Verbesserungen bringt. Das ist eigentlich nur in den seltensten Fällen möglich, in denen das ursprüngliche Interface einige wesentliche Mängel aufweist, die sich leicht beheben lassen. (Teile dieses Abschnittes beruhen auf Raskin 1994.)

6-2 Bessere Navigation: ZoomWorld

Wenn Sie ein Navigationsschema entwickelt wollten, das bewusst verwirren soll, würden Sie das Interface in Form eines Labyrinths entwerfen. Das Labyrinth würde den Benutzer in einen kleinen Raum geleiten, mit zahlreichen Türen, die hierhin und dorthin führen. Die Schilder an den Türen sind mit knappen, kryptischen oder symbolischen Aufschriften versehen und können sich auch ändern oder ganz verschwinden[1], je nachdem wo Sie sich befinden. Sie können nicht sehen, was Sie auf der anderen Seite der Tür erwartet, es sei denn Sie gehen hindurch. Wenn Sie aber hindurchgegangen sind, können Sie den soeben verlassenen Raum entweder noch oder nicht mehr sehen. Vielleicht gibt es auch keinen direkten Weg mehr zurück. Einige Türen enthalten Pläne über einen Teil oder die gesamte Anordnung der Zimmer, aber um diese Pläne zu verstehen, müssen Sie immer die Beziehung zwischen der Darstellung auf dem Plan und Ihrem aktuellen Standort herstellen. Außerdem eignen sich die Pläne nicht besonders für Situationen, die besser durch ein dreidimensionales Netzwerk darzustellen wären. Die Zimmer in dieser Beschreibung sind Analogien zu den Fenster in Computer-Interfaces oder Websites und die Türen sind die Register, Menüs oder Links, die dazu dienen Sie in andere Fenster oder Sites zu bringen.

Wie uns Legenden und Geschichten aus alter Zeit überliefern, war es noch nie eine der Stärken der Menschen, sich in einem Labyrinth zurechtzufinden. Wenn wir diese Aufgabe so einfach lösen könnten, dann würde sie uns nicht immer wieder in Form von Puzzeln und Rätseln vorgelegt werden. Wenn ich ein komplexes Programm bediene, dann finde ich oft tief in einem Untermenü versteckt einen Befehl oder ein Kontrollfeld, das die Lösung zu meinem Problem enthält. Stellt sich mir dieses Problem eine Woche später erneut, kann ich mich

---

1. Adaptive Menüs haben diese unangenehme Eigenschaft.

nicht mehr daran erinnern, wo das Kontrollfeld für die Lösung war. Wir sind eben nicht dafür geschaffen uns an lange komplizierte Verzweigungen zu erinnern; genau deshalb sind Labyrinthe ja bestens für Rätsel geeignet. Warum diese Struktur allerdings in den heutigen Navigationssystemen auf Computern und im Web verwendet wird, bleibt für viele Benutzer ebenfalls ein Rätsel. Die meisten Klagen über die heutigen Systeme beziehen sich auf den Bereich der Navigation. Daraufhin wurden Teillösungen wie die „Favoriten" in den Browsern erstellt[1]. Doch es gibt etwas, an das sich die Menschen bei weitem besser erinnern, z.B. Wahrzeichen, Positionanzeigen und Merkmale, welche die Evolution in uns eingebrannt hat, also Eigenschaften, die sich beim Design eines Interface vorteilhaft nutzen lassen.

Das Gegenteil von einem Labyrith ist eine Situation, in der das Ziel und der Weg dorthin immer vor unseren Augen liegen. In dieser Situation bleibt unser Ortssinn aktiv, während wir unterwegs sind, und es ist für uns sehr einfach wieder zurückzufinden. Eine elegante Lösung dafür ist das Zoom-Interface-Paradigma (ZIP), welches das Navigationsproblem in vielen Situationen behebt und eine Lösung für den begrenzten Bildschirmplatz vorsieht, mit dem alle Systeme umgehen müssen. Stellen Sie sich vor, welchen Überblick Sie über ein Labyrinth erhielten, wenn sie darüber hinweg fliegen könnten. Sie würden dann das Layout sehen und könnten direkt zum Ziel gelangen. Ein Zoom-Interface-Paradigma bietet genau diese Form der Übersicht und Einfachheit für viele Aufgaben an, die am Computer durchgeführt werden. Obwohl ein ZIP nicht in allen Situationen optimal ist, werde ich mich auf dessen positive Aspekte konzentrieren, denn ich möchte aufzeigen, dass es hochklassige Alternative zu den desktoporientierten grafischen Benutzeroberflächen gibt.

Das hier beschriebene ZIP wird ZoomWorld genannt und beruht auf der Idee, dass der Benutzer Zugang zu einer unendlichen Planfläche an Informationen mit unendlicher Auflösung hat. Dieser Plan ist ZoomWorld. Alles, was zugänglich ist, wird irgendwo in ZoomWorld angezeigt, ob dies sich auf dem Computer, in einem lokalen Netzwerk oder einem Netzwerk von Netzwerken wie dem Internet befindet.

Um mehr von ZoomWorld zu sehen, müssen Sie sich vorstellen, immer höher und höher darüber zu fliegen. Um ein bestimmtes Element aus der Nähe zu betrachten, stoßen Sie wie ein Adler herab. In ZoomWorld gibt es auch einen Suchmechanismus nach Inhalten. Die allgemeine Metapher ist die des Fliegens, hoch, um einen größeren Überblick zu erhalten, tief, um bestimmte Elemente deutlich zu sehen. Sie navigieren durch ZoomWorld zum einen, indem Sie darüber fliegen, zum anderen, indem Sie nach Inhalten suchen.

---

1. Diese Funktion ist solange sinnvoll, bis der Benutzer so viele Favoriten gesammelt hat, dass er sich nicht mehr daran erinnern kann, wohin sie im Einzelnen führen. Dann müssten konsequenterweise „Favoriten von den Favoriten" eingeführt werden oder ein anderes Schema, um diese zu verwalten.

ZoomWorld lässt sich konzeptionell mit den Pinnwänden eines Raums für die Projektplanung vergleichen. Nach einer Weile sind die Wände mit Anmerkungen übersät, verschiedene Blätter daran gepinnt, Haftnotizen, Fotos und anderen Hilfsmitteln, die dabei helfen, uns zu erinnern und Ideen zu erläutern. Wenn Sie den Raum betreten, stehen Sie zunächst in der Mitte und blicken sich um, dann wählen Sie einen bestimmten Ort aus, gehen hinüber und sehen sich das Material genau an. Das nächste Mal gehen Sie dann vielleicht schon direkt zu jenem Ort, an dem sich die gesuchten Informationen befinden, die Sie noch einmal ansehen oder verändern möchten.

Es fällt uns leicht, die Dinge in einem solchen Planungsraum zu finden, weil wir dazu neigen, uns an bestimmte Merkmale und deren relative Position zu erinnern. Diese Fähigkeit wird manchmal auch als PSI-Effekt bezeichnet und ist Forschern im Bereich der Psychologie längst bekannt. „Die Infos zum Marketing sind an der rechten Wand, etwas unterhalb an der äußersten Ecke", könnte Ihnen jemand erklären. Bei der nächsten Gelegenheit wenden Sie sich vielleicht sofort einem bestimmten Dokument zu, weil Sie sich daran erinnern, dass es links neben dem roten Zettel hing, den Aviva aufgehängt hat. Während Sie in dem Raum arbeiten, treten Sie manchmal vielleicht einen Schritt zurück, um sich eine Orientierung zu verschaffen. Sie müssen nicht weit zurücktreten und schon können Sie zwar die kleinen Texte nicht mehr lesen, aber die Überschriften und größeren Diagramme sind aus dieser Position noch gut zu entziffern. Treten Sie noch weiter zurück, können Sie nur noch die wenigen sehr großen Überschriften, die Farben der Blätter und die Layoutbereiche sehen und wissen, wo Illustrationen, Diagramme oder Comics darauf sind, auch wenn Sie den Inhalt dessen nicht mehr erfassen können.

Das ZIP ermöglicht es, Labels an Bilder oder Sammlungen von bildhaften Elementen anzuhängen, definiert aber keine Struktur, weder eine hierarchische noch eine andersgeartete, die über Assoziationen oder Ähnlichkeiten hinausreicht. Ich glaube, einige Benutzer werden die Organisation durch Sammlungen von Bildern bevorzugen, während andere informelle Hierarchien erstellen. Zum Beispiel: Eine große Überschrift namens *Personenfotos* würde bei näherem Hinsehen oder Zoomen kleinere Überschriften zu weiteren Gruppierungen enthüllen, z.b. Babyfotos, Urlaubsbilder, Haustiere, Hobbies, Freunde, Verwandte etc.. Einen Zoomen auf den Inhalt von *Babyfotos* würde dann z.B. die Namen der Kinder, Agathe, Hans und Hermine, zeigen. Ein professioneller Fotograf hat wahrscheinlich eine sorgfältig durchdachte Form der Archivierung seiner Bildersammlung ausgearbeitet. Beachten Sie, dass Sie sich nicht an die Namen erinnern müssen; sie finden diese, sobald Sie zoomen, und können beim Darübergleiten überlegen, in welcher Kategorie sich das gesuchte Bild befindet. Dieselbe Art der Archivierung lässt sich auch mit Filmen und Soundsammlungen durchführen, auch wenn Sie einen Film oder Sound letztlich aktivieren müssen, um festzustellen, ob es tatsächlich der richtige ist.

Auch Menschen, die komplett unorganisiert sind, können Hoffnung schöpfen: Wenn Sie zu diesem Typus gehören, können Sie die Bilder einfach beliebig ausbreiten und herumzoomen, bis Sie das gewünschte gefunden haben. Vielleicht erinnern Sie sich aufgrund Ihres räumlichen Vorstellungsvermögens an die exakte Position, wodurch sich die Suche beschleunigen ließe.

Wenn Sie größere Zeichen wünschen, z.B. in einem Dokument, das Sie lesen, ist klar, dass Sie diese Zeichen durch Zoomen vergrößern können, aber dann kann es sein, dass nicht die ganzen Zeilen auf die Breite des Bildschirms passen. Dadurch wird das Lesen am Bildschirm erschwert. Die Lösung besteht in diesem Fall darin, einen Befehl zur Vergrößerung der Schriftart zu wählen, der die Zeilenlänge – in puncto Anzahl der Zeichen pro Zeile – kürzer macht.

Der Umstand, dass wir uns an Positionen und Kennzeichnungen erinnern, lässt sich in ZoomWorld verwenden. Zum Blättern werden keine Bildlaufleisten verwendet, da diese langsam sind. (Erinnern Sie sich an die Größe der anzuklickenden Pfeilsymbole, die im Abschnitt zu Fitts Gesetz erläutert wurde.) Dies lässt sich aber auch nicht mit Zommen von Symbolen oder Menüoptionen durchführen, sondern es wird simuliert, was eine Person in einem Planungsraum tut: Zurücktreten, um größere Bereiche zu sehen, dann vortreten, um den gewünschten Bereich genauer zu erkennen und schließlich nach vorne beugen, um den Ausdruck zu lesen oder eine Lupe zu benutzen, um Details auf einem Foto zu erkennen.

Die Vergrößerung zur genauen Darstellung von Details lässt sich vermutlich am besten mit einem Quasimodus implementieren (siehe Abschnitt 3-2-3.) In diesem Quasimodus würde eine Taste des grafischen Eingabegeräts als Zoomfunktion dienen und zwar jeweils an der aktuellen Cursorposition. Die zweite Taste des GID ließe sich für eine solche Funktion einrichten. Um für Kompabilität mit anwendungsunabhängigen Systemen zu sorgen, wie in den Abschnitten 5-7 und 5-8 beschrieben, ließe sich der Zoom-Quasimodus auch andernorts implementieren, z.B. auf einem zweiten GID, auf der Tastatur oder als reservierte Zusatztaste an einem GID (siehe Anhang A.)

Wo auch immer sich die Zoomsteuerung befände, der Punkt, auf den gezoomt wird, ist die Cursorposition, die sich beim Zoomen durch ein grafisches Eingabegerät noch korrigieren lässt, weil daran auch die Rolle als Zeigewerkzeug geknüpft ist. Das heißt, beim Zoomen bewegt das System den Zoom-World-Plan, damit die Cursorposition in oder in der Nähe des Bildschirmzentrums ist. Wenn das Zoomen schnell geht – also mindestens einen Faktor von 2 in linearen Dimensionen pro Sekunde aufweist –, kontinuierlich erscheint und an und von der Cursorposition aus vorgenommen werden kann, dann genügt dies als grafisches Navigationsinstrument.

In dem Planungsraum suchen Sie sich vielleicht größere Zeichen über den Hauptbereichen aus, Zeichen, die sich von jeder Position im Raum aus lesen lassen. Das Zoomen funktioniert hier ähnlich; die Größen der Überschriften und des Textes bestimmen, wie weit Sie hineinzoomen müssen, bis Sie Details erkennen können. Diese Technik ist ein Ersatz und eine Verbesserung hierarchischer Verzeichnisstrukturen. Eine schnelle Textsuche, wie z.B. LEAP, ist eine wichtige Unterstützung, wenn es darum geht, Textstellen schnell zu finden. Ein paar eindeutige geometrische Wegweiser lassen sich ebenfalls verwenden; siehe die Regeln für einen effektiven Einsatz von Symbolen in Abschnitt 6-3, damit Sie wissen, warum es nur „ein paar" sein sollen. Ein großes rotes Kreuz könnte z.B. einen Bereich signalisieren, der Daten zu medizinischen Notfällen enthält – sowohl im Planungsraum als auch im ZIP.

Ohne lange Erklärungen werden die Benutzer schnell mit den verschiedenen Arbeitsmustern vertraut, die sie erledigen möchten. Tabellenkalkulationen, Tabellen, Texte, Bitmaps, Zeichnungen und andere Erzeugnisse aus Computeranwendungen haben ihre eigenen optischen Merkmale, auch aus der Ferne betrachtet. Die Produkte von verschiedenen Mitarbeitern, Gruppen, Herstellern und anderen Materialbeschaffern werden dadurch oft sofort erkennbar.

Ein Zoomraum bietet eine größere Flexibilität beim Layout. Wenn ein Dokument in der Länge oder Breite anwächst, lässt sich dessen Größe einfach reduzieren; so passt es nach wie vor in denselben Bereich, den es auch zuvor eingenommen hat. Ähnliche raumschaffende Verfahren lassen sich anwenden, wenn eine Tabelle oder ein Spreadsheet vergrößert werden. Da eine jederzeitige Vergrößerung möglich ist, kann der Text immer so groß dargestellt werden, wie zum Lesen nötig. Das Gegenteil tritt ein, wenn ein Dokument oder eine Zeichnung kleiner wird. Leerer Raum ist unbegrenzt, wenn das System korrekt implementiert wurde; ein Befehl ermöglicht den Beginn eines neuen Dokument an jeder beliebigen Position – indem ein leeres Dokument kopiert wird, entsteht die ZIP-Analogie zum GUI-Befehl *Neu* – und Dokumente können sich mit angrenzenden Dokumenten überlagern oder ihre Größe wird durch diese beschränkt. Interne Links und Verweise auf Webseiten (URLs) führen den Benutzer sofort zu anderen Dokumenten an eine Position und in einer Größe, die bei der Erstellung des Links definiert wird. Schaltflächen können so viele Informationen enthalten, wie Sie wünschen, z.B. ein komplettes Handbuch mit Beispielen, wobei dessen Oberfläche auch aus der Ferne immer zu sehen ist. Jede Funktion kann eine eingebaute Erläuterung enthalten.

Das Zoomen kann auch zeitlich nichtlinear stattfinden, d.h. langsam beginnen und zur vollen Zoomgeschwindigkeit beschleunigt werden. Dadurch wird eine Feinsteuerung kleinerer Änderungen möglich, ohne große Änderungen in der Skalierung zu bewirken. Der Vorgang lässt sich auch verlangsamen und an vordefinierten Zoomprozentsätzen ganz stoppen, um eine Darstellung der Zeichen in den Standardgrößen zu erleichtern.

Effektiv in einem ZIP zu arbeiten, macht oft Strategien möglich oder verlangt sie sogar, die sich von den in GUIs üblichen unterscheiden. Sie können z.B. verschiedene Ansichten derselben Daten wählen, weil die Hardware keine Beschränkungen auferlegt. Ebenso wie bei dem effizienten Temperaturumwandler aus Abschnitt 4-3-2 überlassen wir der Maschine zusätzliche Aufgaben oder Vorbereitungen, die eventuell gar nicht beansprucht werden, um die Belastung des Menschen durch die Arbeit zu reduzieren. Vergleiche von Dateien ließen sich etwa mit einem geteilten Bildschirm herstellen, der einen Steuermechanismus erfordert, aber unabhängiges Zoomen ermöglicht. Ein typischer ZIP-Trick wäre, Kopien von zwei Dokumenten zu versetzen oder zwei Kopien desselben Dokuments anzulegen, damit deren Teile nebeneinander verglichen werden können. Die Möglichkeit, ein beliebiges Objekt zu versetzen oder zu skalieren gilt für Textobjekte, wodurch sich ein Dokument vergrößern lässt und daher auf einer höheren hierarchischen (und grafischen) Ebene sichtbar ist.

Eine Fußnote kann mehr als eine Referenz sein. Sie können sofort in das gesamte Referenzwerk zoomen. Das Zoomen funktioniert hier wie ein Link, es sei denn, Sie möchten zum Hauptinformationsstrang zurückkehren, dann zoomen Sie wieder heraus. Dabei müssen Sie nicht nachvollziehen, welchen Weg Sie gegangen sind. Um einen Satz von Dokumenten einfach wiederzufinden, lassen sich die Dokumente selbst in bestimmten Mustern anordnen, die beim Herauszoomen sichtbar werden. Eine Seite mit sehr großen Schriftzeichen lässt sich noch lesen, wenn der Abstand groß ist und diese als Überschrift verwendet wurden. Das Herauszoomen lässt sich wie die Schalfläche *Zurück* in einem Browser verwenden.

Teamarbeit ist in kleinem Rahmen einfach zu gestalten, indem die Mitarbeiter jeweils in dasselbe Dokument zoomen, wobei bestimmte Regeln eingehalten werden müssen, um einen Konflikt zu vermeiden. Ein Netzwerk lässt sich als Raum darstellen, in dem die Arbeiten der einzelnen Personen in jeweils eigenen Bereichen positioniert sind. In einer ZIP-Umgebung für Teamarbeit kann jeder Benutzer festlegen, welche Arbeiten für andere sichtbar oder unsichtbar sein sollen. Unsichtbare Dokumente sind auch eine Möglichkeit, verschiedene Ebenen der Zugriffserlaubnis zu implementieren.[1]

Ein typische Anwendung für ZoomWorld ergab ein Design von Apricus. Es sollte eine Möglichkeit gefunden werden, ein etwa ein mal ein Meter großes medizinisches Diagramm zu computerisieren, von der Art, wie sie in den Intensivstationen verwendet werden. Alle getesteten Methoden waren langsamer als der manuelle Zugang zum Chart und erforderten darüber hinaus auch eine intensive Schulung; und es ließen sich nicht mehrere Bildschirme verwenden, um das Diagramm komplett darzustellen. Mit ZoomWorld war es nicht nur möglich, das Diagramm einzurichten, sondern dieselbe Oberfläche ließ sich gleichzeitig ohne großen Entwicklungsaufwand als unternehmensweite Datenbank

---

1. Ein interessantes Zooming-User-Interface (ZUI), namens PAD++ (mittlerweile wird es Jazz genannt), wurde ursprünglich an der University of New Mexico entwickelt. Siehe http://www.cs.umd.edu/hcil/Pad++/. Ich bin Donald Norman, früher bei Apple, dankbar dafür, dass er mich auf seine Arbeit hingewiesen hat.

verwenden. Mit Hilfe einer Automatisierung der Intensiv-Datenbank konnte das Unternehmen so verschiedene Ansichten daraus erstellen. Das bessere Interface ermöglichte eine Erweiterung des Geschäftsmodells und des Anwendungsbereichs, ohne eine noch komplexere Oberfläche zu erfordern oder zusätzliche Interface-Implementierungen, obwohl dadurch natürlich eine größere Datenbank notwendig wurde. Die Abbildungen 6.1 bis 6.8 zeigen verschiedene Versionen der ZoomWorld, die von Apricus entwickelt wurde.[1] Bei Tests stellte sich heraus, dass Krankenschwestern das System nach weniger als einer Minute Übungszeit bedienen konnten.

In Abbildung 6.1 zeigt das ZIP eine Krankenabteilung der Intensivstation, umgeben von anderen Abteilungen. Man kann hineinzoomen, um die Informationen für die einzelnen Zimmer zu lesen, von denen einige unbesetzt sind. In Abbildung 6.2 wurde in Zimmer Nr. 132 hineingezoomt, wodurch die wichtigen Patientendaten und Diagramme zu sehen sind.

Das Zoomen lässt sich bis zu einem einzelnen Diagramm fortsetzen. Wenn der Text groß genug wird, um lesbar zu sein, lässt er sich auch bearbeiten. In Abbildung 6.3 sind automatisch eine horizontale Zeitleiste und ein vertikaler Satz von Beschriftungen erschienen. Diese „fließen" als bewegliche Überschriften über das Hintergrundbild, damit die Skalen in Relation zu den Daten bleiben. Sie werden automatisch ausgeblendet, wenn Sie herauszoomen oder über jenen Punkt hinauszoomen, an dem der Text lesbar ist, oder noch weiter in den Eintrag eines Diagramms hineinzoomen.

Angenommen, Sie möchten in einen bestimmten Wert zoomen und wichtige Daten suchen, z.B. die normalen Bereiche für Messungen oder ein längeres Zitat aus einem medizinischen Text. Wie Sie sehen, stehen solche Details nicht im Weg oder nehmen einen sichtbaren Bereich am Bildschirm ein, und doch sind sie da, wo sie gebraucht werden.

Das Zoomen kann auch in die umgekehrte Richtung stattfinden. Wenn Sie über Abbildung 6.1 weiter nach oben „fliegen", wird durch einen ersten Blick auf das Krankenhaus deutlich, dass die Intensivstation im ersten Stock liegt. Außerdem können Sie feststellen, welche Abteilungen sich dort noch befinden. Der Grundriss des gesamten Stocks wird angezeigt (Abbildung 6.4.)

Fliegen Sie noch höher über die Ansicht des ersten Stocks hinaus, dann wird das gesamte Krankenhaus sichtbar, mit einem einstöckigen Gebäude für die Büros der Ärzte und einem Krankentrakt aus drei Stockwerken. (Abbildung 6.5.)

---

1. Mein Dank gilt Apricus für die Erlaubnis, diese Version von ZoomWorld als Beispiel zu beschreiben und einige Bildschirme zu Illustrationszwecken abzubilden. Viele Details und die Implementierung wurden von David Moshal und Emanuel Noik und ihrem Team vorgenommen. Die Benutzeranpassung an die Gegenbenheiten des Krankenhauses wurden von Betti Newburn durchgeführt.

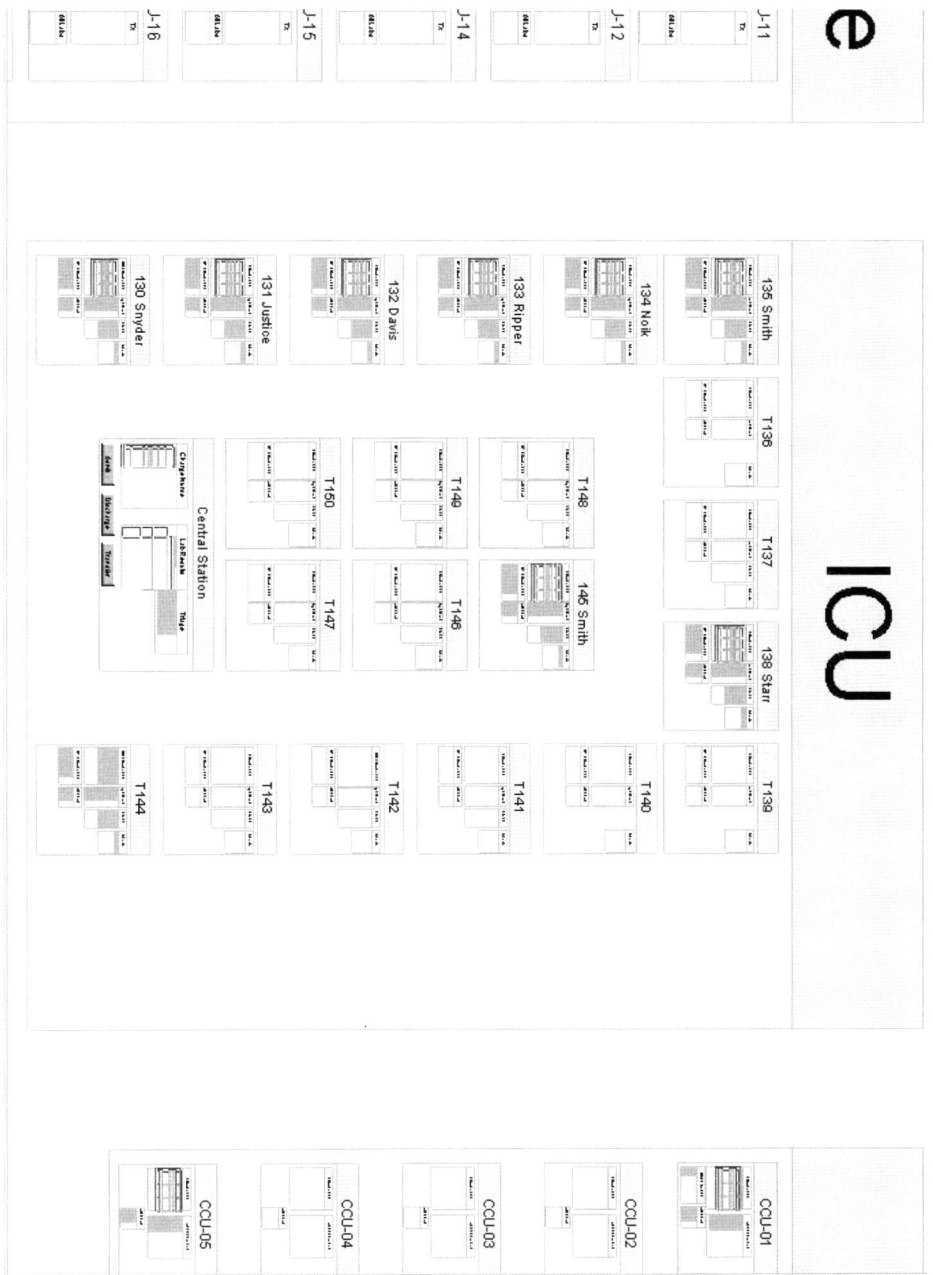

Abbildung 6.1:
Die ZIP-Ansicht einer Intensivstation. Die nummerierten Rechtecke sind Zimmer mit den Namen der Patienten darauf (es werden keine echten Daten gezeigt).

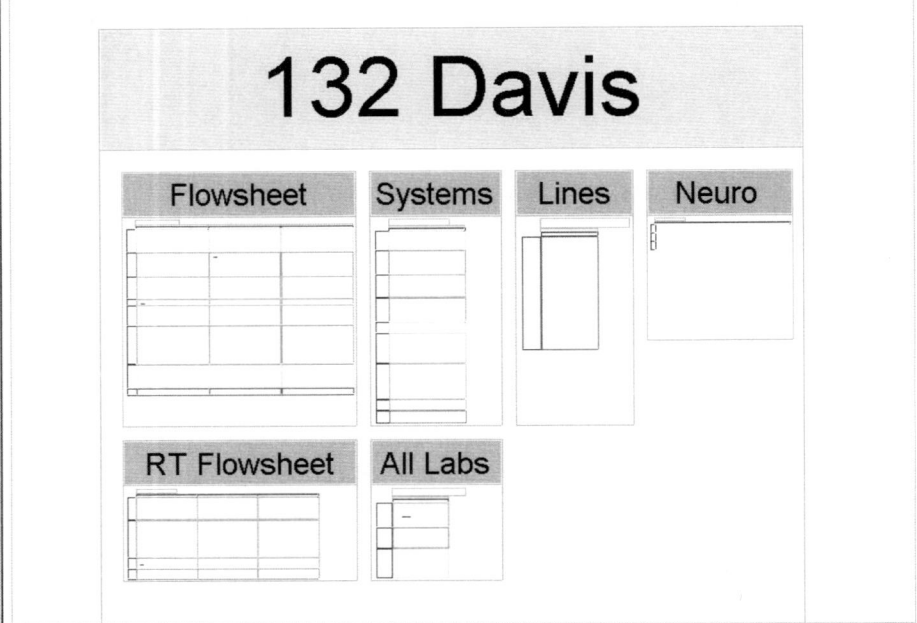

Abbildung 6.2:
**Die Diagramme für einen bestimmten Patienten lassen sich anzeigen,
wenn Sie bis hierhin zoomen.**

Wenn Sie noch höher steigen, wird die gesamte Kette der Krankenhäuser (Abbildung 6.6) grob in ihren geografischen Umrissen sichtbar. Es ist also nur eine Frage von Sekunden, an die Patientendiagramme in jedem dieser Krankenhäuser zu gelangen, und die dazu notwendigen Mittel sind für jedermann sichtbar und verständlich mit einer Einführungszeit von ein paar Sekunden. Sie könnten dieses Interface allein mit den Informationen bedienen, die ich Ihnen hier gegeben habe, und würden es sofort richtig machen.

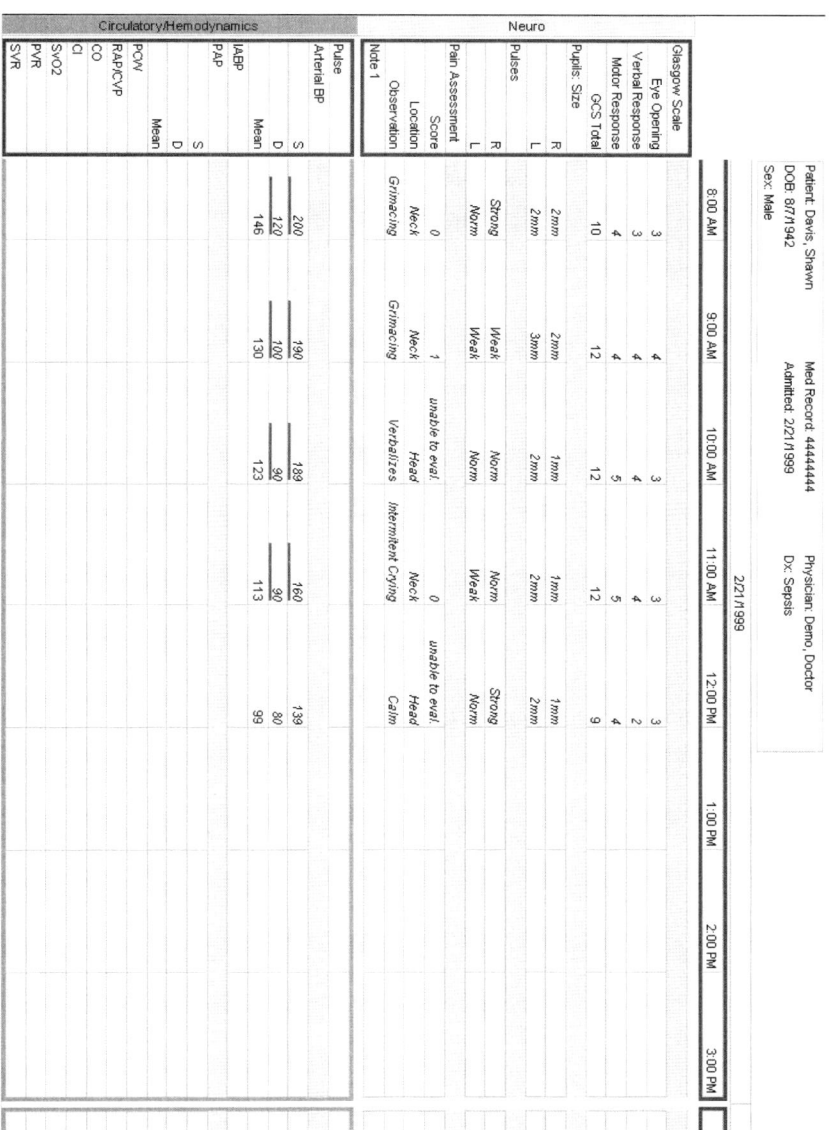

Abbildung 6.3:
Die Diagrammeinträge sind jetzt sichtbar und lassen sich bearbeiten. Fließende Überschriften erscheinen, damit die Spalten- und Zeileninhalte deutlich sind.

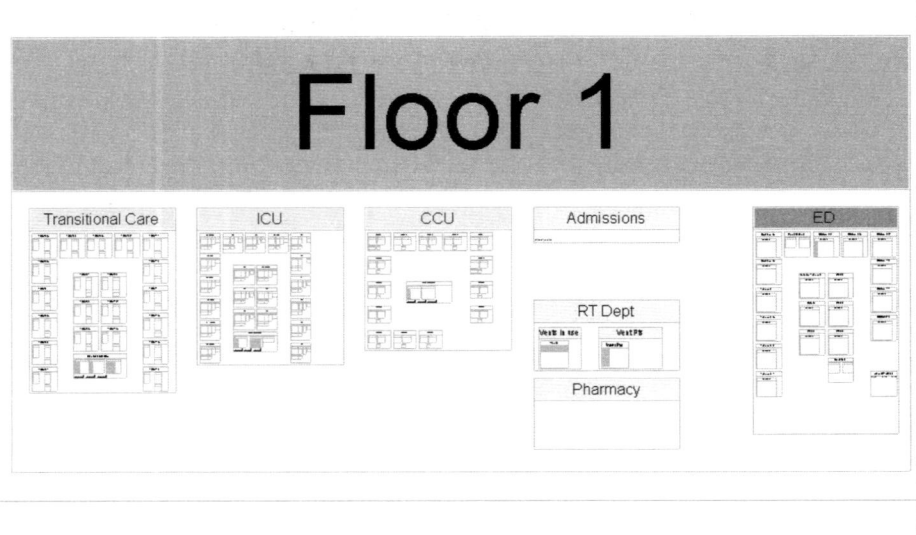

Abbildung 6.4:
Wenn man über die Ansicht in Abbildung 6.1 hinauszoomt,
ist der gesamte erste Stock zu sehen.

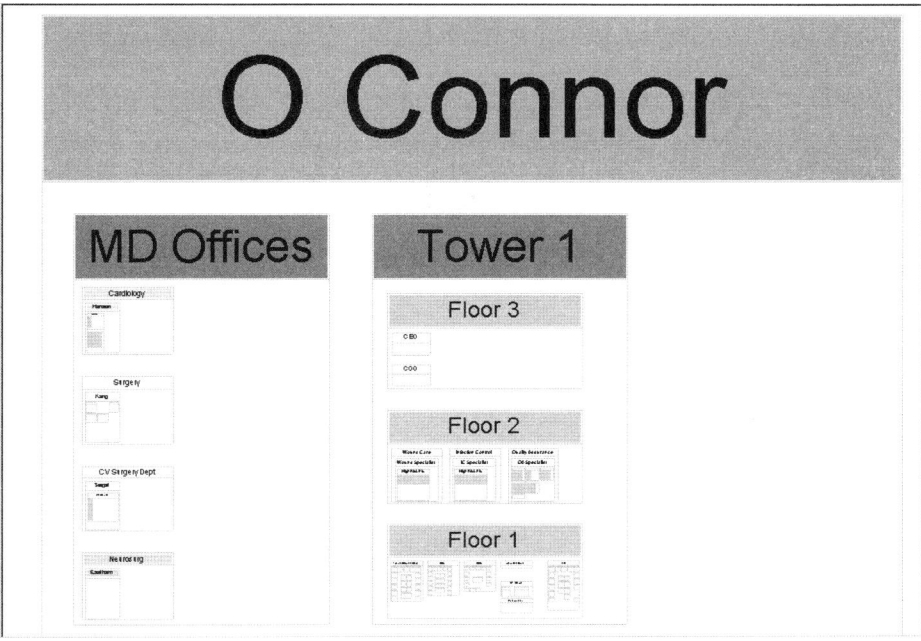

Abbildung 6.5:
Man kann auch das ganze O'Connor-Krankenhaus sehen.

Es sind nicht nur die Patientendiagramme, die sich vom Bild des Krankenhauses in ZoomWorld aus einsehen lassen. Angenommen, Sie wären für den entsprechenden Sicherheitslevel angemeldet, könnten Sie auch in das Büro des Controllers zoomen, die Budgets prüfen, Inventarlisten von Arzneimitteln und Bestellungen einsehen und die Daten der Angestellten kontrollieren oder jede nur denkbare andere Facette eines Unternehmens.

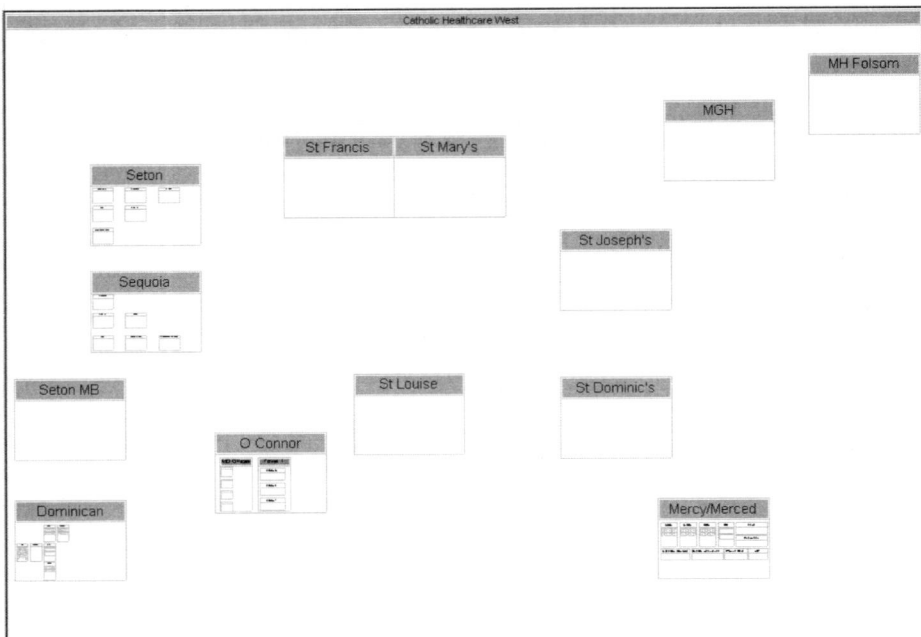

Abbildung 6.6:
Von dieser Ebene lässt sich auf das gesamte Unternehmen zugreifen.

Es ist klar, dass ZoomWorld als Interface für die Suche in einer Datenbank verwendet werden kann, entweder für einen bestimmten Unternehmensbereich oder für das gesamte Unternehmen; dieses Konzept lässt sich auf Gemeinden, Regierungsbüros, Schulen und wissenschaftliche Datensätze ausdehnen, um nur ein paar Beispiele zu nennen. Dreidimensionale Objekte werden am besten durch eine zweidimensionale Projektion auf dem Bildschirm dargestellt, obwohl sich auch eine dreidimensionale ZoomWorld generieren lässt.

Die Bewegungen innerhalb von ZoomWorld werden zwar meist durch das Herauszoomen und das erneute Hineinzoomen in eine neue Position ausgeführt, aber manchmal ist auch eine kurze Bewegung notwendig, die für Lesbarkeit im Kontext sorgt Aus diesem Grund enthält die Implementierung dieses Systems durch den Interface-Designer Emanuel Noik eine Konvention, die den Beginn des Zoomens verzögert. Wenn das grafische Eingabegerät während dieser kurzen Verzögerungsphase – einige Hundert Millisekunden – bewegt wird, findet keine Bewegung des Zoompunktes statt, sondern das Bild wird gezogen. Beim Test funktionierte alle gut, obwohl die Verwendung solcher Verzögerungen im Allgemeinen zu Problemen führen können (siehe Abschnitt 6-4-5.) In diesem Fall wurde gelegentlich ein Zoomen beobachtet, wenn ein Ziehen beabsichtigt war, und umgekehrt. Schneller und sicherer ist es, das Bild zu ziehen, indem beide Tasten des GID gedrückt werden. Beide Mechanismen sind jedoch dem konventionellen Blättern mit den Bildlaufleisten vorzuziehen, denn diese bringen es – neben den bereits erläuterten Schwierigkeiten – mit sich, dass der Benutzer zunächst die Entscheidung darüber fällt, ob er sich horizontal oder vertikal bewegen möchte und dann muss er noch entscheiden, ob er die Pfeile, das Bildlauffeld oder die Klickmethode verwenden möchte. Solche Entscheidungen verursachen laut Hicks Gesetz (siehe Abschnitt 4-4) Verzögerungen. Außerdem erfolgt das Blättern selbst sehr langsam. Der Benutzer ist auf die Blättergeschwindigkeit des Systems angewiesen, die wiederum nicht zu schnell eingestellt sein darf, weil er sonst nicht mehr sieht, was im Fenster steht. Das Zoomen hingegen darf schnell gehen, weil die visuellen Bilder sich nicht ändern, sondern nur deren Skalierung. Sie verlieren dabei niemals die Orientierung über Ihren Standort. Beachten Sie auch, dass beim Hineinzoomen der betreffende Bereich immer aktiv ist und darin gearbeitet werden kann. Sie müssen nicht klicken oder dem System auf andere Art signalisieren, dass Sie einen Eintrag verwenden möchten, den Sie angezoomt haben. Die konventionellen Konzepte des „Öffnens" und „Schließens" von Dokumenten und Anwendungen erübrigen sich in ZoomWorld und auch in den ähnlichen Methoden, die in diesem Buch erläutert wurden.

Wenn wir aus Abbildung 6.6 herauszoomen, wird das Bild des Krankenhauses kleiner und ist wie eine Insel von Leerraum umgeben. Während dies geschieht, kommen andere Inseln in das Blickfeld, in die wir ebenfalls hineinzoomen können. Eines davon ist ein Portal zum World Wide Web (Abbildung 6.7.) Von diesem Portal aus können wir in einen bestimmten Bereich das World Wide Web hineinzoomen (Abbildung 6.8).

Es ist nicht erklärungsbedürftig, wie mit ZoomWorld auch im World Wide gesurft werden kann (siehe Abbildung 6.9). Eine weitere Insel ist Ihr lokales System, dessen Massenspeicher und andere Informationen, die daraus erreichbar sind, ohne sich in einem Netzwerk anzumelden. Wenn ein Speicherplatz wie z.B. eine DVD ausgewählt wird, erscheint diese neben der Insel des lokalen Systems.

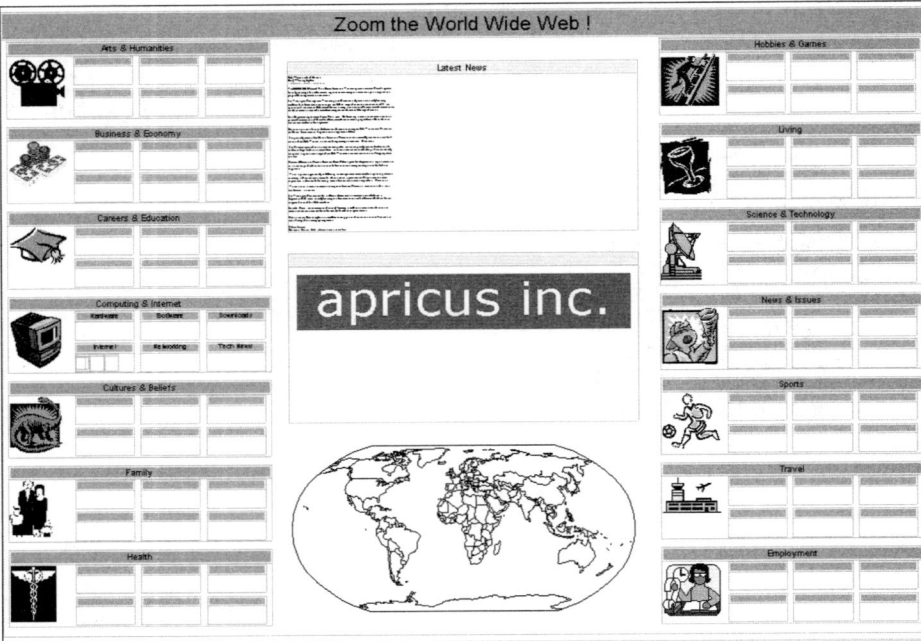

Abbildung 6.7:
Ein ZoomWorld-Portal in das World Wide Web

Die Folge aus diesen Erläuterungen sollte offensichtlich sein: Das Zoom-Inter-face-Paradigma kann einen Browser ersetzen und es ist eine Metapher für den Desktop und das traditionelle Betriebssystem. Anwendungen sind überflüssig. In Verbindung mit den Methoden, die bereits in diesem Buch beschrieben wurden, kann ZoomWorld die Bedienung von Computersystemen im Allgemeinen ver-einfachen. Mit Sorgfalt und einem Verständnis der kognitiven Prinzipien lässt es sich so einrichten, dass es ganz mit den Anforderungen der kognitiven Fähigkei-ten des Menschen übereinstimmt und einfacher zu implementieren und zu ler-nen ist, als die gegenwärtigen Softwaremethoden.

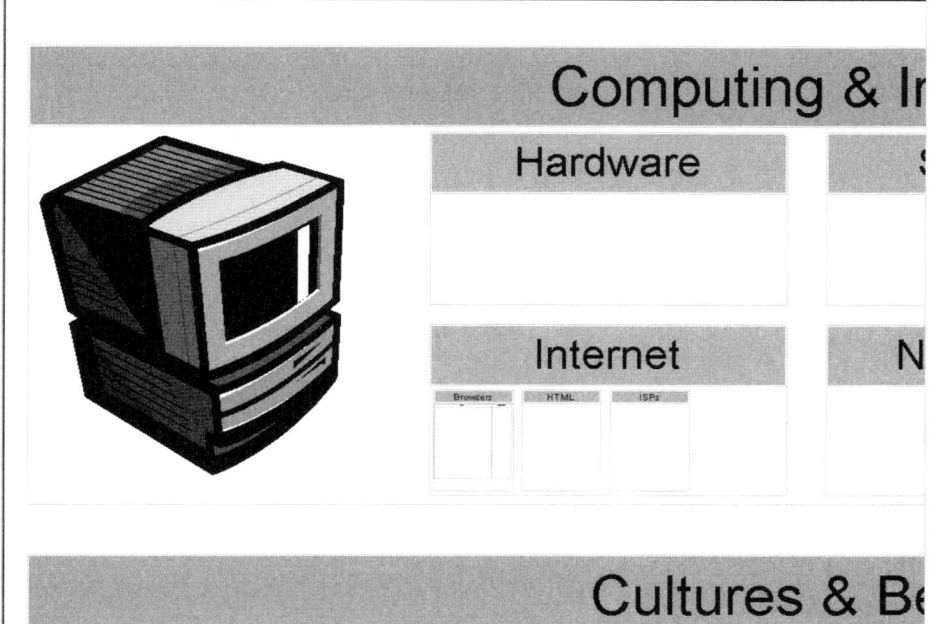

Abbildung 6.8:
In einen Bereich des Internet hineingezoomt

ZIPs können eventuell auch dabei helfen, ein selten erkanntes Problem beim Interface-Design zu beheben. Wir haben schon eine hohe Kunst darin entwickelt,
treffende Worte für die Beschriftungen unserer Interfaces zu finden. So manche
sprachliche Verrenkung muss dazu herhalten, eine Menüoption kurz und knapp
auf den Punkt zu bringen und dabei noch eine Bedeutung übermitteln. Manchmal wären ein paar Worte oder ein Satz besser dazu geeignet, diese Bedeutung
verständlich zu machen. Die auf Computern verwendete Sprache zur Beschreibung von Interface-Elementen überschreitet den Punkt der Verständlichkeit aufgrund der Platznot häufig. Mit einem ZIP wird mehr Raum auf dem Bildschirm
verfügbar und dadurch wird auch eine deutlichere Sprache zur Beschreibung
von Funktionen möglich. *Selbstverständlich sollte immer Wert auf Klarheit und Kürze
bei den Beschriftungen gelegt werden.*

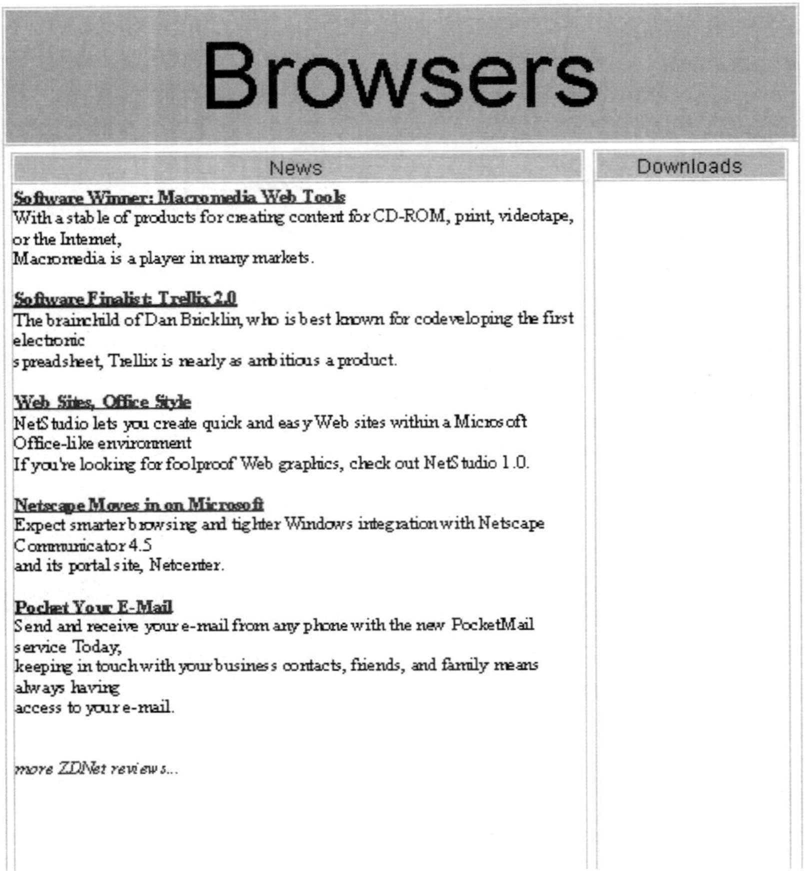

Browsers

News	Downloads
Software Winner: Macromedia Web Tools	

Software Winner: Macromedia Web Tools
With a stable of products for creating content for CD-ROM, print, videotape, or the Internet,
Macromedia is a player in many markets.

Software Finalist: Trellix 2.0
The brainchild of Dan Bricklin, who is best known for codeveloping the first electronic
spreadsheet, Trellix is nearly as ambitious a product.

Web Sites, Office Style
NetStudio lets you create quick and easy Web sites within a Microsoft Office-like environment
If you're looking for foolproof Web graphics, check out NetStudio 1.0.

Netscape Moves in on Microsoft
Expect smarter browsing and tighter Windows integration with Netscape Communicator 4.5
and its portal site, Netcenter.

Pocket Your E-Mail
Send and receive your e-mail from any phone with the new PocketMail service Today,
keeping in touch with your business contacts, friends, and family means always having
access to your e-mail.

more ZDNet reviews...

Abbildung 6.9:
Zoom auf eine Liste von Browsern. Natürlich lässt sich ZoomWorld
selbst als eigener Browser benutzen.

Die aktuell verfügbaren Tools zum Interface-Design können nicht für Zoom-World verwendet werden. Es muss in einer Sprache wie Perl, C, C++, oder Smalltalk programmiert werden; ein vernünftiges Modell lässt sich auch mit Macromedia Flash erstellen. Wenn die Programmierer nicht die Gründe für diesen Paradigmenwechsel verstanden haben, die zur Implementierung von Zoom-World und LEAP führen, werden sie bei der Arbeit an einem Projekt in Detailfragen immer wieder in die alte Methodik zurückfallen. Immer wieder habe ich Weiterentwicklungen bei Kunden begutachtet, nur um zu entdecken, dass irgendjemand einen Schalter oder eine andere modale Funktion eingebaut hatte oder gar Dialogfelder verwendete. Dies ist eine der Schwierigkeiten, die bei der Erhaltung der Qualität dieser Interfaces immer wieder auftreten, kurz gesagt, unsere alten Designgewohnheiten. *Die einzige Lösung, ein Interface-Design in der*

*Spur zu halten, besteht darin, dieses sorgfältig zu studieren und den Grundlagen des In-
terface-Designs große Aufmerksamkeit zu widmen, damit die kognitiven Aspekte nicht
verloren gehen.* Dafür muss häufig ein ganzes Team neu geschult werden, vom
Management über die Designer bis hin zu den Testern, damit am Ende jeder die
Bereiche der kognetischen Technologie versteht, die in seinen Arbeitsbereich
gehören. Zu einer solchen Schulung sollte auch das Studium der Design-Heu-
ristik gehören, die in diesem Buch nicht erläutert wurde, aber dem betreffenden
Personenkreis sehr wohl bekannt ist.

Auf der Hardwareseite wäre eine Maus mit drei Tasten für ZIP optimal: zwei
mit der Aufschrift *Auswählen* und *Aktivieren* oben am Gerät und eine mit der
Aufschrift *Greifen* an der Seite. Letztes sollte Hineinzoomen, wenn sie im Uhrzeigersinn gedreht wird, und Herauszoomen, wenn sie entgegen dem Uhrzeigersinn gedreht wird (entsprechend der üblichen Drehrichtung bei Schrauben).

6-3 Symbole

Symbole bzw. Icons, diese kleinen, uns so vertrauten Bilder zur Identfikation
von Schaltflächen oder anderen Objekten, sind ein Erkennungszeichen des modernen Interface-Designs. Apple Computer, das bekannt ist für seine Führungs-
rolle auf diesem Gebiet, gibt uns den Rat: „Symbole können sehr zur Deutlich-
lichkeit und Attraktivität einer Anwendung beitragen. Die Verwendung von
Symbolen macht auch die Übersetzung der Programme in andere Sprachen einfacher. Wann immer eine Erklärung oder Beschriftung notwendig ist, sollten Sie
die Verwendung eines Symbols anstelle von Text in Betracht ziehen". (Apple
Computer 1985, S. I-32)

Symbole tragen zur optischen Attraktivität eines Interface bei und können
unter bestimmten Umständen für Klarheit sorgen; doch im Laufe der Zeit hat
das Weglassen von Symbolen auch schon zu mehr Deutlichkeit geführt. Bei den
Betriebssystemen Mac und Windows ab der Version 95 stehen z.B. jeweils Hilfesysteme für die Erläuterung der Symbole bereit. Wenn Sie auf ein Symbol zeigen, erscheint ein kleines Erläuterungsfeld und ein Text erklärt den Verwendungszweck des Symbols. Die erste Reaktion, die ich damals bei einigen
Benutzern erlebt habe, war: Warum verwenden Sie denn nicht gleich den Begriff, für den das Symbol steht? Ja, warum eigentlich nicht? *Es hat sich also herausgestellt, dass Symbole häufig selbst Erklärungen bedürfen, anstatt zu erklären.* Wenn Sie
eine Funktion codieren oder verbergen möchten, um sie vor neugierigen Augen
zu schützen, dann ist es keine schlechte Idee, den betreffenden Begriff durch ein
Symbol zu ersetzen. Das Problem mit den Symbolen könnte ein Thema in der
Diskussion zur verminderten Sichtbarkeit sein. Das Interface präsentiert ein
Symbol, aber die Bedeutung des Symbols ist nicht sichtbar oder gibt für jene, die
mit der Grafik nichts anfangen können, ein falsches Signal oder bietet Raum für
verschiedene Interpretationen. Zum Beispiel: Ein Symbol, das eine ausgestreck-

te offene Hand zeigt, signalisiert in den USA „Halt", in Griechenland aber eine sehr beleidigende Geste. (Horton 1994, S. 245)

Sie müssen kein Interface-Experte sein, um von den Symbolen irritiert zu werden. Die Beschwerde eines Autohändlers ist typisch: „Sie müssen das Handbuch hervorholen, um das Autoradio zu verstehen – es gibt keine Wörter auf den Schaltern, z.B. Lautstärke, nur Symbole." (Hotchkiss 1997, S. 14A)

Manchmal wird die Verwendung von Symbolen damit begründet, dass sie sprachunabhängig sind, was eine sinnvolle Eigenschaft von Software ist, die einen zunehmend internationalen Markt bedienen muss, aber, wie bereits erwähnt, sind auch Symbole nicht unabhängig von der jeweiligen Kultur eines Landes. Auch wenn ein Symbol keine Übersetzung erfordert, die sprachliche Hilfestellung und die Hilfebildschirme müssen dennoch übersetzt werden, wodurch der vermeintliche Vorteil in das Gegenteil umschlägt. Ob Symbole oder Worte – eine sorgfältige Übersetzung durch mit der jeweiligen Kultur vertrauten Muttersprachlern ist notwendig, ebenso wie die Überarbeitung durch Leute, die in dieser Kultur aufgewachsen sind und dort leben. Worte können nämlich zumindest in einer Sprache deutlich verstanden werden, während Symbole überall dieselben Rätsel aufwerfen und eine potenzielle Unverständlichkeit in allen Ländern dieser Erde hervorrufen.

In dem folgenden Beispiel wurde die Bedeutung eines Symbols nur von einer kleinen kulturellen Minderheit verstanden, während alle anderen mit einer Einbuße an Verständlichkeit leben mussten: Auf dem Apple II war jedes Verbindungsstück auf der Rückseite durch ein bestimmtes Symbol gekennzeichnet. Ein besonders rätselhaftes Symbol bestand aus einer horizontalen Linie unter der wiederum drei kleinere horizontale Linien gleicher Länge angeordnet waren (Abbildung 6.10). Von den etwa tausend Personen, die ich überwiegend auf Konferenzen befragt habe, konnten mir nur etwa ein Dutzend dessen Bedeutung erklären und davon nur ein paar eine Ableitung anbieten.

Das Symbol stellt die Aufzeichnung eines Oszilloskops dar. Ein Oszilloskop (Abbildung 3.5) ist ein Gerät, das von Elektrotechnikern dazu verwendet wird, elektrische Werte zu messen, z.B. die Voltzahl, und optisch aufzuzeichnen. Die gestrichelte Linie aus Abbildung 6.10 repräsentiert die Position für null Volt und die durchgezogene Linie zeigt jenen Wert auf dem Display des Oszilloskops an, der für ein anderes, angeschlossenes Gerät ermittelt wurde.

Abbildung 6.10:
Ein besonders rätselhaftes Symbol

Im Vorwort zum Buch *The Icon Book* sagt Autor William Horton, „Ich habe seit einem Jahrzeit Systeme mit grafischen Benutzeroberflächen verwendet und ziehe es vor, auf ein unverständliches Bild zu klicken, als Befehle im Technojargon einzugeben, selbst wenn ich mich an deren korrekte Schreibweise erinnere." (Horton 1994) Wenn man nur diese armselige Wahl hätte, wären die Symbole wohl wirklich vorzuziehen, besonders für Anfänger oder gelegentliche Benutzer. Doch er vergisst, dass es auch noch eine andere Variante gibt: Eine Schaltfläche anzuklicken, die durch eine deutliche Aufschrift gekennzeichnet ist. Um gegenüber Horton fair zu bleiben: Er stellt fest, dass an bestimmten Positionen sowohl Begriffe als auch Symbole notwendig sind und er hebt korrekterweise die Bedeutung von Tests deutlich hervor; denn nur damit lässt sich feststellen, ob Begriffe oder Symbole oder beides in einem Interface notwendig sind. Bob Horn (Jacobson 1999) hat einen Stil entwickelt, mit dem sich die Attribute eines Wortes oder Symbols in kombinierte Symbole verwandeln lassen; dies wiederum bestärkt die These, dass Text oft der aussagekräftigste Hinweis ist. Wir sind Experten darin, ein Wort visuell von einem anderen zu unterscheiden. Außerdem können Worte sehr spezifische Inhalte übermitteln. Ergonomische Faktoren wie die Schreibweise, Schriftgröße, Farbe und andere Textattribute spielen bei der Verwendung von Text ebenfalls eine große Rolle.

Mayhew (1992) zitiert einige Forschungsstudien über die Verwendung von Symbolen. Leider beinhalten diese Studien meist keinen Vergleich zwischen Beschriftungen und Symbolen. Aber aus diesen und anderen Studien lässt sich schließen, dass Symbole dann besonders effektiv sind, wenn es nicht mehr als ein Dutzend sind und wenn höchstens ein Dutzend davon gleichzeitig erscheinen. Außerdem gelten folgende Kriterien für die Verwendung von Symbolen. Sie sollten:

• sich optisch deutlich unterscheiden
• eindeutig in der Übermittlung der Funktion sein, die sie repräsentieren
• in vernünftiger Größe präsentiert werden, wobei diese meist größer sein muss als bei einer Beschriftung mit Text

In allen Studien, die diese Frage behandelten, wurden Symbole als schwerer verständlich eingestuft als Beschriftungen, besonders beim ersten Blick, was den häufig angeführten Gründen für die Verwendung von Symbolen widerspricht, nämlich deren schnelle Verständlichkeit für Anfänger. GUIs präsentieren uns häufig Fenster mit einer Fülle fast identischer Symbole plus jeweiliger Beschriftung. Die Symbole sind klein und es gibt mehr als ein Dutzend verschiedener Symbole. Die Voraussetzungen, unter denen sich die Verwendung von Symbolen empfiehlt, wird von den heutigen Computersystemen nicht berücksichtigt.

Es ist zwar richtig, dass kleine Symbole weniger Bildschirmplatz beanspruchen, doch die Frage muss lauten: Auf wessen Kosten? Je kleiner eine Schaltfläche, desto länger dauert deren Bedienung und desto schwieriger ist es, sie zu finden; darüber hinaus ist es schwierig, ein kleines Symbol deutlich von anderen zu unterscheiden. Ein weiterer Punkt wäre: Es dauert länger, Symbole zu erstellen als Wörter einzufügen.

Ein großes Problem bei den Symbolen ist auch, dass es häufig schwierig ist, diesen einen Namen zu geben, sei es für die Kommunikation mit anderen, sei es für schriftliche Aufzeichnungen oder auch nur, um in verbaler Form an ein Symbol denken zu können. Wie lassen sie sich sortieren, kategorisieren oder wo könnten sie in einem Index stehen? Auf den Tastaturen des Macintosh gibt es z.B. ein Symbol, das aussieht wie ein Autobahnkreuz in Kleeblattform. In gedruckten Texten wird es meistens Kleeblatt, Propeller oder Brezel genannt. Doch in diesem Fall hat die Taste sogar einen Namen: In Apple-Handbüchern wird sie Befehlstaste genannt. Das führt logischerweise zu der Frage, warum auf einer Tastatur, die sonst mit Beschriftungen wie *Shift*, *Wahl* und *Return* versehen ist, nicht auch noch das Wort *Befehl* hinzugefügt wurde? Welchen Vorteil soll dieses Symbol für den Benutzer haben? Woher weiß er durch den Blick auf dieses Symbol, dass es sich um die Befehlstaste handeln muss? Die Taste mit dem kleinen Fenster darauf, auf Windows-Tastaturen zu finden, fällt in dieselbe Kategorie. Hier triumphiert das Marketing über die Benutzerfreundlichkeit.

Wenn wir konsequent wären, dann würde eine Taste mit einem solchen lustigen Symbol eigentlich dazu führen müssen, dass dieses Symbol beim Drücken der Taste in das Dokument eingefügt wird; Tasten mit Wörtern erfüllen andere Funktionen (die Pfeiltasten sind wahrscheinlich eine sinnvolle Ausnahme von dieser Regel). Ich fürchte auch, die wachsenden Umsätze, die sich aufgrund solchen Schnickschnacks erzielen lassen, sind marginal im Vergleich zu den Schwierigkeiten und Kosten, die sie verursachen, so ist z.B. allein die Einführung eines neuen Schriftzeichens für das Schreiben der Handbücher zu jedem Produkt, das diese Taste verwendet, ein Riesenproblem.

Es gibt natürlich auch einige Stellen, an denen Worte ihren Zweck verfehlen. Farbpaletten sind ein solches Beispiel. Ein Programm auf meinem Computer bietet eine Palette in Worten an, dargestellt in (meist!) alphabetischer Reihenfolge. Hier ein Auszug aus dieser Liste:

• Apricot

• Aquamarin

• Bittersüß

• Blau

- Magenta
- Blaugrau
- Blaugrün
- Blauviolett
- Cyan
- Feuerorange
- Feuerrot
- Gold
- Grau
- Grünblau
- Grüngelb
- Indischrot
- Kadettenblau
- Kardinalsrot
- Kornblume
- Maisgelb
- Maronenbraun
- Waldgrün
- Weizengold
- Ziegelrot
- Zitronengelb

Was für eine Farbe ist „Bittersüß"? Was ist, wenn Sie botanisch wenig bewandert sind, und einen Löwenzahn nicht von einer Kornblume unterscheiden können? Der Index für eine Clipart-Sammlung ist praktisch, wenn Miniaturbilder der einzelnen Cliparts eingefügt werden, aber die Liste der Bildkategorien oder andere übergeordnete Kategorien sollte in Textform gehalten werden. Ein Bild mit verschiedenen Blumen bietet nicht dieselbe Information wie das Wort „Blumen". Das Bild allein könnte auch „Sommer", „Liste von Floristen" oder „Chatraum für Heuschnupfenkranke" bedeuten.

Auf dem Desktop meines Mac habe ich genau ein Symbol, das ich häufig verwende, rot hervorgehoben, indem ich die Rahmenfarbe des Symbols über die entsprechende Systemoption geändert habe. Durch diese Farbe wird es für mich einfacher, dieses Symbol unter den vielen anderen Symbolen zu finden, die meinen Desktop übersäen. Die bessere Möglichkeit, auch das Wort rot zu gestalten, habe ich leider nicht. Horton (1994) stellt fest, dass „die Auszeichnung mit Farben auch ihren Zweck verfehlen kann, wenn es zu viele Symbole in zu vielen

Farben gibt." Er schreibt treffend: Wenn die Symbole sehr eng beieinander liegen, sollten nicht mehr als sieben Farben verwendet werden, liegen sie weiter auseinander, sollten es nur vier Farben sein. Darin hat er recht und seine Beschränkungen lassen sich auch für die Verwendung von Farbe für Worte übernehmen. Doch allzu viele GUI-Designer scheinen Hortons Buch nicht gelesen zu haben.

Die früheren Richtlinien von Apple lauteten „Um den Bildschirm möglichst vorteilhaft zu verwenden, setzen Sie in Macintosh-Anwendungen viele Grafiken auch an Stellen, an denen andere Anwendungen Text benutzen. Soweit wie möglich sollen alle Befehle, Funktionen, Parameter von Anwendungen und alle Benutzerdaten als grafische Objekte auf dem Bildschirm erscheinen." (Apple Computer, Inc. 1985, S. I-31) Doch am vorteilhaftesten für den Benutzer ist es, wenn er Klarheit und bedienerfreundliche Elemente bekommt. In dieser Hinsicht hat die maßlose Verwendung von Grafiken, die von Apple propagiert wurde, ihren Zweck verfehlt.

Bei der Entwicklung eines Interface aus dem Bereich der Telekommunikation sollten die Designer für folgende Status Symbole entwerfen: Wählen, Klingeln, Besetzt, Kein Wahlton, Störung der Leitung, Verbindungsaufbau und Verbunden. Nach einigen Monaten der Suche nach Symbolen und nach deren Tests kamen sie zu dem Schluss, dass es unmöglich ist, ein Set von Symbolen zu entwerfen, die diese Informationen eindeutig an den Benutzer weitergeben. Als ich zu diesem Problem um Rat gebeten wurde, fragte ich: Wie soll sich der Ton eines Besetztzeichens grafisch darstellen lassen? Ich schlug vor, die Liste der Worte, die sie erhalten hatten, anstelle der Symbole zu benutzen. Sie befolgten den Rat und die Tests ergaben die Nützlichkeit dieser Lösung. Warum sie nicht selbst zu diesem Schluss kommen konnten, lag vielleicht an der wirkungsvollen „Gehirnwäsche" von Interface-Richtlinien, wie sie bereits zitiert wurden.

Die Verwendung von Symbolen hindert Designer machmal daran, auch direktere Möglichkeiten in Betracht zu ziehen. Um ein Dokument zu löschen, ziehen Sie das zugehörige Symbol in den meisten GUIs auf den Papierkorb. Wenn das Dokument gerade sichtbar ist, warum kann es dann nicht selbst dorthin gezogen werden? In einem Fall wie diesem ist das Symbol ein unnötiger Umweg und erfordert eine Abstraktionsebene, die erst erlernt und verstanden werden muss. Auf das Symbol des Papierkorbs lässt sich im Grund auch ganz verzichten. Warum kann man das Dokument nicht einfach markieren und die Taste *Entfernen* drücken, wenn man es löschen möchte? Das Löschen von Dokumenten würde sich dann nicht vom Löschen anderer Elemente unterscheiden.

Symbole verführen den Designer dazu, nach einer Repräsentation, einem Modell oder einer Analogie für die Aufgabe Ausschau zu halten und die Implementierung der Operation dann an der Repräsentation vorzunehmen, anstatt die Sache für sich selbst stehen zu lassen. Dies kann, wie soeben erwähnt, zu einem Designfehler führen. Manchmal verführen die Symbole die Designer auch dazu, übermäßig viele Symbole anzulegen. Der Designer einer bibliografischen Datenbank bat mich einmal, die Qualität der Symbolauswahl seines Teams zu beurteilen. Ich antwortete, dass die meisten Menschen, die Bibliografien verwenden, lesen können und deshalb Wörter vorzuziehen sind. Abbildung 6.11 zeigt einige Symbole, die von ihnen erstellt wurden. Machen Sie die Probe aufs Exempel und sehen Sie in der Fußnote nach, welche Symbole Sie verstehen.[1]

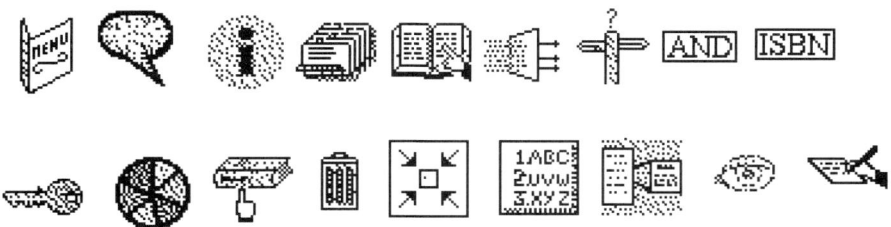

Abbildung 6.11:
Bibliografische Symbole (von: http://www.scran.ac.uk/iconstd/). Viele sind unverständlich.
Sehen Sie sich jedes einzelne Symbol an und versuchen Sie zu sagen, welche bibliogafische
Angabe damit gemeint sein könnte.

Die eindeutigsten Symbole sind vermutlich Menü, AND und – wenn Sie an Büchern professionell interessiert sind, ISBN. Die Bedeutungen, die sich hinter diesen Symbolen verstecken, habe ich erst vor zwei Tagen gelesen – ehe ich diesen Absatz schrieb –, aber ich kann mich schon heute nicht mehr daran erinnern, was sie bedeuten sollen; insbesondere nicht an dasjenige, das aussieht wie ein Wasserball.

Fazit: Es mag überraschen, aber Symbole verstoßen gegen die Regeln der Sichtbarkeit, denn ihre Bedeutungen werden nicht sichtbar. Verwenden Sie Symbole nur in den wenigen Situationen, in denen sich diese in Untersuchungen als vorteilhaft erwiesen haben. Andernfalls sind Worte besser.

---

1. Von links nach rechts: Hauptmenü anzeigen, Sprache ändern, Informationen zur Funktion anzeigen, Blättern, Thesaurus, Anzahl der Ergebnisse reduzieren, Informationen über die ausgewählte Objektposition anzeigen (z.B. URL einer Webseite oder Regalposition in einer Bibliothek), Suche nach Elementen für die beide Boolschen Ausdrücke wahr sind, internationale Standardbuchnummer, Schlüsselwort, Thema, Titel, klare aktuelle Informationen, Ansicht der aktuellen Informationen reduzieren, kurze Liste der aktuellen Suchergebnisse anzeigen, alle Felder anzeigen, Ergebnisse der aktuellen Suche anzeigen, Autor.

6-4 Techniken und Hilfefunktionen in Interfaces

Sie sind der Fahrer, und nicht der Mechaniker.

— Werbeanzeige aus der Automobilindustrie

Ein desktopbasiertes Interface hat eine sehr niegrige Effizienz, weil keine Aufgaben ausgeführt werden, wenn sich der Benutzer auf dem Desktop aufhält. Ein benutzerfreundliches Design, das weder über Desktop noch Anwendungen verfügt, ermöglicht es dem Benutzer, sich die ganze Zeit ausschließlich mit seinem Inhalt zu beschäftigen.

Wie wir gesehen haben, lassen sich Dateien und Dateinamen entfernen, wobei nur ein Universum übrig bleibt – der Raum für den Inhalt. Sie müssen keine Dokumente öffnen oder schließen, sondern zoomen in diese hinein, um mit der Arbeit zu beginnen. Sie müssen keine Anwendungen mehr öffnen, sondern duplizieren ein leeres Dokument (oder was auch immer). Sie müssen kein Spiel mehr starten, sondern zoomen hinein (ein Spiel für mehrere Spieler ist ebenfalls kein Problem). Die Unterteilung von Text in benutzerdefinierte inhaltliche Bereiche wird mit Hilfe von Begrenzern aus dem Zeichensatz vorgenommen, durch benutzerdefinierte Worte oder Codierungen oder durch Positionsunterscheidungen.

Wie die Tests zeigten, die zu SwyftWare und dem Canon Cat geführt haben, finden Anfänger, dass ein solches System ohne Desktop und Dateinamen sehr einfach zu bedienen ist. Benutzer, die bereits erfahren mit den heutigen Systemen sind, benötigen allerdings einige Minuten der Erklärung; sie können diese Interface-Konzepte aufgrund ihrer bisherigen Erfahrungen sehr fremd finden und erstaunt sein. Ein extremes Beispiel dafür ergab sich, als IBM den Canon Cat begutachtete, weil es an diesem Interface interessiert war. Um nicht die Katze im Sack zu kaufen, hatte IBM zwei ehemalige Mitarbeiter ausgewählt, die sehr erfahrene Benutzer von Personalcomputern waren, um das Interface zu prüfen. Ihr selbstgewählter Modus Operandi bestand darin, zu erkunden, ob sie das Interface schnell und ohne Handbücher, Hilfebildschirme und Lektionen erlernen konnten.

Nach Ablauf der Zeit berichteten sie von einem Fehlschlag. Sie hatten mit einigen herkömmlichen Befehlstechniken operiert, angefangen von den Schrägstrichen aus der auf Lockkarten basierenden *Job Control Language* – einem häßlichen Stil von Begrenzern, der sich, erstaunlich genug, auch heute noch in Webadressen findet – bis hin zu IBM-DOS-Befehlen, um das Textverarbeitungsprogramm zu starten. Während dieser Versuche gaben sie natürlich Text ein, um Befehle auszuführen und löschten diesen dann wieder, weil sie damit keinen Erfolg hatten. Sie gingen nämlich wie selbstverständlich die ganze Zeit davon aus, dass sie sich auf der „Systemebene" befänden.

Ein Interface sollte soweit wie möglich selbsterklärend sein. Dies bedeutet nicht, dass ein Interface intuitiv ist oder sein könnte, sondern dass der Benutzer sofort verständliche Erklärungen oder Anleitungen findet, wenn er diese benötigt.

Um das Lernen zu erleichtern, sollte beim ersten Start des Produkts ein Display für Anleitungstexte vorgesehen sein. Ein Lernprogramm und das komplette Referenzhandbuch sollten Teil des Interface sein und jederzeit zugänglich. Hilfebildschirme sind einfach ein Teil des Inhalts. Es sind keine besonderen Mechanismen oder Techniken notwendig, um sie zu verwenden. Ein LEAP zu einem beliebigen Schlüsselwort – und vielleicht mehrmaliges Drücken von LEAP – genügt, um die gewünschten Informationen zu finden. Alternativ kann der Benutzer zu einem Hilfebereich zoomen und dann in den benötigten Abschnitt. Hilfesysteme in GUIs sind ein Zusatz zum übrigen Interface und haben ihre eigenen Regeln und Implementierungen, wodurch sie zu einer zusätzlichen Belastung für den Benutzer und einem zusätzlichen Aufwand für die Implementierer des Systems werden. Wohin wenden Sie sich, wenn Sie Informationen zur Bedienung des Hilfesystems in einem konventionellen GUI benötigen: An das Hilfesystem zum Hilfesystem? Ebenso wie bei den Befehlslisten, die aus dem Reich der reinen Programmieraufgaben entführt und eine Art normaler Text wurden (Abschnitt 5-4), lässt sich auch die Hilfefunktion eines benutzerfreundlichen Interface ohne spezielle Methoden bedienen.

Die Übertragung von E-Mails ist in den meisten Systemen eine separate Anwendung. In dem hier vorgestellten System besteht das Übersenden von E-Mails aus der Auswahl des Textes, der Adresse und dem Aufruf des Befehls *Senden*. Da beinahe jede Operation mit einer Auswahl beginnt und mit dem Aufruf eines Befehls endet, wird diese Abfolge von Operationen schon bald zur Gewohnheit und das Übertragen von E-Mails mutet nicht mehr an, als bestünde es aus drei verschiedenen Schritte, sondern aus einem einzigen.

Ihr E-Mail-Verzeichnis ist einfach Ihre Adressliste oder eine beliebige Liste mit Namen und E-Mail-Adressen. Es handelt sich dabei um ganz normalen Text ohne besonderen Mechanismus. Angenommen, Sie möchten eine Mail an Onkel Hermann schicken: Sie geben die Mitteilung ein und markieren diese. Sie gehen mit LEAP zu dem Namen Hermann Schmidt oder wie auch immer Sie ihn eingetragen haben und markieren seine E-Mail-Adresse. Und schließlich geben Sie den Befehl *Senden* ein oder wählen diesen aus einem Menü aus und führen ihn wie bereits beschrieben mit der Befehlstaste aus. Anstelle eines einzelnen Namens könnten Sie aus der Liste natürlich auch mehrere Namen gleichzeitig für einen E-Mail-Verteiler auswählen.

Sie sind in gesperrtem Text und versuchen zu schreiben

Sie können den Cursor in gesperrtem Text bewegen, z.B. durch Drücken von LEAP oder direkter Positionierung des Cursors. Doch wie soll das System reagieren, wenn Sie versuchen, etwas einzugeben?

Zu den mehr oder weniger traditionellen Computermethoden gehört es, einen Warnton abzugeben oder den Bildschirm bzw. die Menüleiste blinken zu lassen, um zu signalisieren, dass der Benutzer etwas Falsches macht, und vielleicht ein Dialogfeld mit einer Meldung anzuzeigen, die besagt, dass er eine unerlaubte Operation ausführt. Das ist kein gelungenes Interface: Es erscheint eine Fehlermeldung, die wieder weggeklickt werden muss und die eingegebenen Zeichen waren ebenfalls umsonst, wodurch unsere Parellele zum ersten Gesetz von Asimov verletzt wird: Alle Inhalte von Benutzern sind heilig.

Es ist auch nicht akzeptabel, wenn das System den Einfügepunkt an eine andere Position im Dokument oder Universum versetzt. Sie haben bestimmt, was Sie ansehen möchten und die Maschine sollte dies nicht eigenständig verändern. Es gibt verschiedene Möglichkeiten, welche die kognitiven Prinzipien des Interface-Designs für Menschen außer Acht lassen. Zum Beispiel könnte sich der Bildschirm teilen und in einem Bereich wird der Cursor im gesperrten Text gezeigt, zusammen mit dem eingegebenen Material, das in einem anderen Bereich erschient, z.B. direkt hinter dem gesperrten Text. Eine weitere Lösung könnte darin bestehen, eine transparentes Overlay-Objekt mit einer Meldung einzublenden, die darauf hinweist, dass Sie versuchen, einen gesperrten Text zu verändern. Dasselbe Overlay-Objekt könnte den Text, den Sie eingeben, auch akzeptieren und diesen markieren, damit Sie ihn sofort an die gewünscht Position versetzen können. Sobald Sie den Text an die betreffende Position versetzt haben, wird das Overlay-Objekt wieder ausgeblendet.

Eine weitere Möglichkeit besteht darin, einen E-Mail-Befehl zu verwenden, der die erste Zeile der Auswahl als Adresse interpretiert, die zweite Zeile als Betreff und den Rest als Inhalt der Nachricht. Ein anderer Befehl würde verwendet, um die Auswahl für einen Anhang an die E-Mail vorzunehmen. Zweifellos würde den verschiedenen Softwareherstellern so einiges einfallen, mit welchen verschiedenen Methoden E-Mails übertragen werden könnten. Ein kluger Benutzer würde aber nur eine dieser Lösungen kaufen.

Im Folgenden soll eine etwas seltsame Methode zum Empfangen von E-Mails vorgestellt werden, die aber in der Praxis viel besser funktioniert, als es hier vielleicht klingt. Wenn eine E-Mail ankommt, umschließen zwei Zeichen nach Art eines Sandwiches den anwachsenden Inhalt der E-Mail. Diese Zeichen werden sofort vor der aktuellen Cursorposition eingefügt. Sie können natürlich mit der Arbeit fortfahren, während die E-Mail im Streaming-Verfahren „einläuft". Es erscheint kein spezielles Fenster und eine Meldung „Sie haben Post bekommen". Sie können die E-Mail ignorieren oder auch gleich lesen. Außerdem lässt sich die E-Mail jederzeit entweder bereits während der Übertragung oder danach markieren und dann an eine beliebige Position setzen. Als erfahrener Benutzer könnten Sie einen Aufbewahrungsort namens „E-Mail-Ablage" oder „Hier sind die Mails" erstellen oder etwas Ähnliches, um diese mit LEAP anzulaufen und die Mails (automatisch dort abgelegt und trotzdem beim Eingang sichtbar) später in Ruhe zu lesen. Der Vorteil dieser Methode besteht darin, dass die Mails einschließlich der Anhänge automatisch und sichtbar Teil Ihres Textes werden; Sie wissen bereits, wie der Text an gewünschte Positionen versetzt wird. Anhänge werden im Hintergrund heruntergeladen, damit Ihre Arbeit nicht unterbrochen wird und – falls Sie Angst vor Softwareviren haben, diese in eine nicht ausführbare Software-Quarantäne gelegt werden können. Ein Befehl, der kürzlich empfangene E-Mails einsammelt und in einem bestimmten Bereich Ihres Universums ablegt, ist ebenfalls eine Funktion, die Software-Entwickler sicher liefern können.

Die Verschlüsselung besteht darin, einen Text auszuwählen und den Befehl zur Verschlüsselung zu geben. Verschlüsselter Text kann dort belassen, verschickt oder anderweitig benutzt werden. Die Entschlüsselung funktioniert ähnlich.

Alle Einsatzbereiche, die heute von Anwendungen abgedeckt werden, passen in dasselbe mentale Modell. Denken Sie an die Tabellenkalkulation: Wenn eine Auswahl die Syntax eines algebraischen Ausdrucks hat und wenn ein Befehl *Berechnen* ausgeführt wird, wird der Ausdruck gespeichert und die Ergebnisse des Ausdrucks an dessen Position angezeigt. Ein weiterer Befehl kehrt diesen Vorgang um und zeigt wieder den gespeicherten Ausdruck an, der sich auf diese Weise bearbeiten und neu berechnen lässt. Wenn Ausdrücke Variablen und Werte Namen erhalten können, wenn für eine Syntax mit relativen Bezügen gesorgt ist, es eine Notation für Bereiche gibt und die Ausdrücke in Tabellen platziert werden können, dann ist eine voll funktionsfähige Tabellenkalkulation erstellt. Aber dies ist mehr als nur ein Spreadsheet, denn die Bezüge zu den Werten in der Tabelle lassen sich überall im Text einfügen und jeder Wert im Text kann problemlos in das Spreadsheet übernommen werden. Das heißt, die Ergebnisse aus einer Tabellenkalkulation können im Einführungsteil eines Berichts benutzt werden und die Werte im Text lassen sich in der Tabellenkalkulation verwenden – und dies alles ohne einen einzigen speziellen Mechanismus. Es gibt keine scharfen Trennungslinien zwischen Text, Mails und Tabellen oder irgendeinem anderen Inhalt.

6-4-1   Ausschneiden und Einfügen

Ein weiteres Problem bei konventionellen Interfaces ist das Konzept des Ausschneidens und Einfügens. Viele Benutzer, die das Ausschneiden und Einfügen verwenden, haben bereits die Erfahrung gemacht, dass ihnen dadurch Arbeit verloren gegangen ist, z.B. weil sie aus Versehen noch etwas ausgeschnitten haben, ehe Sie den ersten Inhalt wieder eingefügt haben. Wenn Text gelöscht wird, sollte dieser nicht in der Rumpelkammer landen, vor allem nicht in einem unsichtbaren Zwischenspeicher. Eine Lösung besteht darin, den ausgeschnittenen Text als letztes Element in einem Dokument anzuzeigen, das alle Löschungen sammelt. Ein solches Löschdokument ist ein ganz gewöhnliches Dokument und kann wie jeder andere Text behandelt werden. (Es wäre vielleicht sinnvoll für dauerhafte Entfernungen einen besonderen Befehl vorzusehen.) Der wesentliche Punkt ist, dass nichts Mysteriöses mit dem gelöschten Text geschehen und kein besonderer Befehl oder ein besonderes Wissen notwendig sein sollte, um das Dokument zu finden, das den gelöschten Text enthält. Der Benutzer muss nur wissen, dass sich gelöschter Text in einem Dokument z.B. namens „Dieses Dokument enthält gelöschten Text" befindet. Der Benutzer könnte dafür einen beliebigen Satz wählen, der sich als Ziel für dieses Dokument verwenden lässt. Selbstverständlich kann auch jeder kürzlich gelöschte Text für die Suche verwendet werden – so als wäre er nicht gelöscht worden.

Kriterien für gelungen Löschmechanismen:

- Ein Löschvorgang sollte sich in der Bedienung nicht von anderen Befehlen unterscheiden.
- Es sollte kein Risiko bestehen, wenn der Text gelöscht oder versetzt wird.
- Es sollten keinen speziellen Puffer, andere „Systemebenen" oder verborgene Positionen für die Platzierung gelöschten Textes eingeführt werden.
- Das Löschen einzelner Zeichen sollte sich nicht vom Löschen mehrerer Zeichen unterscheiden.
- Löschungen sollten sich rückgängig machen und wiederherstellen lassen.

6-4-2   Mitteilungen an den Benutzer

Handle immer richtig. Einige werden sich
darüber freuen, andere erstaunt sein.

— Mark Twain

Wann immer Sie eine Fehlermeldung formulieren, sollten Sie noch einmal kurz innehalten und das Interface so entwerfen, dass die Situation, in welcher diese Fehlermeldung erzeugt wird, nicht entstehen kann. In anderen Worten: Eine Fehlermeldung kann zwar aus Sicherheitsgründen einen Fehler signalisieren, aber der Fehler selbst liegt im Design des Systems oder dessen Interface begründet. Gelegentlich mussten ich und meine Mitarbeiter bei dem Versuch, eine Fehlermeldung zu verhindern, feststellen, dass grundlegende Designentscheidungen falsch getroffen worden waren und eine Überarbeitung des Designs notwendig war. In dieser Hinsicht − aber nur in dieser Hinsicht − sind Fehlermeldungen ein großer Segen. Zum Beispiel: Beim Design eines Programms für arithmetische Berechnungen schien es zunächst keine Möglichkeit zu geben, eine Fehlermeldung zu verhindern, wenn der Benutzer versuchte, eine Zahl durch 0 zu teilen. Es war jedoch eine bessere Lösung, einen Wert zu erstellen, der die Bezeichnung *Undefiniert* ausgab. Der IEEE (Institute for Electrical and Electronic Engineers)-Standard 754 für Arithmetik verwendet *NaN* oder „not a number" dafür. Die Arithmetik für *Undefiniert* ist gut definiert (z.B. *Undefiniert* + 3 = *Undefiniert*) und Ergebnisse, die dies einbeziehen, sind sinnvoller und bieten mehr Aufschluss als ein einfacher Abbruch der Berechnung. Mit dem Wert *Undefiniert* ließe sich auch die Frage beantworten, was geschehen soll, wenn der Befehl *Berechnen* für ein Objekt gewählt wird, das nicht die Syntax eines arithmetischen Ausdrucks aufweist. Die Information, das etwas falsch läuft, erscheint im Zentrum der Aufmerksamkeit des Benutzers, nämlich in Form des Ergebnisses. Noch informativer wäre es, das einfache *Undefiniert* durch *Geteilt-durch-0* und andere entsprechende Meldungen zu ersetzen. Arithmetisch könnten sie sich ebenso verhalten wie *Undefiniert*.

Ein weiteres Beispiel dafür, wie der Wunsch nach der Entfernung einer Fehlermeldung sogar zu einer Hardware-Entscheidung führte, begegnete mir beim Design des Macintosh; es war eine Entscheidung nach dem Motto „Wir setzen alles aufs Spiel", wie sie oft entsteht, wenn ein neues Produkt entwickelt wird. Damals wählten wir das Speichermedium für den Macintosh aus. Festplatten waren zu teuer und kamen nicht in Frage. Das 5¼-Zoll-Laufwerk war damals fast überall in Gebrauch und einige Technologien traten in Konkurrenz dazu, um dessen Position als Marktführer zu übernehmen. Das Macintosh-Team entschied sich für das 3½-Zoll-Laufwerk, was sich als richtige Entscheidung herausstellte, weil die übrige PC-Welt denselben Weg ging. Hätte sich z.B. IBM anders entschieden, wäre es für den Benutzer eventuell schwierig geworden, Disketten für den Mac zu kaufen.

Aber die Entscheidung für das Sony-Laufwerk wurde von uns durch Überlegungen besiegelt, die den Menschen ein geeignetes Interface bieten wollten. Die meisten Markenlaufwerke sahen vor, dass der Diskettenauswurf durch einen Knopfdruck am Laufwerk erfolgte. Doch leider hinderte nichts den Benutzer daran, diesen Knopf zu drücken, ehe seine aktuelle Arbeit auf der Diskette gespeichert war. In diesem Fall hätte eine Warnmeldung erscheinen müssen, um dem Benutzer mitzuteilen, dass er einen Fehler begangen hatte: „Sie haben die Diskette entfernt, von der diese Arbeit stammt. Um die Arbeit wieder auf der Diskette zu speichern, legen Sie diese bitte wieder in das Laufwerk ein." Wenn sich der Benutzer aber zwischenzeitlich vom Computer entfernt und die Diskette mitgenommen hatte, dann würde der nächste Benutzer natürlich an diesem Vorgang hängenbleiben. Dann lernte ich ein Laufwerk kennen, das keinen Auswurfknopf hatte, sondern über einen Befehl auf dem Computer die Diskette auswarf. Wenn der Benutzer jetzt eine Diskette auswerfen wollte, ließ sich dies sofort an den Computer zurückmelden. Dieser konnte dann zunächst prüfen, ob der Vorgang in Ordnung war und erst dann die Diskette auswerfen. Wenn der Befehl also zu einem Datenverlust geführt hätte, konnte das System die Situation noch korrigieren, ehe die Diskette ausgegeben wurde. Wir entschieden uns für dieses selbstauswerfende Laufwerk, was sich in der Ära der Floppys als einer von vielen Faktoren erwies, welche die Bedienung des Mac einfacher machten als die Produkte der Mitbewerber.

Wenn eine Meldung eingeblendet werden muss und keine Benutzerreaktion erforderlich ist, lässt sich diese Meldung meist auch vermeiden. Muss eine Meldung aus irgendeinem Grund unbedingt erscheinen, lässt sich diese als transparentes Overlay-Objekt anzeigen, wie in Abschnitt 5-2-3 erläutert. Mit einer transparenten Ebene für Meldungen ist der dahinterliegende Bildschirminhalt nach wie vor zu sehen und kann genauso verwendet werden, als gäbe es kein transparentes Objekt. In anderen Worten: Es ist dann keine zusätzliche Aktion notwendig, um die Meldung wieder auszublenden. Sie arbeiten einfach durch die Meldung hindurch und diese wird automatisch ausgeblendet, sobald Sie eine Operation an der dahinter liegenden Ebene vornehmen. Die Cursorbewegung allein ist in diesem Sinne keine Operation. Anders als bei den Standard-Dialogfeldern sind aber keine zusätzlichen Aktionen von Seiten des Benutzers erforderlich, um die Meldung wieder auszublenden. Außerdem überdeckt eine transparente Meldung die Bildschirminhalte nicht so sehr, wie das heute problematischerweise üblich ist.

Manchmal kommt der Einwand, die Bestätigung einer Meldung sei notwendig, um eine bewusste Benutzerentscheidung zu erhalten. Doch diesen Einwand kann man bereits im Vorfeld abweisen, denn das Schließen von Meldungsfenstern ist für die meisten Benutzer zu einer gewohnheitsmäßigen Handlung geworden, die mit einem bewussten Lesen und einer bewussten Entscheidungen nichts mehr zu tun hat (siehe Abschnitt 2-3-2).

Meldungen: Eine Fallstudie

Durch die Entfernung einiger Fehlermeldungen entstand ein bemerkenswertes Design durch ein Set an Methoden, das von James Winter für das Abspeichern und Laden von Informationen von einem Massenspeicher auf dem Canon Cat entwickelt wurde. Benutzer von GUIs sind es gewohnt, beim Abspeichern und Laden von Dateien mit vielen Meldungen konfrontiert zu werden, z.B. erfolgt eine Warnmeldung, wenn sie versuchen eine Datei zu schließen, die noch nicht gespeichert wurde. Ich hatte ursprünglich vorgeschlagen, zwei Befehle für das Speichern und Laden von Informationen im Universum des Benutzers vorzusehen, die jeweils durch eine bestimmte Taste aktivierbar sein sollten. Es gab auf dem Canon Cat, wie bereits erläutert, keine Dateistruktur.[1]

James Winter zeigte, dass nur ein Befehl notwendig war und dieses Interface zudem noch sicherer sein würde. Meine erste Reaktion war, dass dies doch gar nicht möglich sei – eine klassische Antwort auf gute, radikale Ideen. Und schließlich, was sollte noch einfacher sein, als meine beiden Befehle? Doch die Methode von James Winter hielt alles, was er versprochen hatte, und wurde in das kommerzielle Produkt implementiert, wo es sich als erfolgreich und beliebt erwies. Viele der üblichen Fehler, die beim Speichern und Laden häufig zu Datenverlusten führen, konnten hier nicht auftreten.

Um seinen Ideen zu folgen, sind ein paar Hintergrundinformationen notwendig. Beim Cat war damals bereits das Konzept der Dateien im üblichen Sinne aufgegeben worden, d.h., die gesamte Arbeit wurde in einem Arbeitsbereich des Benutzers gespeichert. Das bewegliche Speichermedium war damals eine Floppydiskette, die denselben Umfang an Informationen aufnehmen konnte wie der Arbeitsspeicher. Der gesamte Arbeitsbereich konnte also immer als Ganzes aufbewahrt werden, ob im Arbeitsspeicher oder auf der Diskette. Man hatte also ein mentales Modell vom Auswechseln bzw. Übertragen des gesamten Arbeitsbereichs, das die Benutzer sehr praktisch fanden. Sobald ein Arbeitsbereich eingelesen wurde, prüfte der Computer, ob dieser geändert worden war, und jede Diskette war mit einer einmaligen Seriennummer versehen, die vermutlich aus der Prüfsumme ihrer Inhalte abgeleitet wurde.

Winters Idee bestand darin, nur einen Befehl, den er DISK nannte, zu verwenden. Dieser Befehl sollte zunächst den Status prüfen und dann automatisch die richtigen Schritte ausführen. Um zu demonstrieren, wie dies funktionieren sollte, entwarf er eine einfache Tabelle, die alle möglichen Aktionen enthielt, die das System unter

---

1. Idealerweise sollte es eigentlich überhaupt keine Befehle zum Speichern der Arbeit geben. Das Material des Benutzers, einschließlich der verschiedenen Versionen aus den betreffenden Entstehungsphasen, sollte automatisch aufbewahrt werden, bis der Benutzer explizit den Befehl zum dauerhaften Löschen für einen Teil oder das gesamte Material gibt. Unsere derzeitigen Hardwareressourcen erlauben aber eine solche Implementierung nicht.

den verschiedenen Bedingungen ausführen konnte, wenn den Befehl DISK gegeben wurde. Hier ein Auszug daraus:

Status des Arbeitsspeichers:	Unverändert	Verändert	Leer
Status der Diskette:			
Gleich	keine Aktion	Speichern	keine Aktion
Anders	Laden	Warnen	Laden
Leer	Speichern (kop)	Speichern	keine Aktion

Wenn ein Arbeitsbereich von der Diskette in den Arbeitsspeicher eingelesen wurde, der sich nicht verändert hatte, lautete der Status des Arbeitsspeichers „unverändert". Wenn dieselbe Diskette in der Maschine lag und der Benutzer auf DISK drückte, dann gab es keinen weiteren Handlungsbedarf, denn es wurde vorausgesetzt, dass dies einen Vergleich des Arbeitsspeicherinhalts mit dem Disketteninhalt nach sich zog. Wenn die Diskette jedoch entfernt und eine andere in das Laufwerk eingelegt wurde, befand sich noch eine Kopie derjenigen Diskette im Arbeitsspeicher, die entfernt worden war. Das System konnte daran erkennen, dass keine Gefahr eines Datenverlusts bestand, löschte den Arbeitsspeicher und lud den Arbeitsbereich von der neuen Diskette. Im dritten Fall, wenn es sich um eine neue, unbenutzte Diskette handelte und der Benutzer vielleicht ein Kopie des Arbeitsbereichs anlegen wollte, dann führte das System genau diese Schritte aus. Die Disketten mussten auch nicht formatiert werden, denn dies geschah „nebenbei", falls notwendig. Wenn das System in einem dieser Fälle falsch geraten hatte, entstand dadurch kein Schaden.

Der Rest der Tabelle erklärt sich selbst. Der Begriff „warnen" bedeutet, dass eine Meldung angezeigt wurde, die dem Benutzer mitteilte, dass aufgrund einer Änderung des Arbeitsbereichs und der Diskette im Laufwerk das System nichts tun konnte, ohne dabei Informationen zu verlieren. Dabei wurde der Benutzer darauf hingewiesen, dass er die Originaldiskette wieder einlegen muss, um die Daten zu sichern oder eine neue leere Diskette, um den Arbeitsbereich zu sichern. Nachdem dies geschehen war, lud der Befehl DISK den neuen Arbeitsbereich. Es gab eine Möglichkeit, das Laden zu erzwingen. Das System führte den Befehl DISK auch automatisch aus, wenn das System einige Minuten lang unbenutzt mit einem geänderten Arbeitsbereich zurückgelassen wurde; auf diese Weise wurde ein zusätzlicher Sicherheitsmechanismus hinzugefügt.

Winter hatte ursprünglich eine noch einfachere Methode vorgeschlagen, die darauf beruhte, ein Diskettenlaufwerk zu verwenden, das ermitteln konnte, wann eine Diskette eingelegt worden war, und den Auswurf der Steuerung durch ein Programm zu überlassen. Leider wurden diese Laufwerke von Sony hergestellt und wir konnten Canon, einen Mitbewerber, nicht davon überzeugen, sie zu verwenden – ein Beispiel dafür, wie Benutzer unter dem Stolz einer Firma zu leiden haben. Mit der Sony-Hardware hätten wir überhaupt keine diskettenbezogenen Befehle gebraucht: Ein Auswurfschalter am Laufwerk, der vom System geprüft worden wäre und je nach Status die Diskette ausgeworfen hätte oder nicht. Bei Apple, die selbst keine Diskettenlaufwerke herstellen, hätten wir das Sony-Laufwerk durchsetzen können, doch als ich damals die Spezifikationen für das Macintosh-Projekt schrieb, waren mir die wichtigen Erkenntnisse von James Winter leider noch nicht bekannt.

Bei einem Test im Klassenzimmer wurde von den Lehrern oft der Befehl DISK gepriesen. Neben der minimalen Schulungszeit und dem Wegfall des Formatierens von Disketten verhinderte er nämlich auch eine der beliebtesten Ausreden der Schüler dafür, dass sie ihre Arbeit aufgrund eines Datenverlustes nicht beibringen konnten: Wenn der erste Schüler den Computer verließ, ohne die Arbeit zu speichern, und ein anderer Schüler sich daran setzte, seine Disekette einlegte und DISK eingab, dann erschien sofort eine Warnmeldung. Der zweite Schüler musste sich dann auf die Suche nach dem ersten Schüler machen oder die Daten auf einer leeren Diskette sichern, weil er seine eigene Diskette nicht laden konnte, ehe eine dieser beiden Aktionen ausgeführt war.

Der DISK-Befehl von Winter war einfach anzuwenden. Wann immer Sie etwas mit der Diskette tun wollten, musste diese Taste gedrückt werden. Außerdem unternahm dieser Befehl jede Anstrengung, um die Arbeit des Benutzers zu bewahren. Der Ansatz „Eine-Diskette-ein-Arbeitsbereich“ vereinfachte auch das mentale Modell des Benutzers stark. Der Cat wurde zu einem „Fenster“, das einen Ausblick auf die Informationen auf der Diskette bot.

Man hat eingewandt, dass der Befehl DISK eine modale Situation schuf. Dieser Einwand gilt jedoch nur dann, wenn man das Laden und Speichern, das hinter den Kulissen dieses Befehls geschieht, einbezieht. Ein Benutzer, der diese Befehle gar nicht kennt, wird den Befehl DISK als ein Universalwerkzeug empfinden, das alles ausführt, was gerade notwendig ist. Beim Testen wurden übrigens keinerlei Modusfehler festgestellt.

Wenn Ihr Computer noch Disketten verwendet, sind Sie sich vielleicht der Tatsache bewusst, dass Sie eine Diskette entweder vor deren Verwendung formatieren müssen oder bereits eine vorformatierte Diskette kaufen müssen. Auf dem Canon Cat wurde das Formatieren der Disketten beim Speichern der Daten durchgeführt, wodurch keinerlei Zeit für den Benutzer verstrich, denn er war sich nicht einmal bewusst, dass dieser Vorgang im Innern des Rechners durchgeführt wurde. Da es für den Benutzer keinerlei Möglichkeiten gab, den Formatierungsvorgang zu steuern, gab es auch keine Notwendigkeit für dieses Wissen. Dies ist ein weiteres Beispiel für die folgende allgemeingültige Regel: Wenn ein Steuerungsmechanismus immer (oder nie) erforderlich ist, dann sollte er nicht zur Verfügung gestellt werden.

6-4-3 Einfache Anmeldung

Als Benutzer müssen Sie relativ viele Arbeitsschritte vollziehen, wenn Sie sich auf einem der vielen Systeme anmelden. Zunächst müssen Sie eingeben, wie Ihr Operatorname, Onlinename oder Systemname lautet und dann erfolgt die Eingabe eines Kennworts. Der Name übermittelt dem System, wer Sie sind, und das Kennwort verhindert, dass sich jemand unter Ihrem Namen Zugang verschafft.

Doch in Wirklichkeit übermitteln Sie dem System zweimal, wer Sie sind. Im Grunde würde die Kennworteingabe allein auch genügen. Es gibt dabei keine Sicherheitseinbußen. Wie hoch die Wahrscheinlichkeit ist, dass jemand einen Namen oder ein Kennwort errät, hängt davon ab, wie das Kennwort gewählt wurde bzw. dessen Länge und Ähnliches. Den Onlinenamen eines Benutzers herauszufinden ist keine große Kunst, denn dieser wird meist sogar veröffentlicht, damit eine Kommunikation möglich wird. Ein schlecht gewähltes Kennwort, z.B. der Name des eigenen Hundes, ist meist der Grund für eine dürftige Sicherheit.

Das technische Argument, dass die Eingabe von zwei getrennten Zeichenfolgen mehr Sicherheit bietet, ist nicht richtig. Wenn der Onlinename aus j beliebigen Zeichen besteht und das Kennwort aus k beliebigen Zeichen, dann muss der Benutzer $j + k$ Zeichen eingeben, wobei nur k tatsächlich unbekannt ist. Wenn ein Kennwort per Zufallsgenerator aus einem Zeichensatz mit q Zeichen ausgewählt wurde – das Beste, was es gibt –, beträgt die Wahrscheinlichkeit, dass dies durch ein einziges Raten ermittelt wird: $1/q^k$.

Würde bei der Kennworteingabe nur ein zusätzliches Zeichen vom Benutzer verlangt und gleichzeitig die Eingabe des Namens abgeschafft, so erhöhte dies die Schwierigkeit, das Kennwort zu erraten um den Faktor q und ersparte dem Benutzer gleichzeitig die Eingabe von $j - 1$ Zeichen und das Warten auf die Auswertung und Reaktion auf zwei Eingabefelder, das sich so auf eines verringern würde. Wir erhalten also mehr Sicherheit, benötigen weniger Bildschirmplatz und setzen die Bedienerfreundlichkeit herauf, indem wir die minimale Kennwortlänge um ein Zeichen erhöhen und dafür das Feld für die Namenseingabe streichen. Wir verlieren nichts, indem wir den Namen beiseite lassen. Weniger mühsame Sicherheitsmethoden wie die Stimmerkennung, der digitale Fingerabdruck oder andere unverkennbare Merkmale des Benutzers wären für einige Anwendungen sicher besser, aber Sie könnten einem vertrauenswürdigen Partner gar nicht mitteilen, wie er sich bei Ihnen anmeldet, es sei denn, es gäbe noch eine alternative Möglichkeit für die Sicherheitsprüfung.

Es stellt sich die Frage, wie sich sicherstellen lässt, dass jeder ein einmaliges Kennwort erhält – in einem System, das nur auf Kennwörtern beruht. Was geschieht, wenn zwei oder mehr Benutzer dasselbe Kennwort auswählen? Die beste Option besteht darin, dem System die Zuweisung zu überlassen. Diese Methode kann allerdings zu Kennwörtern führen, an die sich kein Mensch erinnern kann, z.B. *2534-788834-003PR7* oder *ty6★>ff`d%d*. Eine weitere Möglichkeit besteht darin, ein Zufallspaar von Wörtern aus einem Lexikon zu verwenden, z.B. *Korbflaschen-Schnürsenkel, bestätigte-Zitronenpresse* oder *Schwefel-Taucher*. Wird ein Wörterbuch mit 60.000 Einträgen dazu verwendet, dann liegt die Chance, das jemand ein Kennwort errät, bei eins zu drei Millionen sechshunderttausend. Werden drei Wörter verwendet, erhöht sich die Schwierigkeit, diese mit den heute üblichen Hacker-Techniken herauszufinden, noch drastisch und beläuft sich auf $2,16 \times 10^{14}$ mögliche Kombinationen. Wäre es möglich, pro Tag 1 Billionen dieser Kombinationen zu prüfen – was heute nicht der Fall ist –, dann würde dieses Unternehmen 10^5 Tage bzw. 275 Jahre dauern. Dies ist eine angemessene Sicherheitsstufe. Kennwörter, die von Benutzern erstellt werden, zumindest jene, an die sich der Benutzer erinnern möchte, sind deutlich weniger sicher.

Wenn die Idee entsteht, das Interface einer Website oder eines Computersystems zu verbessern, indem der Vorgang der Anmeldung auf die Vergabe nur eines Kennworts reduziert wird, so wird dies meist aus einem der beiden folgenden Gründe zurückgewiesen: Entweder behaupten die Programmierer einfach, so gehe das nun einmal nicht, oder sie hätten keine Kontrolle über die Anmeldeprozedur. Aber irgendjemand hat natürlich die Kontrolle.

6-4-4 *Zeitverzögerungen und Tastaturtricks*

Wir alle haben meist die konventionelle alphanumerische Tastatur an unsere Computer angeschlossen. Trotz vieler Versuche einer Reform, z.B. die Dvorak-Anordnung der Tasten, hat sich die Unsicherheit der Millionen von Menschen, die sich bereits an die QWERTY-Tastatur gewöhnt haben, letztlich immer als unüberwindliches Hindernis herausgestellt. Alles, was wir als Interface-Designer dagegen tun können, besteht darin, zumindest kleinere Verbesserungen vorzunehmen, die keine mühsame neue Ausbildung erfordern. Im folgenden Abschnitt finden Sie einige Anregungen dazu.

Auf den meisten Tastaturen erfolgt eine automatische Eingabewiederholung, wenn Sie eine Taste mindestens 500 Millisekunden gedrückt halten; danach setzt die Wiederholung ein. Dies ist ein Beispiel für eine vordefinierte und festgesetzte Verzögerung; doch es gibt gute Gründe, vordefinierte Verzögerungen im Interface-Design zu vermeiden. Jede Definition einer Verzögerung birgt nämlich das Risiko, entweder zu lang oder zu kurz zu sein, je nachdem um welchen Benutzer oder welche Umstände es sich handelt. 500 Millisekunden sind zu kurz, wenn Sie den Finger eher träge auf der Tastatur bewegen, z.B. weil Sie gerade über etwas ganz anderes nachdenken. Wenn Sie dann aus Ihren Gedanken aufschrecken, entdecken Sie vielleicht ein paar Zeilen sssssssssssssssssssss auf der Seite. (Meine Katze hinterlässt auf diese Weise ihre Spuren auf meinem Computer.) Wer nicht schnell schreiben kann oder an einer von mehreren diesbezüglichen neurologischen oder physiologischen Erkrankungen leidet, findet die 500 Millisekunden für die Autowiederholung wahrscheinlich ebenfalls zu kurz.

Doch diese 500 Millisekunden können durchaus auch zu lang sein. Zunächst einmal sind Verzögerungen nämlich das, was sie sind: Verzögerungen. Der Benutzer muss darauf warten, dass eine Wirkung erfolgt. Ein Beispiel, das Benutzer besonders lästig finden, geschieht im Interface des Macintosh. Um einen Dateinamen zu ändern, nachdem Sie ein Verzeichnis oder einen Ordner geöffnet haben, klicken sie auf den Namen und warten dann etwa eine halbe Sekunde bis ein spezieller Rahmen oder ein Farbunterlegung erscheint. Erst jetzt kann die Datei bearbeitet werden. Der Grund für die Implementierung dieser Verzögerung bestand darin, dass man verhindern wollte, dass ein Dateiname, der auch mit einem einfachen Klick ausgewählt werden kann, aus Versehen bearbeitet wird. Sobald der Dateiname wieder zurück in den Zustand vor der Bearbeitung wechselt, müssen Sie erneut auf den Namen klicken, um das System in den Bearbeitungszustand zu bringen. Dass sich Benutzer von dieser Verzögerung genervt fühlen, lässt sich Umfragen entnehmen und auch der Häufigkeit, mit der in Zeitschriften Tricks zur Umgehung dieser Verzögerung veröffentlicht werden. Benutzer mögen es nicht, wenn sie zum Warten gezwungen werden.

John Bumgarner fand während seiner Arbeit bei Information Appliance eine elegante Lösung für das Problem der automatischen Wiederholung. Er machte die Beobachtung, dass in den meisten lautschriftlichen Sprachen ein und dasselbe Zeichen nie öfter als dreimal hintereinander auftreten. Außerdem stellte er fest, dass die Funktion der Autowiederholung absichtlich nur dann verwendet wird, wenn mehr als fünf gleiche Zeichen eingegeben werden sollen; andernfalls drückt der Benutzer einfach die gewünschte Anzahl der Zeichen auf der Tastatur, ohne den Finger darauf zu lassen. Die von ihm entwickelte Software für Autowiederholungen begann mit der Wiederholung erst dann, wenn eine Taste 100 Millisekunden gedrückt wurde, nachdem sie zuvor dreimal hintereinander gedrückt worden war. Mit anderen Worten, um eine Zeile von Ist-Gleich-Zeichen zu erzeugen, musste der Benutzer Folgendes eingeben:

$$= = = \downarrow$$

Anschließend musste er warten, bis die gewünschte Länge der Ist-Gleich-Zeichen erzeugt war, und dann die Taste wieder loslassen.

Dieselbe Taste wiederholt zu drücken geht schneller, als drei verschiedene Tasten wiederholt zu drücken, und eine GOMS-Analyse zeigt, dass sich die Zeit für den Beginn der Autowiederholung auf diese Weise gegenüber der konventionellen Methode reduzieren lässt; sie wird von 700 Millisekunden auf 400 Millisekunden herabgesetzt. Bumgarners Autowiederholungsfunktion erwies sich als einfach zu erlernen und wurde während unserer Tests nie aus Versehen ausgelöst. (Eine Autowiederholung findet nicht zufällig statt, auch dann nicht, wenn Ihre Katze auf der Tastatur sitzt. Ein negativer Aspekt war aber auch hierbei nicht ausgeräumt worden: Die Funktion ist unsichtbar und nirgendwo auf dem Computer gekennzeichnet.)

Gut entwickelte Computer und informationsverarbeitende Geräte haben **„Akkordtastaturen"**, d.h., die Software erkennt, wenn mehrere Tasten gleichzeitig gedrückt werden. Ältere oder einfachere Computer hatten Tastaturen, die nur bei einigen wenigen speziellen Tasten erkennen konnten, z.B. der Umschalttaste, dass diese gleichzeitig mit einer anderen Taste gedrückt gehalten wurden. Die Akkordtastaturen ermöglichen es, einige ansonsten sehr knifflige Interface-Probleme zu lösen. Wie lässt sich z.B. ein vertikeler Strich durch ein Zeichen setzen? Hierfür ist eine logische Methode notwendig, die zwei Zeichen an der gleichen Zeichenposition einfügt. Angenommen, Sie möchten ein Dollarzeichen erstellen, indem Sie ein *s* mit einer vertikalen Linie versehen (|), dann sollte es möglich sein, auf der Tastatur eine temporale Überlagerung zu aktivieren:

s↓ |↓|↑ s↑

Dies geriete nicht in Konflikt mit den sich überlagernden Tastenanschlägen bei einer Eingabe in normaler Geschwindigkeit, wobei die zuerst gedrückte Taste oft erst losgelassen wird, wenn eine oder mehrere weitere Tasten angeschlagen wurden. Das Wort *der* wird oft nicht wie folgt eingegeben,

d↓ d↑ e↓ e↑ r↓ r↑

sondern, um nur eine der möglichen Abfolgen anzugeben, wie nachstehend dargestellt:

d↓ e↓ r↓ d↑ e↑ r↑

Moderne Tastaturen und die zugehörige Software können diese sich überlagernden Tastenanschläge – ein Phänomen das unter dem Namen Rollover bekannt ist – richtig interpretieren. Die meisten Tastaturen haben ein *n*-Tasten-Rollover, was bedeutet, dass das System nicht verrückt spielt, wenn *n*-Tasten gleichzeitig gedrückt gehalten werden, während die Eingabe fortgesetzt wird. Die menschliche Anatomie ergibt, dass *n* nicht größer als 10 sein muss, obwohl es keinen technischen Grund dafür gibt, *n* in irgendeiner Weise zu beschränken, wenn der Computer über eine Akkordtastatur verfügt.

Wenn es die Konvention gäbe, dass Überlagerungen automatisch erfolgen, wenn eine Taste gedrückt gehalten wird, während eine andere gedrückt wird, dann ließen sich Akzente und diakritische Zeichen in einheitlicher Weise als Überlagerung behandeln. Zum Beispiel: é, wie im Namen Dupré, wird auf dem Macintosh mit einer nicht zu erschließenden Zeichenfolge eingegeben:

Wahltaste↓ e↓↑↑ e↓ e↑

Beachten Sie, dass dies ein Beispiel für eine modale Verb-Substantiv-Methode ist, also eine Verletzung der eigenen Richtlinien von Apple. Außerdem operiert diese Tastenkombination inkonsistent. Wenn Sie die nachstehende Abfolge eingeben, erhalten Sie ein Anführungszeichen, gefolgt von einem t, aber kein t mit einem Accent aigu, wie Sie vielleicht vermutet hätten:

Wahltaste↓ t↓↑↑ t↓ t↑

Die Eingabe von Akzenten und diakritischen Zeichen wird einfacher und logischer, wenn die Überlagerung in einem Quasimodus erfolgt:

e↓ '↓'↑ e↑

Sie halten *e* gedrückt und währenddessen drücken Sie die Akzenttaste. Sie könnten auch é schreiben, indem Sie die Überlagerung in der umgekehrten Reihenfolge verwenden:

'↓ e↓ e↑'↑↑

Es macht keinen Unterschied, logisch gesehen, in welcher Reihenfolge die Operationen ausgeführt werden.

Die Überlagerung ist auch sinnvoll, um mathematische und andere besondere Symbole zu erstellen und für einige Computersprachen, z.B. APL. Vielleicht werden Sie einwenden, dass sich anstelle einer Überlagerung die benötigten Zeichen doch besser in einen Zeichensatz einfügen ließen; allzumal wir alle mittlerweile über perfekte bitmapfähige Bildschirme verfügen. Das ist wahr, aber nicht jeder möchte viel Zeit aufwenden oder bringt die Fähigkeiten mit, ein neues Zeichen zu installieren und dieses jeder Schriftart hinzuzufügen, in welcher das neue Zeichen künftig zur Verfügung stehen soll. Auch wenn es absurd erscheint, aber auf einem modernen Computer lässt sich diese Aufgabe, die auf einer mechanischen Schreibmaschine kein Problem war, nicht ausführen!

Eine Überlagerung muss nicht auf zwei Zeichen beschränkt bleiben; es lässt sich eine beliebige Anzahl von Zeichen überlagern, z.B.:

Shift↓ s↓ *Shift*↑ |↓ |↓ |↑|↑ s↑

Diese Abfolge erzeugt ein Dollarzeichen mit einem Schrägstrich. In Zukunft sollten lediglich ästhetische Gesichtspunkte und Faktoren wie die Lesbarkeit eine Rolle spielen, wenn es darum geht zu entscheiden, wie viele Überlagerungen akzeptabel sind, nicht aber Beschränkungen, die durch Hardware oder Software erzeugt werden.

Um dem Benutzer ein sofortiges Feedback zu geben, wenn er eine Taste drückt – angenommen, *n*-Tasten-Rollover und die in diesem Buch beschriebene Überlagerungstechnik sind beide aktiv – muss das Interface ein Paar sich überlagernder Zeichen zeitweilig als nebeneinander liegende Zeichen präsentieren. Der Grund dafür ist: Erst wenn die Tasten losgelassen wurden, kann die Software erkennen, ob es sich dabei um ein Rollover oder eine Überlagerung handelt; anschließend würden sich die überlagernden Zeichen dann erst verschmelzen. Ich möchte hier noch einmal auf eine entscheidende Tastaturreform verweisen, die ich bereits erwähnt habe – die Abschaffung der Feststelltaste (Caps Lock). Sie führt einen Modus ein.

6-5 Brief eines Anwenders

Als ich einmal an einem Projekt für ein großes Unternehmen arbeitete, schrieb ein erfahrener Benutzer der Software dieser Firma einen Brief, der auf einige Punkte auf diesem Buch besonders hinwies. Die im Folgenden wiedergegebenen Zitate stammen aus diesem Brief:

• „Mir wurde die Software als ausgereiftes Produkt angepriesen, was dann aber nicht der Fall war." Bei einer Befragung der Programmierer ergab sich, dass während des Projekts die Zeitplanung gegenüber der Qualität höchste Priorität hatte. Was dem Kunden versprochen wurde, war der ursprüngliche Traum der Projektleiter. Was die Kunden aber letztlich erhielten, war eine von der Zeitplanung gesteuerte „Minimalversion". Viele wünschenswerte Details waren nicht vorhanden, weil die Tools, die schon vor der Fertigstellung des Interface-Designs ausgewählt worden waren, die gewünschten Interaktionen nicht implementieren konnten.

• Der Benutzer muss sehr oft die Returntaste drücken oder mit der Maustaste klicken – viel öfter als eigentlich notwendig wäre, um Informationen einzugeben." Bei der Eingabe von Informationen in ein Feld ist es nicht notwendig, dass der Benutzer jedesmal Return oder Enter drückt oder etwas anderes. *Wenn der Benutzer das nächste Feld aktiviert oder ein Menü oder eine Schaltfläche anklickt, sollte das System dies so interpretieren, dass bereits getätigte Eingaben dadurch übernommen werden.*

• Wenn Sie die Tabulatortaste anstelle der Pfeiltasten benutzen, um sich zwischen Feldern zu bewegen, verursachte das Probleme. Zwei der Felder auf dem Bildschirm waren für die freie Texteingabe bestimmt. In diesen Feldern konnte ein Benutzer die Tabulatortaste dazu benutzen, eingezogene Absätze oder Listen zu erstellen. Deshalb konnte die Tabulatortaste nicht für die Bewegung zwischen den Feldern zur Verfügung gestellt werden. Es war peinlich zuzusehen, wie die Benutzer immer wieder auf die Tabulatortaste drückten, um zum nächsten Feld zu gelangen.[1]

Diese Beispiele zeigen zwei gängige Interface-Probleme. Das erste besteht in der Verwendung von Return, um ein Feld zu begrenzen – diese

---

1. Eine Taste für „Nächstes Feld" wäre auf den Computertastaturen eine sinnvolle Ergänzung.

Gewohnheit geht noch zurück auf die Beschränkungen der Fernschreiber, wie sie vor Jahrzehnten in Minicomputern verwendet wurden. Das zweite Problem besteht in einer Überlastung von Return- und Tabulatortaste, die jeweils in freien Textfeldern eine andere Bedeutung hatten als in kürzeren Feldern.

- „Wenn eine Suchoption ausgewählt wird, sollte der Cursor im betreffenden Textfeld erscheinen, damit der Benutzer mit der Informationseingabe beginnen kann, ohne das Feld zuerst mit der Maus oder der Tabulatortaste aktivieren zu müssen." Dies ist ein spezieller Fall eines allgemeinen Prinzips: Wenn der Benutzer ohnehin nur eine Sache tun kann, dann sollte der Computer diese Aufgabe übernehmen.

- „Nutzlose Dialogfelder sind vermutlich einer der Hauptgründe für vergebliche Benutzereingaben und Frustrationen." Die Dialogfelder, auf die er verwies, waren von der Art, die einen Benutzer darüber informieren, dass etwas geschehen war, und einen Mausklick oder das Drücken der Returntaste erfordern, um sie wieder loszuwerden. Der Benutzer hat keine Wahl; er muss das Dialogfeld bedienen, um fortfahren zu können. Dies ist ein weiterer Spezialfall des bereits erwähnten Prinzips: Wenn der Benutzer nur eine Sache tun kann, dann sollte der Computer diese Aufgabe übernehmen. Wie der Briefschreiber an anderer Stelle seines Briefs meinte, „ist es wichtig, dass bei Interaktionen zwischen Benutzer und einem Dialogfeld auch ein Ergebnis erzielt wird". Dies lässt sich allgemein so formulieren: Jedes Mal, wenn ein Benutzer mit dem Computer in Interatkion tritt, muss dies zu einem produktiven Ergebnis führen. Allein die Wiederaufnahme des Workflow selbst ist kein produktives Ergebnis.

Der Absender beschwerte sich außerdem darüber, dass ein anderes Dialogfeld „dem Benutzer mitteilt, dass das Produkt bereits aufgelistet ist", wenn der Name oder die Kennziffer eines bereits vorhandenen Produkts am Bildschirm eingegeben wurde – der diese Eingabe akzeptierte. Der Benutzer musste jedes Mal das Dialogfeld ausblenden, ehe er fortfahren konnte. Er schlug stattdessen vor, drei Schaltflächen anzuzeigen, die es entweder ermöglichten, das Produkt so zu belassen, zu löschen oder zu jenem Bildschirm zu wechseln, in dem sich das Produkt bearbeiten ließ. Sein Designvorschlag war eindeutig besser als der des Programms, aber es geht noch besser. Teil dieses Problems ist die Vorstellung, dass die Eingabe eines neuen Produkts sich von dessen Bearbeitung oder dem Löschen unterscheidet. Hier eine einfachere Methode: Der Benutzer ruft das Formular auf und fügt die Produktbezeichnung ein; ist diese neu, wird es akzeptiert und der Benutzer kann wie gewohnt fortfahren. Ist das Produkt bereits in der Liste, werden die Daten zum Produkt geladen, damit der Benutzer sofort sehen kann, dass diese bereits vorhanden sind. Die Daten lassen sich dann auch sofort bearbeiten. Das Löschen ist dann nur noch eine andere Form der Bearbeitung.

• Der Briefschreiber hob hervor, dass der Bildschirm sich schnell mit identischen Symbolen füllt, die nur noch durch deren Bezeichnungen unterschieden werden konnten, die unter dem Symbol abgelesen werden mussten. Er schlug vor, ein größeres Spektrum an Symbolen zu verwenden, denn schließlich „handle es sich doch um eine visuelle Umgebung". Er hat ganz recht mit seiner Feststellung, dass identische Symbole eigentlich nur Platzverschwendung auf dem Bildschirm sind. Er schlug die Verwendung von vier verschiedenen Symbolen vor. Aber mit nur vier verschiedenen Symbolen gibt es immer noch viele identische. Die Lösung bestünde in der Erkenntnis, dass die Symbole überflüssig sind. Bei der Entwicklung von grafikbasierten Interfaces sollten wir berücksichtigen, dass Text auch ein visueller Indikator ist und sogar ein sehr starker, denn er vermittelt gleichzeitig spezifische Inhalte und wird von allen Benutzern sofort erkannt (siehe Abschnitt 6-3.)

• „Wenn ein Bestellformular geöffnet ist und man möchte eine Produktanfrage stellen, erscheint folgendes Dialogfeld: 'Diese Anwendung kann nicht verwendet werden, wenn das Bestellformular geöffnet ist'." Die korrekte Gegenfrage des Benutzers wäre: „Warum nicht?" Hier haben die Designer den tatsächlichen Workflow des Benutzers nicht erkannt.

Eine grundlegende Erfahrung ist, dass nahezu jeder übermäßig strukturierte Workflow dazu führen kann, dass ein Benutzer, dessen Aufgabe oder Arbeitsweise ein anderes Vorgehen verlangt, daran hängen bleibt. Das Interface verwandelt sich in diesem Fall in eine Art Diktator anstatt in eine Unterstützung. *Ein Computer sollte ein Diener der Menschen sein und kein Kontrolleur oder Chef.*

• „In der Computerindustrie gibt es die Tendenz zur Konformität, unabhängig davon, ob dies zu einem produktiven Ergebnis führt oder nicht. [...] Anpassung und die Verwendung eines Standarddesigns sind ausgesprochen wichtig [...], weil der Benutzer dann weniger Zeit benötigt, um zu Höchstgeschwindigkeiten aufzulaufen [...], wenn aber durch Anpassung oder Standardisierung Sinnlosigkeiten erzeugt werden, dann erfüllt das Design nicht mehr seinen Zweck". Dies ist exakt einer jener Punkte, den vor einigen Jahren Grudin in seinem bekanntem Artikel „The Case Against User Interface Consistency" (Grudin 1989) dargelegt hat. Doch offensichtlich ist die Analyse von Grudin nicht bis zur Industrie durchgedrungen. *Verlassen Sie einen Standard, wenn dieser der Produktivität oder der Zufriedenheit des Benutzers nicht zuträglich ist.*

• „Bei der Softwareentwicklung wurden die Standardmenüs im Windows-Stil verwendet." Sein Beispiel zeigte: „Alle Menüs wiesen eine gewisse

Sinnlosigkeit auf. Ein Menü hatte den Befehl *Beenden* unter dem Datei-menü versteckt." Er wollte darauf hinweisen, dass *Beenden* der einzige Befehl im Menü *Datei* war. „Beenden sollte direkt in der Hauptmenüleiste stehen und das Menü Datei entfernt werden." Er bemerkte: „Eine Option ergibt doch noch keine Menüliste". *Es ist überflüssig, ein Menü zu öffnen, nur um den einzigen darin befindlichen Befehl auszuwählen.*

• Der Briefschreiber machte einige Vorschläge zu Detailverbesserungen, wenn es sich dabei eigentlich um einen tiefer liegenden Designfehler han-delte, welcher der Korrektur bedurft hätte. Zum Beispiel: Beim Ausfüllen eines Bestellformulars wurde dem Benutzer eine Bildschirmansicht für ein bestimmtes Produkt angezeigt, die die Bezeichnung *Bestellung Direkteintrag (Hinzufügen)* trug. Der Benutzer musste dann die Anzahl der zu bestellen-den Produkte eingeben. Die Standardanzahl war 0. Der Verbesserungsvor-schlag unseres Briefschreibers lautete: „Der Standardwert sollte 1 sein, denn wer bestellt schon 0 Produkte." Und damit hat er ganz recht. Aber die gesamte Bildschirmansicht ist schon ein Fehler. Dem Benutzer sollte eine Produktliste gezeigt werden, durch die er blättern oder die er mit einer Suchfunktion durchsuchen kann. Er würde dann die Anzahl direkt in der Liste angeben können. In diesem Fall wäre 0 eine korrekte Voreinstellung. In manchen Anwendungen könnte die Liste auch eine bereits einmal vom Benutzer gewählte Anzahl automatisch anbieten – sozusagen als Ausgangs-punkt. Je nach den Anforderungen der Aufgabe könnte auch eine Schalt-fläche mit der Funktion *Setzt Anzahl für alle Produkte auf 0* hinzugefügt werden. Selbstverständlich mit entsprechender Beschriftung und der Mög-lichkeit, dies wieder rückgängig zu machen.

Daneben gab es in diesem System noch eine weitere Bildschirmansicht mit dem Titel Bestellung Direkteintrag (Hinzufügen). Dieser Screen wäre dann komplett überflüssig. Durch eine Produktanzahl von 0 in einem einzigen Screen, ließe sich der Löschvorgang im Bestellformular sofort ausführen.

Die Bildschirme folgen noch einer anderen verschwenderischen Konven-tion. Es gibt Schaltflächen, beschriftet mit *Speichern* und *Beenden*, die sich am unteren Rand befinden. Die meisten Benutzer wissen nicht genau, welche Funktionen diese Schaltflächen ausführen. Beendet die Schaltfläche *Speichern* auch die Anzeige des Bildschirms – dann sollte sie eigentlich mit *Speichern und beenden* beschriftet sein? Oder müssen beide Schaltflächen nacheinander angeklickt werden, um die Bildschirmansicht zu verlassen und die Eingabe zu speichern? Wenn Sie ohne zu speichern auf *Beenden* klicken, erscheint dann eine Warnmeldung, z.B. „Möchten Sie vor dem Beenden die Änderungen speichern?" oder wird die bereits durchgeführte Aktion gar nicht berücksichtigt? Im Grunde sind beide Schaltflächen über-flüssig. Sobald der Benutzer den Cursor außerhalb des Bildschirms bewegt und mit einer anderen Arbeit beginnt, sollte das System dies auch gestatten und den Inhalt des alten Fensters automatisch speichern.

• Wenn ein Kunde sich die Zeit nimmt, Ihr Produkt sorgfältig zu analysieren und konstruktive Vorschläge dazu macht, dann sollten Sie dem auch Beachtung schenken! Es handelt sich hier nicht um einen Angriff oder eine Beleidigung. Diese Person ist kein Feind, der Sie provozieren will, sondern sie beweist Loyalität und Interesse an Ihrem Produkt.

Sieben

Interface-Probleme jenseits der Benutzeroberfläche

Es ist eine vollkommen falsche Binsenweisheit, die in Büchern und Reden wichtiger Leute immer wieder auftaucht, dass wir die Gewohnheit pflegen sollen, an das zu denken, womit wir uns im Moment beschäftigen. Das genaue Gegenteil ist der Fall. Die Zivilisation schreitet fort, indem sich die Anzahl jener Operationen erhöht, die wir ausführen können, ohne darüber nachzudenken.

— *Alfred North Whitehead*

Dieses Kapitel enthält Gedanken zu einem Potpourri aus verschiedenen Bereichen der Technologie, die für den Designer hilfreich sein können. Abschnitt 7-1 befasst sich mit dem Umstand, dass die Umgebung von Programmiersprachen zu den schlechtesten Interfaces der Computerindustrie gehört. Dabei werden zwei Aspekte erläutert, die verbessert werden könnten. Zum einen ist dies die Anfangshürde der System- und Entwicklungsumgebung, die mittlerweile so hoch geworden ist, dass beginnende Programmierer nicht gerade zum Experimentieren und Sammeln von Erfahrungen ermutigt werden. Zum anderen soll erläutert werden, warum zwar die Wohltaten der Dokumentation bekannt sind, aber anscheinend nicht viel davon gehalten wird. Eine kleine Veränderung in den Programmiersprachen könnte dies vereinfachen.

In Abschnitt 7.2 wird ein Blick auf das dichte Netz von Kabeln geworfen, die sich wie die Schlangen auf Medusas Haupt aus unseren Computern winden. Wir scheinen nie den richtigen Adapter zu haben, nie die richtige Erweiterung oder genau das Kabel, das eigentlich notwendig wäre. Dieses Problem wäre ebenfalls lösbar, wenn es nicht speziell männliche oder weibliche Kabelenden gäbe, sondern wenn jedes Kabel für jede Funktion in einheitliche Stecker an den Computer angeschlossen werden könnte. Das ließe sich ohne weiteres machen.

Abschnitt 7-3 behandelt eine ethische Frage: Die Entwicklung von Interfaces bringt den Designer in einen sehr vertraulichen Kontakt mit den Gedanken und dem Körper des Benutzers. Daraus ergibt sich eine gewisse Verantwortung. Viel ist bereits darüber geschrieben worden, wie Designer in ihren Künsten geschult werden können, um den Anwender vor ihrer Arbeit zu schützen, aber es wurde kaum je etwas darüber gesagt, welche Absicherungen und welcher gesellschaftliche Schutz notwendig sind, damit ein kompetenter Designer auch gute Arbeit leisten kann.

7-1 Bessere Umgebungen für Programmiersprachen

Die Programmierumgebungen konnten aus den Forschungen im Bereich der Kognition noch weniger Nutzen ziehen als die Benutzeroberflächen. Es steht außer Frage, dass die modernen Systeme immer komplizierter werden und die Programmierwerkzeuge diese zunehmende Komplizität integrieren müssen. Einfache Dinge sind unnötig schwierig geworden und wir haben es versäumt, genügend und genügend gute Softwaretools bereitzustellen, welche die Schwierigkeiten bei der Arbeit in der heutigen Computerumgebung beheben könnten.

7-1-1 System- und Entwicklungsumgebung

Ich möchte mit einem einfachen Beispiel beginnen. Um ein Programm zu schreiben, das auf dem bereits seit langem außer Gebrauch gekommenen Apple II zwei Zahlen addierte, schaltete man diesen an (Bootzeit ist nicht messbar!) und drückte Ctrl-B, wodurch man zu BASIC kam. Wenn Sie dann PRINT 3+4 eingaben und die Returntaste drückten, erhielten Sie kurz und schmerzlos als Ergebnis die 7. Vom Laden von BASIC bis zum Ergebnis dauerte die ganze Angelegenheit 5 Sekunden. Wie die Industrie sehr wohl weiß, erfordert eine einfache Bedienung beträchtliche Speicherressourcen und Geschwindigkeit. Wir wissen auch, dass der Apple II nur mit solcher Geschwindigkeit und Einfachheit operieren konnte, weil er ein wahres Kraftpaket an Hardware war: 2 MHz 8-Bit-Prozessor, 48K Bytes RAM (alles, was nur hineinging!) und eine Festplatte von 400 KB. Im Jahr 1999 steckten schon 400 MHz, ein 32-Bit-Prozessor mit 192 MB RAM (es ist noch Platz für mehr!) und eine Festplattenkapazität von mehreren Gigabytes darin. In Anbetracht der Busbreite und der Prozessorgeschwindigkeit lässt sich feststellen, dass die neue Maschine 1.500 mal scheller ist als die alte. Doch bedenkt man die Zeit, die es dauert, bis man ein Programm schreiben kann, dann ist die neue Maschine 36 mal langsamer.

Ich bat zwei professionelle Programmierer, ein Visual-Basic-Programm zu schreiben, das 3 + 4 addiert und das Ergebnis ausgibt. Der erste begann sich darüber zu beschweren, dass die Maschine mit 8MB Arbeitsspeicher nur so langsam reagierte und nur mit einem 75 MHz 32-Bit-Prozessor ausgestattet sei. Die zweiminütige Bootzeit nicht mitgerechnet, war BASIC in 54 Sekunden geladen. Dann musste eine Einfügemodul geöffnet werden, es erschien ein Optionsdialogfeld, in dem Eingaben vorgenommen werden mussten, es wurden eine Schaltfläche und ein Formular erstellt, und anschließend musste der Programmierer die mittlere der folgenden Zeilen manuell eingeben:

```
Private sub Command1_Click ()
MsgBox 3 + 4
End Sub
```

Ehe das Programm benutzt werden konnte, musste es neu gestartet und auf eine Schaltfläche geklickt werden, die es zum Laufen brachte. Während dieses Vorgangs wurden nur zwei oder drei Fehler gemacht; er dauerte 3 Minuten und 40 Sekunden (Bootzeiten nicht mitgerechnet).

Der zweite Programmierer, ausgestattet mit einem Rechner mit 75 MHz und 64-Bit-Pentium-Prozessor sowie 40 MB RAM, startete Visual Basic und führte dieselbe Aufgabe in 28 Sekunden aus (fünf Mal langsamer als der Apple II). Das Programm, in einem etwas abgewandelten Prozess erstellt, lautete:

```
Private sub Form-Load ()
MsgBox Str (3 + 4)
End Sub
```

Ich fragte den zweiten Programmierer, warum er nicht wie der erste Folgendes eingegeben hatte:

```
MsgBox 3 + 4
```

Er sagte, er sei sich nicht sicher gewesen, ob das funktioniert. Mit anderen Worten, er war sich nicht sicher, wie VB in diesem Fall funktioniert. Doch daran ist nichts Seltsames; ähnlich den anderen modernen Computersprachen ist VB riesig und inkonstistent im Design. Der Grund für diese Größe liegt darin, dass sich damit große Projekte einfacher bewerkstelligen lassen, aber dies sollte eigentlich kein Grund sein, die kleinen unnötig kompliziert zu machen. Schließlich bestehen auch die großen Dingen aus vielen kleinen; wenn also die kleinen Dinge einfach gehalten werden, dann lassen sich dadurch auch die großen Aufgaben einfacher ausführen. Es ist eigentlich nur auf ein schlechtes Sprach- und Systemdesign zurückzuführen, wenn ein erfahrener VB-Programmierer Fehler macht und der andere sich nicht sicher war, welche Syntax dieses elementare Programm erfordert. Ich habe ähnliche Zeiten und Ergebnisse mit drei Smalltalk-Programmierern festgestellt, nur um zu beweisen, dass es keine für VB spezifischen Probleme sind. Natürlich hat jede dieser Sprachen viele Vorteile, aber wenn sie – und insbesondere ihre Umgebungen – im Hinblick auf die Bedienungsfreundlichkeit besser entwickelt worden wären, würde dies weniger auf Kosten des Menschen gehen.

Etwas wunderbar Einfaches und Direktes ist verloren gegangen: Dazu gehört vor allem das sofortige Feedback für den Menschen, das notwendig ist, damit sich dieser schnell seinen Weg zu einem effektiven Programm bahnen kann. Ich bin nicht so naiv zu glauben, wir könnten diese frühere Einfachheit bewahren und dabei der heute verlangten Programmkomplexitiät gerecht werden, aber ich bin mir sicher, dass wir diese Dinge bei weitem besser gestalten können, als sie heute sind.

7-1-2 Bedeutung der Dokumentation bei der Programmerstellung

In vielen Quellen wird erläutert, wie wichtig es für Programmierer ist, den Code, den sie geschrieben haben, möglichst umfangreich zu dokumentieren. Dafür werden meist zwei Gründe angeführt: Der Leser eines Programmcodes soll diesen verstehen können (Knuth 1992, S. 99) und es soll möglichst einfach sein, das Programm an andere Gegebenheiten anzupassen (Weinberg 1971, S. 164). Ein typisches Programm enthält zu Beginn gelegentlich einen ein- oder bestenfalls zweizeiligen Kommentar und etwas öfter einen einzeiligen Kommentar, der noch einzelnen Codezeilen hinzugefügt wurde. Viele Programm sind fast vollkommen kommentarlos.

Wie Knuth bemerkte, erleichtert das Kommentieren von Codes auch das Schreiben der Codes, verbessert das Design der Algorithmen, reduziert die Anzahl der Fehler und Iterationen, um ein Projekt abzuschließen, und bietet all jene Vorteile, die auch sonst für das Einfügen von Kommentaren gelten. Es scheint einen guten kognitiven Grund dafür zu geben, warum die Eindrücke von Knutz richtig sind.

Wenn wir als erfahrene Programmierer Algorithmen entwickeln und Code schreiben, wird dieser Vorgang teilweise durch das kognitive Unbewusste ausgeführt. Wie bereits erwähnt wurde, kann diese mentale Disposition Widesprüche hervorrufen. Ich bin der Ansicht, dass der Grund für so manche Programmierfehler darin besteht, dass das kognitive Unbewusste einen Widerspruch zwischen dem hervorbringt, was Sie tun möchten, und dem, was der Code dem Computer zu tun aufgibt.

Deshalb ist es so wichtig, die Absichten klar und deutlich in natürlicher Sprache zu formulieren, um den Gedankengang bewusst zu machen. Und meist erkennt das kognitive Bewusstsein diese Widersprüche dann auch sofort. Selbst wenn diese Hypothese nicht stimmt, zwingt Sie das Schreiben von Kommentaren dazu, das Problem noch einmal zu durchdenken, in einem anderen Medium und aus einem anderen Blickwinkel.

Leider sind die Programmierumgebungen häufig so eingerichtet, dass das Einfügen von Kommentaren nicht einfach ist. Zum Beispiel sind die Kommentare in vielen Programmiersprachen auf eine Zeile beschränkt; dort wo mehrzeilige Kommentare gestattet sind, gibt es oft keinen Zeilenumbruch oder andere Funktionen, über die selbst einfachste Textverarbeitungsprogramme verfügen, um den Eingabeprozess zu erleichtern (rühmliche Ausnahmen sind UCSD Pascal und Oberon). Wenn Sie in Visual Basic, einer Sprache aus den 90er Jahren, einen Kommentar in der Länge eines Absatzes bearbeiten möchten, dann müssen Sie dafür einen manuellen Zeilenumbruch benutzen. Es heißt, Programmierer seien in der Rechtschreibung nicht besonders bewandert, deshalb müsste man eigentlich annehmen, dass eine Rechtschreibprüfung ebenfalls Teil einer Entwicklungsumgebung ist, aber in den meisten heutigen Programmierumgebungen ist eine solche Funktion nicht vorgesehen. In der aktuellen Version von *Mathematica*, ein im Allgemeinen ausgezeichnetes Programm für die Arbeit mit der Mathematik, sind die Kommentare aus der normalen Umgebung verbannt und in ein eigenes Fenster gelegt worden – ein Schritt in die absolut falsche Richtung. Einige Systeme, z.B. Knuths WEB (1992), wurden eigens dazu erstellt, den Dokumentationsprozess zu unterstützen. Ein weiterer Ansatz, weniger ausgearbeitet, aber effektiv, stammt von dem heutigen Autor (Lammers 1986, S. 226).

Damit ein Programm funktioniert, muss jeder Änderung am Programm eine Änderung der Erläuterung vorausgehen. Es sollte keine Trennung zwischen der Programmierung und anderen Aktivitäten geben, die sich an einem Computer ausführen lassen, ebenso wie wir gesehen haben, dass es keine Notwendigkeit dafür gibt, bestimmte Formen von Computerarbeit in bestimmte Anwendungen zu unterteilen. Es hat sich gezeigt, dass die meisten Computerbenutzer auch Lust hätten, sich ein wenig in der Programmierung zu versuchen. Wenn die Programmierung in diese Umgebung integriert wäre, würde dies vielleicht dazu führen, dass bestimmte Programmteile zu einem sinnvollen Einsatz kommen, ohne dass der Endbenutzer eine Sprache lernen müsste, und auch andere Vorteile der Programmierung fänden dann breitere Anerkennung. Es wäre sicher auch günstig, die Fähigkeiten aus verschiedenen Sprachen zusammenzufügen, nicht in einer bunten Mischung wie bei PL/I, sondern auf eine Weise, die der entspricht, die in diesem Buch für das Zusammenstellen von Anwendungen beschrieben wurde. Es könnte sich lohnen, die LIPS-Strukturen für die Listenverarbeitung mit der APL (oder dem Vorgänger J) und ihren Arrays sowie dem leistungsstarken Handling von Strings in SNOBOL und der Vererbungslehre bei Objekten in Smalltalk zusammenzuführen etc.

Mit Hilfe der Kognetik lassen sich Computer-Interfaces verbessern, aber das Design der Sprachen und unsere Kenntnisse über den menschlichen Faktor müssen noch sehr viel genauer erforscht werden; Sprachentwickler und Interface-Experten arbeiten viel zu selten zusammen. Dies trifft leider zu, obwohl eines der ersten Bücher zum Bereich Schnittstelle zwischen Mensch und Maschine sich genau dieser Frage widmet: Weinbergs *Psychology of Computer Programming*, das 1991 veröffentlicht wurde, war seiner Zeit weit voraus. Wir sind ihm bis jetzt immer noch nicht nachfolgen.

7-2 Modi und Kabel

Software läuft auf Hardware. Wenn Sie nicht wissen, wie die Hardware angeschlossen wird, besteht die Software nur aus vielen überflüssigen Bit. Zu den einfachsten Teilen der Hardware gehören die Kabel, ein paar zusammengedrehte Drähte oder Glasfaserstränge und an jedem Ende mit einem Stecker versehen. Kabel sollte man einfach ein- und ausstecken können, ohne sich darum kümmern zu müssen, ob der Computer an- oder ausgeschaltet ist. (Kabel, die nicht „heiß auswechselbar" sind, sind modal!) Sie sollten ein Gerät nicht erst konfigurieren müssen, wie etwa bei SCSI-Verbindungen. Mit den Standards USB und FireWire werden diese Wünsche auch endlich erfüllt. Aber es gibt immer noch Interface-Probleme, die auch mit den neuen Standards noch nicht zufrieden stellend gelöst sind. Es ist zum Beispiel ausgesprochen lästig, ein Kabel mit dem richtigen Anschluss, aber dem falschen Geschlecht zu besitzen. Da es *männliche* und *weibliche* Endstücke an den Kabeln gibt, haben einige Geräte Anschlüsse, die sich mit den männlichen Kabelenden verbinden und andere verbinden sich mit den weiblichen Kabelenden. Dies führt dazu, dass man im Lauf der Zeit eine überraschend große Anzahl an verschiedenen Kabelvarianten besitzt. Viele Benutzer kaufen dann irgendwann „Geschlechtsumwandler", denn die kleinen Adapter sind bedeutend preisgünstiger als ein neues Kabel. Angenommen, Sie besitzen nur Kabel mit der Verbindungsvariante Mann-Frau, müssen aber zwei Geräte verbinden, die jeweils weibliche Anschlüsse haben. Sie könnten dann ein Mann-zu-Mann-Kabel kaufen oder stattdessen einen Mann-zu-Frau-Adapter und daran das weibliche Kabelende anschließen, das Sie bereits besitzen. Wenn Sie den Adapter aufsetzen, erhalten Sie im Endeffekt ebefalls ein Mann-zu-Mann-Kabel.

Dieses Theater ließe sich vermeiden, aber die meist vorgeschlagenen Methoden sind dazu nicht geeignet. Eine Lösung, die ich gehört habe, bestand darin, alle Anschlüsse an den Geräten zu standardisieren, z.B. als weiblich, dann könnten die Stecker an den Kabeln jeweils männlich sein. Doch auch dann würden Sie noch Frau-zu-Frau-Adapter benötigen, wenn Sie nämlich zwei kürzere Kabel zu einem längeren zusammenstecken möchten. Und die Hersteller wären sicher so klug, als Erweiterung für bereits vorhandene Kabel nach wie vor Mann-zu-Frau-Kabel anzubieten. Wenn Sie dieser Logik weiter folgen, dann ist auch weiterhin jede denkbare Kombination an männlichen und weiblichen Endstücken an Kabeln und Adaptern erforderlich, auch wenn eine Konvention vorgibt, dass die Geräteanschlüsse weiblich sein sollen.

Ein herkömmliches Anschlusspaar besteht meist aus einem männlichen Teil mit kleinen Stiften, der sich mit einem weiblichen Stecker mit Löchern verbindet. Das hat dazu geführt, dass es acht verschiedene Teile für Geräteanschlüsse oder Kabel gibt:

• Männlicher Anschluss am Gerät
• Weiblicher Anschluss am Gerät
• Männlicher Stecker am Kabel
• Weiblicher Stecker am Kabel
• Mann-zu-Frau-Adapter
• Frau-zu-Mann-Adapter
• Mann-zu-Mann-Adapter
• Frau-zu-Frau-Adapter

Mit diesen zwitterartigen Verbindungsstücken, lassen sich zwei beliebige Kabel miteinander verbinden und jedes Kabel kann gleichzeitig mit einem Geräteanschluss verbunden werden. Diese Erfindung lässt sich auf zwei Teile reduzieren:

• Anschluss für Gerät
• Stecker für Kabel

Die Elektronik zwingt uns dazu, verschiedene Kabel für verschiedene Signalarten zu benutzen, aber innerhalb eines Kabeltyps hindert uns kein elektronisches oder herstellerisches Problem daran, zwitterartige Anschlüsse zu entwickeln, die weder männlich noch weiblich sind. Es können jeweils zwei zwitterartige Anschlüsse eines Kabeltyps eine Verbindung eingehen. Es ist erstaunlicherweise möglich, über solche Zwitteranschlüsse beliebige elektronische Signale zu vermitteln bzw. elektrische Stromverbindungen herzustellen. Dazu gehören die Anschlüsse mit mehreren Stiften, die Stromnetzanschlüsse und die Koaxialstecker.[1]

Wenn Sie zwei Zwitterkabel eines Typs besitzen, können Sie diese beiden entweder als getrennte Kabel verwenden oder sie zu einem einzigen Verlängerungskabel miteinander verbinden. In einigen Fällen wäre der Zwitterstecker nicht kostspieliger oder komplizierter als die Standardstecker mit verschiedenen Geschlechtern. Dies ist nicht immer der Fall, denn in vielen Fällen muss ein Zwitterstecker etwas komplizierter aufgebaut sein und wird dadurch in der Herstellung kostenintensiver. Doch diese Verteuerung wird durch folgende Faktoren wieder ausgeglichen:

---

1. Einige Kabel, die für den Anschluss weit verbreiteter Komponenten verwendet werden, z.B. die Ausleuchtlampen eines Fotografen, haben Zwitterstecker. Die inzwischen veralteten Koaxialstecker bei Radiofrequenzen sind ein weiteres Beispiel dafür.

• Hohe Kundenzufriedenheit
• Einfachere Handbücher
• Weniger Einrichtungsschritte bei der Herstellung
• Großhändler und Einzelhändler müssen weniger Produkte auf Lager haben.

Abbildung 7.1 zeigt das Schema eines Zwittersteckers mit vier Zuleitungen. Für *n* Zuleitungen in linearer Anordnung benötigt man ein Minimum von $2n - 1$ Kontakten. Wenn Sie den Leitungen in Abbildung 7.2 folgen, sehen Sie, wie dies funktioniert. Abbildung 7.3 zeigt die Zuleitungen für einen zwitterartigen Koaxialstecker. Diese Idee lässt sich auch auf mehrere Koaxialstecker ausdehnen. Wenn sich die Schnittstellen zwischen Mensch und Maschine verbessern, sind wir meist auch bereit, einen höheren Preis für einen besseren Computer zu bezahlen. Dasselbe sollte auch für das Kabel- und Drahtgewirr gelten, in das Benutzer von Computern regelmäßig verwickelt werden.

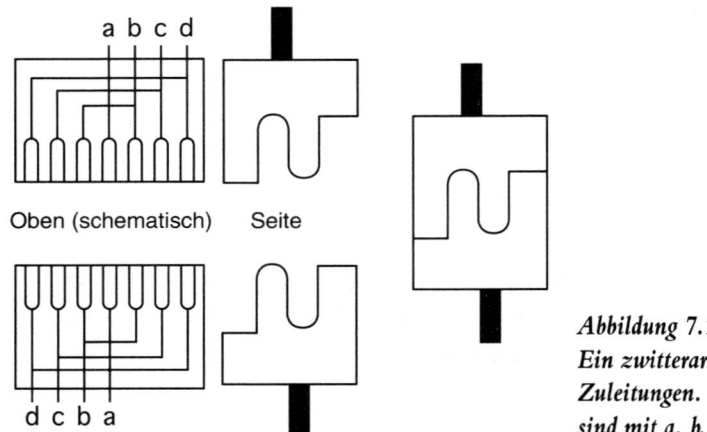

Abbildung 7.1:
Ein zwitterartige Stecker mit vier Zuleitungen. Die vier Zuleitungen sind mit a, b, c und d beschriftet.

Es scheint vielleicht so, als würden auch einige lineare Schemen mit weniger als $2n - 1$ Kontakten ausreichen, aber beachten Sie, dass die Verbindungskabel auch als Verlängerungskabel Verwendung finden können sollen.

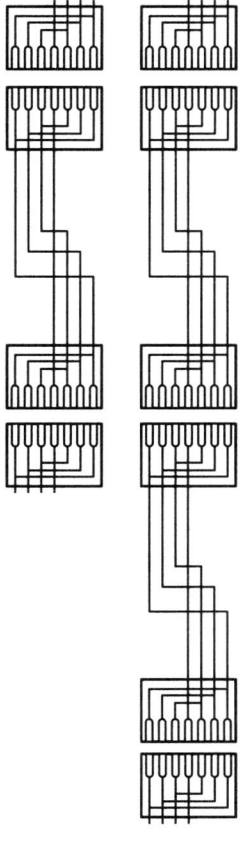

Abbildung 7.2:
Zwitterartige Stecker an Kabeln lassen sich zur Verbindung mit
Geräten (oben und unten in jeder Spalte) und als Verlängerungskabel
(rechte Spalte) einsetzen.

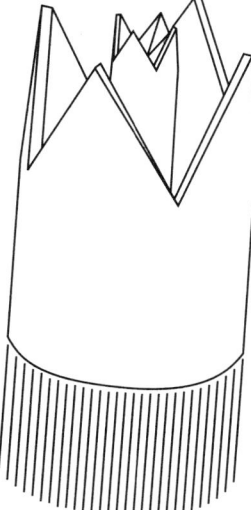

Abbildung 7.3:
Stecker für ein zwitterartige
Koaxialverbindung. Ein äußerer Isoliermantel mit vier Zacken,
ähnlich den hier dargestellten, aber mit größeren Zacken und passenden Öffnungen im unteren Bereich (nicht zu sehen) dient dazu,
die Teile zusammenzustecken.

7-3 *Ethik und Management des Interface-Designs*

Der vernünftige Mensch passt sich an die Welt an; der Unvernünftige besteht darauf, die Welt an sich anzupassen. Aus diesem Grund liegt jeder Fortschritt in den Händen der Unvernünftigen.

— George Bernard Shaw

Es ist schwierig, ein gutes Interface zu entwickeln, wenn das Management das Interface-Design nicht wichtig findet. Kurzfristig gedacht scheint sorgfältiges Interface-Design zunächst ein Teuerungsfaktor für ein Produkt zu sein und die Entwicklungszeit zu verlängern. Doch meiner Erfahrung nach ist diese Sichtweise auf die Dinge auch in kurzfristiger Hinsicht falsch, denn eine Verbesserung des Interface-Designs vereinfacht häufig das Design. Sorgfältiges Design und detaillierte Spezifikationen behindern nicht die Geschwindigkeit der Implementierung, sondern fördern sie. Ein erstklassiges Interface ist außerdem eine ausgesprochen langfristige Zukunftsinvestition mit folgenden Erträgen:

• Höhere Produktivität für die Kunden
• Höhere Kundenzufriedenheit
• Gesteigerter Produktwert
• Weniger Kosten für den Kundendienst
• Schnellere und einfachere Implementierung
• Wettbewerbsvorteil im Marketing
• Markentreue
• Einfachere Handbücher und Onlinehilfen
• Sicherere Produkte

Interface-Designer sind nur selten in der Position zu kontrollieren, wo innerhalb des Entwicklungszyklus das Interface-Design stattfindet und welches Gewicht ihren Äußerungen beigemessen wird. Wenn ihnen eine Vorrangstellung eingeräumt wird, wie beim Macintosh-Projekt, lassen sich spektakuläre Ergebnisse erzielen.

Abgesehen davon, dass der gesamte Arbeitsbereich noch relativ jung ist und deshalb nur wenig Fachleute bereits in Führungspositionen aufgestiegen sind, besteht das Problem auch darin, dass Interface-Designer kaum professionelle oder kollektive Macht haben. Es werden Anstrengungen unternommen, dieses Problem zumindest teilweise zu beseitigen, indem Ausbildungs- und Teststandards eingeführt werden, aber auch ein Fachmann, der ein Zertifikat in der Tasche hat, ist keine Garantie für Kompetenz. Das Anliegen, das ich formulieren möchte, ist eigentlich die Kehrseite dieser Medaille: Angenommen, ein Designer ist gut ausgebildet, wird aber häufig beauftragt, schlechte Interfaces zu entwerfen. Ich blicke dabei mit einer Spur von Neid auf die Ärzteschaft, die einen rechtlichen Anspruch auf die Korrektheit ihrer Arbeit besitzt. Ärzte können –

falls sie aufgrund von unterlassener Hilfeleistung gekündigt wurden – wegen widerrechtlicher Kündigung klagen, sofern ihre Handlungen für den Patienten einen potenziellen Schaden bedeutet hätten. Architekten können den Schutz des Gesetzes in Anspruch nehmen, wenn sie dazu aufgefordert werden, den Kodex ihres Berufsstandes zu verletzen.

Interface-Designer arbeiten auf einem Gebiet, in dem falsche Entscheidungen zu physischen und psychischen Beeinträchtigungen führen können. Übertriebene Tasten- und Mausklicks in einem Interface können z.B. RSI-Syndrome (*Repetetive Strain Injury* = Gesundheitsstörung aufgrund zigtausendfach sich wiederholender Bewegungsabläufe) entstehen oder bereits vorhandene verstärkt werden. Schlechtes Interface-Design kann auch zu psychischen Belastungen führen. Es besteht die Notwendigkeit einer rechtlichen Absicherung, um gewissenhafte Interface-Designer zu schützen. Außerdem müssen einige Standards für die Berufspraxis definiert werden – nicht für das Interface-Design. Messungen, wie jene die in diesem Buch erläutert wurden und die in Zukunft entwickelt werden, werden es erlauben, objektive Zielvorstellungen auch numerisch zu belegen. Ein Architekt muss beispielsweise beweisen, dass die von ihm entworfene Brücke den Baurichtlinien entspricht und ein Gewicht von, sagen wir einmal, dem Doppelten des anzunehmenden Maximums, tragen kann. Ein Auto darf keine höhere Kohlenmonoxidemission haben, als die dafür festgelegten Richtwerte erlauben, um zugelassen zu werden. Auf ähnliche Weise sollten auch Richtlinien z.B. für das Interface eines Textverarbeitungsprogramms festgelegt werden, das nur dann akzeptabel ist, wenn eine informationstheoretische Effizienz von höchstens 0,7, eine allgemeine Tasteneffizienz von höchstens 0,8 und für einzelne Funktionen ein Wert von höchstens 0,5 vorliegt.

Es ließen sich auch Kriterien entwickeln, z.B. bestimmte Durchschnittszeiten für bestimmte Aufgaben ermitteln – oder die Anzahl der hierfür benötigten Tastenanschläge oder Klicks – die in den verschiedenen gängigen Textverarbeitungsprogrammen üblich sind. Anschließend könnte dann festgelegt werden, dass ein neues Produkt eine Art Zertifikat erhält, wenn es dieselben Werte aufweist – selbstverständlich sofern es sich um dieselbe Aufgabenfolge handelt. Diese Richtlinien müssten sich entsprechend den Verbesserungen in der Interface-Technologie anpassen. Gegenwärtig sind neue Produkte oft schwieriger zu bedienen als die älteren, aber es gibt keine Möglichkeit, dies zu erfahren, bevor Sie das Produkt nicht ausprobiert haben. Da diese Kriterien die Produktivität betreffen und deren untere Grenze definieren, sollte das Management in den Unternehmen großes Interesse an deren Einhaltung haben. Nicht nur Fachleute und Manager, sondern auch die Kunden würden durch die Veröffentlichung objektiver Standards für Interface-Qualität geschützt.

Steve Wildstrom, Autor in der *Business Week*, hob hervor, dass „Computerhersteller und insbesondere Softwarehersteller oft zu glauben scheinen, die Anforderungen des *Uniform Commercial Code* (amerikanische Normierungsrichtlinien) gelten nur für andere Menschen" (persönliche Unterhaltung, Oktober 1998). Viele der heutigen Softwarelizenzen, die dem Benutzer aufgehalst werden, versprechen nicht einmal mehr, dass die Software die Aufgabe auch ausführt, die in der Werbung angepriesen wird. In diesen Dokumenten finden sich dann spezielle Passagen, in denen die Gebrauchsfähigkeit des Produkts geleugnet wird – Gebrauchsfähigkeit heißt, dass der Verkauf eines Produkts die Erfüllung des Versprechens nach sich zieht, das Produkt den Käufer also in die Lage versetzt, jene Aufgabe auszuführen, für welche es gedacht war. Einige Staaten der USA haben bereits Gesetze erlassen, die eine solche Leugnung der Gebrauchsfähigkeit für Computerprodukte untersagen; diese Schritte sollten von allen Regierungen unternommen werden.

Ein Bewertungssystem für Interface-Qualität, ausgearbeitet von einer unabhängigen Organisation, könnte für die Käufer all jener Produkte von großem Wert sein, die Interface-Komponenten enthalten. Das Design von Benutzeroberflächen sollte nicht reguliert und beschränkt werden und wir müssen vermeiden, dass Richtlinien bestimmte Interface-Mechanismen vorgeben, damit Innovationen nicht bestraft werden. Als Kriterien sollten Leistungsmaßstäbe herangezogen werden, die auf Vergleichen der Produktivität ähnlicher Produkte beruhen. Dadurch würden die Designer auch in die richtige Richtung gelenkt.

Wir bewegen uns auf einem schmalen Grat, denn auf der einen Seite dürfen Produkte nicht so neu sein, dass sich auf konventionellen Oberflächen erfahrene Benutzer dadurch verunsichert fühlen können; auf der anderen Seite können wir auch nicht nur das Standard-GUI-Raster anwenden, wenn wir dem Benutzer etwas Neues anbieten möchten. Wir müssen also Neuerungen vermeiden, die nur um ihrer selbst willen entwickelt wurden, dürfen aber auch keine Marktlücken übersehen, indem wir unser Produkt sklavisch an andere anpassen.

Einer der ältesten Hasen im Interface-Geschäft sagte einmal „Maximierte Funktionalität und Beibehaltung der einfachen Bedienung haben Vorrang vor allem anderen." (Microsoft 1995, S. 8) Meist richtet sich der sofortige Einbau von Funktionen gegen die Einfachheit der Bedienung. Aber das ist eben schlechtes Design. Es ist häufig, aber nicht immer, möglich, die Funktionalität zu erhöhen, ohne zusätzliche Schwierigkeiten hervorzurufen. Das Hinzufügen neuer Funktionen lässt sich oft durchführen, ohne das Interface zusätzlich zu komplizieren – beachten Sie den Unterschied zwischen der Komplexität eines Interface und der Komplexität einer Aufgabe. Wenn eine neue Funktion zuvor vorhandene, aber getrennte Funktionen miteinander vereint, dann kann die Bedienung des Interface sogar vereinfacht werden.

„Eine Möglichkeit, Einfachheit zu unterstützen, besteht darin, möglichst knappe Informationen zu präsentieren, die aber für eine angemessene Kommunikation noch ausreichen." (Microsoft 1995, S. 8) Dies ist sicherlich richtig; ich würde allerdings das Wort „angemessen" durch „gut" ersetzen. Die folgende Aussage halte ich jedoch für falsch: „Vermeiden Sie zum Beispiel wortreiche Beschreibungen für Befehlsnamen oder Mitteilungen" (Microsoft 1995, S. 8). Ja, aber wie knapp kann eine Information gehalten werden und dabei noch ausreichend informieren? Die meisten heutigen Interfaces geben der Kürze gegenüber der Klarheit den Vorzug. Warum soll der Benutzer eine kryptische Bezeichnung wie „Liste" in einem Pulldown-Menü enträtseln, wenn es auch möglich wäre zu schreiben: „Erstellt Index oder Inhaltsverzeichnis"? (Beachten Sie, dass ein Pulldown-Menü keinen Platz im Dokument beansprucht, denn es wird geschlossen, sobald Sie den Cursor davon wegsetzen oder eine andere Option wählen.) Verwechseln Sie nicht das geordnete, offene Aussehen eines Bildschirms mit einem einfach zu bedienenden Interface.

Navigation versus leerer Raum

Anscheinend haben wir wirklich Angst vor der Anzeige von Daten in unseren Interfaces. Wir wissen, dass die Menschen eine Information unter wenigen schneller finden als eine Information unter vielen. Sie müssen dann weniger durchlesen. Aber daraus folgt nicht, wie manche zu denken scheinen, dass es deshalb besser sei, nur wenige Elemente pro Bildschirm darzustellen. Wenn Sie hundert Elemente auf viele verschiedenen Bildschirme aufteilen, geht bei der Navigation mehr Zeit verloren, als bei der Suche nach einem Element unter vielen, selbst wenn es sich um ein ganzes Datenmeer aus ähnlichen Elementen handelt. Die Suche in einer langen grauen Liste ist in einem Interface gar nicht so schrecklich.

Wenn Menschen Probleme damit hätten, knappe Informationen aus langen Listen herauszufinden, hätte das Wall Street Journal schon vor Jahren seine Pforten schließen müssen. Sollte die Zeitschrift besser nur 15 Aktienkurse pro Seite auflisten und jede Seite wie einen modernen GUI-Bildschirm aufmachen? Oder wäre ein zusätzliches Suchschema wie dieses angebracht?

Aktien	*Seite*
AA–AD	*1*
AD–AS	*2*
AT–AZ	*3*
BA–BK	*4*
und so weiter	

Ein solches Schema würde als lächerliche und lästige Zeitverschwendung empfunden werden. Doch manchmal verschwenden wir mehr Pixel auf einem Bildschirm, um saubere, grau schattierte Ränder zu erstellen, als für die Präsentation der Informationen. Wenn eine Person motiviert ist – aus persönlichem oder beruflichem Interesse – bestimmte Informationen zu erhalten, dann findet sie diese auch problemlos in langen Listen. Der visuelle Designer Edward Tufte entwickelte die folgenden drei Richtlinien zur Anzeige von Informationen (1983, S. 105):

• Vor allem müssen die Daten angezeigt werden.

- *Mit möglichst wenig Tinte sollen möglichst viele Daten sichtbar werden.*
- *Tinte ohne Informationen kann gelöscht werden.*

Wenn wir in seinen Ratschlägen das Wort Tinte durch Pixel ersetzen, lassen sich diese auch für Bildschirme und Displays anwenden. Ein ernsthafter, professioneller Benutzer möche den Bildschirm vollgepackt mit Informationen sehen. Der Bildschirm sollte gut beschriftet sein, und zwar in einer Weise, die das Auffinden erleichtert, und ansonsten bestimmt die Dichte der Informationen den tatsächlichen Wert einer Bildschirmanzeige. (Schließlich wird eine Computersitzung abgehalten, die möglichst effizient sein soll.)

Es gibt viele verschiedene Studien zum Design von Bildschirmen und Displays. Viele frühe, aber nach wie vor aussagekräftige Untersuchungen werden bei Tullis (1984) erläutert. Einige Ergebnisse sind auch heute noch gültig. Ein Beispiel: Die Suchzeit, die ein Benutzer benötigt, um in einer Auflistung von Daten ein Element zu finden, beträgt etwa 30 Millisekunden (S. 126). Tullis wichtigste Ergebnisse beziehen sich auf einen alphanumerischen Bildschirm von 24 mal 80 und ergeben eine quantitative Auswertung.[1] Wenn diese Ergebnisse auf die heutigen Bitmap-Displays übertragen würden und eine Messung für eine Zielsuchzeit ergäben, dann könnte dies nicht nur einzelne Bildschirme ohne Fenster optimieren (Tullis Beschränkungen), sondern in Verbindung mit einer geschätzten Navigationszeit zu einer sehr umfassenden Optimierung beitragen. Es gibt sicherlich eine Wechselwirkung zwischen Bildschirmkomplexität und Navigationskomplexität, wie Tullis selbst anmerkte (S. 132). Die Wechselwirkung hängt von der Geschwindigkeit und Einfachheit der Navigation ab und davon, wie die Daten strukturiert sind. Wenn anstelle des visuellen Durchsuchens eine Suchfunktion wie LEAP für einen großen Teil von Suchläufen innerhalb des Bildschirms verwendet würde, müssten noch andere Messungen in Betracht gezogen werden. Dies ist ein spannendes Gebiet für weitere Forschungsansätze.

Um aber noch der beliebten These von der besseren Lesbarkeit vor möglichst viel weißem Raum bis zu ihrem logischen Ende zu folgen, so müssten wir daraus folgende Lehre ziehen: Am allerbesten wäre es, nur ein Datenelement pro Bildschirm anzuzeigen. Dann wäre der Benutzer immer in der Lage, dieses Element sofort und mit einem äußersten Minimum an Anstrengung visuell zu erkennen.

Nachdem ich schon viele Produkte verbessert habe, indem ich die Anzahl der Bildschirme reduzierte und die Informationsdichte auf den noch übrigen Bildschirmen erhöhte − meist musste die Logik des Designs verbessert werden, um diese Reduktion zu erhalten − bin ich zu der Überzeugung gelangt, dass in fast jeder kommerziellen Software zu wenig Daten pro Bildschirm angezeigt werden.

---

1. Tullis Messungen bezogen die Qualtiät des Inhalts nicht mit ein, sondern nur das Layout. Es ist möglich, Gegenbeispiele zu konstruieren, d.h. Displays, die laut seinen Messungen hoch zu bewerten, aber dennoch schwer zu bedienen sind.

Die beste Möglichkeit, das Interface Ihrer Produkte differenziert zu beurteilen, besteht darin, es zum Laufen zu bringen. Ein gut geschriebenes und treffendes Argument für die Bedeutung der Interface-Probleme, meist in Bezug auf das Management formuliert, ist *The Invisible Computer* (Norman 1998).

Acht

Schlusswort

*Man begann, mit dem Hund zu sympathisieren, dessen Maulkorb
am Ende einer langen Zeit des Schweigens entfernt wurde, und der
nicht so recht wußte, wohin mit sich selbst.*

— *C. G. Grey (in Janes All the World's Aircraft 1919)*

Wenn Sie das Ziel haben, möglichst einfache Interfaces zu erstellen, und dabei
die Grenzen des Menschen berücksichtigen und seine Fähigkeiten erforschen
möchten, dann sollten Sie zwei Dinge tun: Zunächst sollten Sie ein Verständnis
davon entwickeln, was die Menschen können und was nicht. Als Anhaltspunkte
dafür lassen sich die Landkarten menschlicher Gedankengänge verwenden, die
uns die Kognitionspsychologie bietet, und in Hinblick auf die technische Diszi-
plin der Kognetik auswerten. Dieses Buch ist einer breiten Straße auf dieser
Landkarte gefolgt – der Weg führte von der Forschung über die Unterteilung
unserer Fähigkeiten in kognitiv bewusste und kognitiv unbewusste hin zu der
Erkenntnis, dass wir nur ein Zentrum der Aufmerksamkeit besitzen, sowie zu einer Anerkennung der Tatsache, dass es zur Natur des Menschen gehört, Gewohnheiten auszubilden, und letztlich zu einer Untersuchung darüber, wie wir
auf verschiedene Interface-Methoden reagieren. Wir wissen auch, dass die individuellen Unterschiede bei der Ausbildung von Gewohnheiten gering sind,
während die Unterschiede zwischen einzelnen Personen in anderer Hinsicht
sehr groß sein können.

Von der Wissenschaft haben wir erfahren, dass Modi – bereits seit langem als
keine gute Lösung erkannt – immer noch Anlass für Irritationen geben. Eine
vollständige Heilung von dieser Erkrankung ist nur dann möglich, wenn ein Interface moduslos ist und durch möglichst viele monotone Aktionen ergänzt
wird, die wir einbauen müssen. Die Ähnlichkeit der einzelnen Menschen bzw.
ihr vergleichbares Verhalten wird dabei ausgenutzt. Die Produktivität lässt sich
verbessern, indem wir für eine Aufgabe weniger Zeit benötigen, und diese Be-

obachtung führt zu der klassischen Studie von Zeit und Bewegung in Interfaces, der quantitativen GOMS-Analyse. GOMS zeigt uns, welche Details ein Interface langsam oder schnell machen, und führt zu der Frage, wie schnell und effizient ein Interface sein kann, bzw. zu der Notwendigkeit quantitativer Messungen dieser Effizienz.

Nachdem das Wegstück zum Verständnis menschlicher Fähigkeiten zurückgelegt ist, werfen wir einen Blick auf die heutige Computerausrüstung und darauf, wie wir sie verwenden. Wir sind auf der Suche nach einem kleinen Set von Elementaraktionen und Methoden, die sich für ein breites und differenziertes Spektrum von Anwendungen benutzen lassen – wir möchten diese Ähnlichkeit im Verhalten einzelner Menschen ausnutzen.

Durch unsere Studien werden wir in eine ungewohnte Richtung geführt, die sich im Gegensatz zu den bekannten Standardmethoden als Abkürzung bei der Bedienerführung herausstellt. Schnelle Suchmethoden, kombiniert mit der Entfernung überflüssiger Mechanismen, z.B. Dateinamen und URLs, hierarchische Dateistrukturen und Anwendungen, führen zu rasanten Abkürzungen bzw. Shortcuts. Mit dem ZIP fliegen wir über ein Gebiet, sehen mehr und gelangen schneller ans Ziel. Wir haben auch ein paar Nebenstraßen genommen, z.B. um zu sehen, ob die Kabel nicht einfacher gestaltet werden könnten.

Dieses Buch hat viele Lücken; ich bin mir z.B. sicher, dass ich einige frühere Arbeiten nicht zur Kenntnis genommen habe, die ich eigentlich kennen sollte, und vielleicht habe ich die eine oder andere Idee, die nicht von mir stammt, ihren Urhebern nicht ganz richtig zugeordnet. Teile dieses Buches führen in Gebiete, zu denen ich gerne – wären die Mittel vorhanden – Experimente durchgeführt hätte, um meine Schlussfolgerungen und Einschätzungen zu überprüfen. Bitte betrachten Sie das als Einladung zur weiteren Erforschung.

Danke dafür, dass Sie dieses Buch gelesen haben und mich auf der Suche nach Interfaces begleitet haben, die für den Menschen besser geeignet sind. Wo auf unserer Reise unberührte Bereiche betreten wurden, habe ich hier und da vielleicht eine falsche Abzweigung gewählt. Dennoch bin ich überzeugt davon, dass mein Kompass gut ist und die allgemeine Richtung immer gestimmt hat.
Ausgehend von unseren Kenntnissen über das menschliche Denken sind wir zu grundlegenden Änderungen im Design von Schnittstellen zwischen Mensch und Maschine gelangt. Nur so ist es möglich, dass uns ein großer Wurf gelingt.

Anhang A

Die Maus mit einer Taste: Geschichte und Zukunft

Für die Entwicklung der Maus mit einer Taste und einiger grundlegender Methoden ihrer Verwendung wurde ich sowohl abgekanzelt als auch gelobt. Einige, die dieses Buch in der Entwurfsphase gelesen hatten, dachten, die Funktionsweise des Macintosh sei identisch mit derjenigen früherer mausgesteuerter Systeme von Xerox PARC. Sie wollten wissen, welche Unterschiede es gab. Dieser Anhang beschreibt die mausbasierten Systeme, die ich im *Xerox Palo Alto Research Center (PARC)* als Besucher sah. Die noch frühere Verwendung der Maus am *Stanford Research Institute (SRI)* bei Douglas Englebart war in ein System eingebettet, das seiner Zeit in vielerlei Hinsicht um Jahrzehnte voraus war und sehr gute Ansätze enthielt, die sich noch nicht sehr weit verbreitet haben. Englebarts Software war jedoch oft modal und auf der Ebene der Tastenanschläge manchmal ineffizient.

Nur wenige Benutzer moderner Personalcomputer erinnern sich daran, welche Schritte notwendig waren, um auf dem PARC-System eine Auswahl vorzunehmen. Als Beispiel hierfür soll der damals bekannte Texteditor BRAVO dienen. Das Drücken einer der drei Maustasten, die auf den PARC-Mäusen angebracht waren, wurde als *L*, *M* und *R* (für linke, mittlere und rechte Maustaste) bezeichnet. BRAVO verwendete für Maustasten keine Quasimodi.

Auswahl eines Zeichens: Auf das Zeichen zeigen, L drücken.
Auswahl eines Wortes: Auf das Wort zeigen, M drücken.
Auswahl einer beliebigen Zeichenfolge: Auf das erste Zeichen zeigen, L drücken, auf das letzte Zeichen zeigen, R drücken.
Auswahl einer Wortfolge: Auf das erste Wort zeigen, M drücken, auf das letzte Wort zeigen, R drücken.

Eine typische Fehlerquelle war die Verwendung von *L* und dann *M*, wodurch die Auswahl noch einmal neu an dem Punkt begonnen wurde, der eigentlich der Endpunkt der Auswahl sein sollte. Das war sehr frustrierend, besonders wenn es sich um eine große Auswahl handelte. Beachten Sie jedoch, dass Sie die

Auswahl nie aufheben mussten; Sie konnten sofort mit einer neuen Auswahl beginnen. Das war ein wirklicher Vorteil gegenüber den meisten heutigen Systemen, die vom Benutzer erfordern, dass er die aktuelle Auswahl mit ESC oder einem anderen Mechanismus aufhebt, ehe er mit einer neuen beginnen kann.

Bei PARC gab es einen noch früher entwickelten Editor, der nicht sehr viel verwendet wurde (und den ich damals nicht zur Kenntnis nahm). Dieser Editor verwendete bereits das Click&Drag-Verfahren zur Auswahl von Text. Unter Verwendung der Notation aus Abschnitt 3-1 ging dies wie folgt: Um Text zu markieren, zeigte man auf den oberen Punkt im Text, L↓, dann auf den unteren Punkt im Text, L↑. Aber diese Idee war noch nicht so ausgereift, dass sie sich auch für Auswahlarten benutzen ließ.

Bei Apple führte ich vor, wie wir eine Taste für mehrere Auswahlarten verwenden können: Um einen zusammenhängenden Bereich am Bildschirm zu markieren, ob sich dort Text befindet oder nicht, zeigt man auf die eine Ecke des Bereichs, *L↓*, und dann auf das andere Ende, *L↑*. Diese Technik wurde dann „Klicken und Ziehen" genannt.

Andere Methoden von BRAVO waren ebenfalls komplizierter als beim Mac: *Um Text zu löschen:* Text markieren und *d* (für *Delete*) eingeben. Das Problem bestand darin, dass Sie sich stets sicher sein mussten, ob eine Markierung vorlag oder nicht, um zu wissen, welche Konsequenz die Eingabe von *d* hatte. Auf dem Macintosh wählte ich die Taste *Entfernen* dafür aus, Text sowohl bei der Eingabe als auch bei der Bearbeitung zu löschen.

Um Text einzufügen: Auf den Einfügepunkt zeigen, *L*; *i* eingeben (für *Insert*), den neuen Text eingeben, ESC drücken. Mit der Taste ESC wurde der Einfügemodus wieder deaktiviert. Das Design des Macintosh besaß keinen Einfügemodus und seine Methode wurde universell: Um Text einzufügen, muss man auf den gewünschten Punkt zeigen, *L*, und neuen Text eingeben. Anstelle eines expliziten Begrenzers, wie beim PARC, musste der Benutzer einfach nur mit der Eingabe beginnen. Am Ende musste auch nicht ESC oder etwas anderes gedrückt werden; der Benutzer konnte einfach mit der neuen Aufgabe beginnen, allein dadurch wurde die alte beendet. In BRAVO ließ sich Text mit folgender Methode ersetzen: Alten Text markieren, *r* eingeben (für *Replace*), neuen Text eingeben, Taste ESC drücken. Um Text auf dem Macintosh zu ersetzen: Alten Text markieren, Taste *Entfernen* drücken, neuen Text eingeben. Dieses Design unterscheidet sich von den aktuellen Macintosh- und Windows-Modellen, das einfacher zu sein scheint: Um Text zu ersetzen, markieren Sie den alten Text und geben den neuen Text ein.

Doch wie die Benutzer bemerkt haben, führt dies relativ oft zu einem unbeabsichtigten Datenverlust. Im ursprünglichen Design, das einen Tastenanschlag mehr erfordert als die heutige Methode, ist das Schreiben nie gleichzeitig eine destruktive Aktion. Der Texteditor ist dadurch sicherer und fühlt sich auch so an; das sollte einen zusätzliche Tastenanschlag wert sein.

Anders als BRAVO und weitere bei PARC entwickelte Editoren führte die Eingabe eines einfachen Zeichens auf dem Macintosh und bei vielen nachfolgenden Systemen nie zur Ausführung eines Befehls. Im Rückblick waren diese Verbesserungen sinnvoll, aber damals schienen sie es nicht. Mein Design für ein Interface beruhte auf einer Maus mit einer Taste; es hatte sich in Diskussionen mit vielen Mitarbeitern, insbesondere Brian Howard und Bill Atkinson, entwickelt und wurde natürlich nach vielen Benutzertests noch weiter angepasst. Einige Benutzer haben Schwierigkeiten damit, die Maustaste gedrückt zu halten und dabei gleichzeitig ein grafisches Eingabegerät zu bewegen; dies hängt zum Teil vom physikalischen Design des grafischen Eingabegeräts ab und davon, ob es sich dabei um eine Maus oder ein anderes Eingabegerät handelt. Beim Macintosh-Design wurde dieses Problem entschärft, indem auf der Maus nur eine einzelne große Taste angebracht wurde, die einen nur geringen Kraftaufwand beim Drücken erforderte und eine gute sensorische Rückmeldung bot. (Einige Touchpads mit schlecht entwickelten Tasten, insbesondere bei Portables, machen das Ziehen sehr schwierig und fehleranfällig.) Außerdem wurde das Design durch die Entfernung von Modi verbessert, was die Bedienungsfehler beim Ziehen verringerte, auch mit weniger optimalen grafischen Eingabegeräten.

Was ich damals nicht erkannte, war die Tatsache, dass mehrere Maustasten durchaus gut funktionieren können, wenn die Tasten beschriftet sind. Hätte die Macintosh-Maus mehrere Tasten besessen, wären diese dauerhaft beschriftet gewesen und nur für die ihnen zugewiesenen Funktionen zu benutzen, dann wäre eine Maus mit mehreren Tasten die bessere Wahl gewesen. Eine gute Maus könnte z.B. zwei Tasten besitzen, die mit *Auswählen* und *Aktivieren* beschriftet sind und sich oben und auf der Seite befinden. Zusätzlich könnte ein Taste angebracht werden, die sich mit dem Daumen drücken ließe und die Beschriftung *Greifen* trüge. Einige moderne Mäuse haben oben ein Rad, das sich überwiegend zum Blättern verwenden lässt. Besser wäre ein kleiner Trackball an dieser Position. Diese Maus könnte die Cursorposition steuern; der Trackball ließe sich z.B. dafür verwenden, Objekte zu bearbeiten oder eine Auswahl in Menüs vorzunehmen, die mit dem Cursor mitwandern.

Anhang B

SwyftCard Interface – Operationstheorie

Einige Ansätze, die in diesem Buch erläutert werden, wurden erstmals im Swyft-Card-Handbuch 1984 beschrieben. Die SwyftCard, die in den sehr erfolgreichen Apple II eingebaut war, ist nach heutigen Standards sehr einfach. Anhang B des zugehörigen Handbuchs enthielt eine ungewöhnliche Funktion: Zusammen mit der üblichen Theorie des Umgangs mit der Hardware enthielt sie auch eine Theorie des Umgangs mit der Software; und das war vermutlich das erste Mal, dass sich eine Theorie zur Funktionsweise von Benutzer-Interfaces in einem kommerziellen Produkt fand. In gewisser Weise war dieser Anhang auch der erste Schritt zu diesem Buch. Der nachfolgende Auszug stammt aus der zweiten Ausgabe (Alzofon und Raskin 1985):

„Die in SwyftCard formulierten Paradigmen wurden entwickelt, um viele der Probleme zu lösen, die auf den meisten heute üblichen Systemen zu finden sind – es handelt sich dabei fast immer nur um kleinere Detailfragen, die aber in ihrer Masse das Erlernen der konventionellen Software zu einer unnötig zeitraubenden Angelegenheit machen und die Verwendung von Computern zu einem frustrierenden und lästigen Vorgang.

Wir haben uns immer schon darüber gewundert, warum der Benutzer die Disketten selbst formatieren muss – als ob der Computer nicht erkennen könnte, ob eine Diskette formatiert ist oder nicht und dies dann gegebenenfalls selbst ausführen könnte? Die Steuerungstasten für den Cursor sind viel zu langsam und in Anbetracht der großen Zahl zusätzlicher Befehle, die notwendig sind (zum nächsten Absatz/Wort, Satz, Absatz, zur nächsten Seite, zum Zeilenanfang oder Zeilenende, Dokument, Datei ...), sind wir der Auffassung, dass dies viel zu kompliziert ist. Das GID ist nur eine kleine Verbesserung, weil zu dessen Bedienung die Hand von der Tastatur weg bewegt werden muss und viel Bildschirmplatz für Menüs, Bildlaufleisten und den übrigen GID-Apparat notwendig ist. Es ist enervierend, wenn wir durch Menüs wandern müssen, anstatt einfach das im Moment Nötige zu tun, und wir stehen erstaunt vor der riesigen Zahl von rätselhaften Befehlen in den meisten Systemen. Wir sind von Datenträgersystemen nur wenig begeistert, die es zulassen, dass durch menschliche Fehler ein Datenverlust entsteht. Wir sind verwundert darüber, dass viele Textverarbeitungsprogramme mit der menschlichen Eingabegeschwindigkeit nicht Schritt halten können.

SwyftCard zeigt, dass sich all diese Probleme und Missstände – und viele andere, die uns seit Jahren quälen – lösen und beheben lassen. Und das System funktioniert auch auf einem preiswerten Gerät mit nur einem Diskettenlaufwerk und minimalen Arbeitsspeicheranforderungen. Unser Produkt führt das aus, was die meisten Menschen tun möchten – ohne Betriebssystem, hohen Preis und überflüssigen Schnickschnack.

Die folgenden wichtigsten Designprinzipien enthalten zahlreiche Neuerungen und Anwendungen, die wir von der Arbeit mit anderen gelernt haben.

1. Das LEAP-Konzept für den Cursor, dessen Durchschnittszeit für das Erreichen eines Ziels dreimal schneller ist, als die bisher am häufigsten verwendete Technik: die Maus.

2. Der Cursor selbst, desse beide Teile genau anzeigen, wo das, was Sie schreiben möchten, erscheint und wo der Löschvorgangn stattfindet. Der Cursor zieht sich beim Bewegen wieder zusammen, damit Sie beim Zielen durch die beiden Teile nicht irritiert werden.

3. Ein kleines Set von Elementaroperationen, die es ermöglichen, einen großen Teil der Aufgaben auf einfache Weise zu erledigen.

4. Die Entfernung des Betriebssystems, wodurch alle Operationen direkt und sofort aus dem Editor heraus ausgeführt werden können und kein Moduswechsel notwendig ist.

5. Die allgemeine Abschaffung von Modi unterstützt die Ausbildung von Gewohnheiten, weshalb Sie weniger oft über den Systemzustand nachdenken müssen, um herauszufinden, was ein Befehl bewirkt. Diese Eigenschaft wird als Moduslosigkeit bezeichnet.

6. Für eine bestimmte Aufgabe nicht mehrere Methoden zur Verfügung zu stellen – auch dies wieder, damit Sie nicht über alternative Strategien nachdenken müssen, ehe Sie die Aufgabe ausführen. Dieses Prinzip bezeichnen wir als Monotonie. Ähnlich wie die Moduslosigkeit unterstützt die Monotonie die Ausbildung von Gewohnheiten.

7. Die Betonung der Ausbildung von Gewohnheiten ist selbst ein grundlegendes Designprinzip und wird von anderen Designern häufig übersehen. Wir sind der Auffassung, das eine kurze Lernphase angemessen ist, der Benutzer dann aber nicht mehr über das System nachdenken müssen sollte, während er es benutzt.

8. Der Befehl DISK, der die übliche Komplexität eines DOS (*Disk Operating System*) auf einen einfachen Befehl reduziert. Er bietet zudem Schutz gegen viele sehr verbreitete Fehler, die auf anderen Systemen zu einem Datenver-

lust führen würden. Das Konzept, eine Diskette als Äquivalent für einen Text zu betrachten, macht diesen Befehl möglich.

9. Die Ausführungsgeschwindigkeit sollte je nach Häufigkeit der Verwendung optimiert sein (häufig ausgeführte Aufgaben müssen sehr schnell sein, andere können langsamer sein).

10. *What you see is what you get* (das WYSIWYG-Konzept) – legt fest, dass die Dinge auf dem Bildschirm bereits so aussehen sollten, wie sie auf dem Papierausdruck erscheinen. (Diese Prinzip wurde für Unterstreichungen nicht eingehalten, weil es auf dem Apple eine diesbezügliche Hardwarebeschränkung bei der Anzeige gab.)

11. Substantiv-Verb-Design von Befehlen. Zunächst geben Sie an, welches Objekt bearbeitet werden soll (auf diese Weise erhalten Sie Zeit, um sicherzustellen, dass Sie das Richtige tun und die Änderungen notwendig sind) und dann wird der Befehl für die Art der Bearbeitung gegeben. Einige Systeme funktionieren genau anders herum oder – noch schlechter – mischen beide Stile.

12 Es ist schon schlimm genug, die eigene Arbeit zu vermurksen. Deshalb sollten solche Umstände nicht auch noch versehentlich durch Bedienungsfehler entstehen können oder durch einen kleinen Moment der Unaufmerksamkeit.

13. Die Einbindung von Programmierung und Kommunikation in die allgemeine Umgebung, wobei die Ausgabe im Editor bzw. der Ladeumgebung erfolgt.

14. Die vertragliche Absicherung, dass mit dem Erwerb des Produkts mehrere Testmonate und ein Rückgaberecht verbunden sind, damit der Anwender des Systems nicht selbst als Versuchskaninchen benutzt wird.

Dies sind nur die wesentlichsten Punkte – die Systemspezifikation umfasst 50 Seiten –, aber wir hoffen, dass Sie dadurch einen Eindruck davon bekommen haben, warum wir das Design der SwyftCard so gestaltet haben, wie es ist."

Bibliografie

Wenn ich den Inhalt der hier zitierten Arbeiten einmal falsch interpretiert oder missverstanden haben sollte, möchte ich mich dafür im Vorraus entschuldigen.

Accot, Johnny und Shumin Zhai
„Beyond Fitts' Law: Models for Trajectory-Based HCI Tasks" (www.dgp.toronto.edu/_~accot/__Common/_Articles/CHI97/chi.html, 1997).

Alzofon, David, David Caulkins, Jef Raskin und James Winter
Canon Cat How-To Guide (Tokio: Canon, 1987).

Alzofon, David und Jef Raskin
SwyftCard, 2. Ausgabe (Menlo Park, CA: Information Appliance, 1985).

Anderson, J. R.
Rules of the Mind (Hillsdale: Lawrence Erlbaum Associates, 1993).

Apple Computer
Inside Macintosh, Band 1 (Cupertino: Apple Computer, 1985).

Apple Computer
Human Interface Guidelines: The Apple Desktop Interface (Reading, MA: Addison–Wesley, 1987).

Ashlar
Vellum 3D Manual (Sunnyvale: Ashlar, 1995).

Asimov, Isaac
I Robot (New York: Bantam Books, 1977).

Baars, Bernard J.
A Cognitive Theory of Consciousness (Cambridge: Cambridge University Press, 1988).

Business Week
„Special Report on Information Appliances" (22. Nov. 1993), S. 110.

Buxton, William
Chunking and Phrasing and the Design of Human-Computer Dialogs, Information Processing '86: Proceedings of the IFIP 10th World Computer Congress (Amsterdam 1986).

Card, Stuart K., Thomas P. Moran und Allen Newell
The Psychology of Human-Computer Interaction
(Hillsdale, NJ: Lawrence Erlbaum Associates, 1983).

Cohen, Jonathan D. und Jonathan W. Schooler, (Hg.)
Scientific Approaches to Consciousness
(Hillsdale, NJ: Lawrence Erlbaum Associates, 1997).

Collins, Richard
Flying 121:10, S. 67 (Oktober 1994).

Cooper, Alan
About Face (Foster City, CA: IDG Books Worldwide, 1995).

Dennett, Daniel C.
Einsichten ins Ich (Stuttgart: Klett-Cotta, 1991).

Dijksterhuis, E. J.
The Mechanization of the World Picture
(London: Oxford University Press, 1961).

Drori, Offer
„The User Interface in Text Retrieval Systems",
In *SigCHI Bulletin* 30:3 (1998).

Eriksson, H., und P. Magnus
UML (Unified Modeling Language) Toolkit
(New York: John Wiley & Sons, 1998).

Garrison, Peter
Flying 121:12, S. 112 (Dezember 1994).

Ders.
„Drifting Off Centerline,"In *Flying* 122:1, S. 43 (Januar 1995).

Gray, Wayne D., Bonnie E. John und Michael E. Atwood
„Project Ernestine: Validating a GOMS Analysis for Predicting and Explaining Real-World Task Performance".
In *Human-Computer Interaction*, 8:3, S. 237–309 (1993).

Grudin, J.
„The Case Against User Interface Consistency".
In *Communications of the ACM*, S. 1164–1173 (1989).

Hewlett-Packard
User Interface Design Rules for the New Wave Office System
(Cupertino: Hewlett-Packard Personal Software Division, 1987).

Hotchkiss, B.
„The Car Column". In Pacifica Tribune, 12, Nov. 1997, S. 14A.

Horton, William
The Icon Book (New York: John Wiley, 1994).

IBM
System Application Architecture, Common User Access,
Panel Design and User Interaction (Boca Raton, Fl: IBM, 1988).

Jakobson, Robert, (Hg.)
Information Design (Cambridge, MA: MIT Press, 1999).

John, Bonnie E.
„Why GOMS?" In *Interactions*: S. 80–89 (Oktober 1995).

Johnson, J., und G. Englebeck
„Modes Survey Results". In *SigCHI Bulletin* 20:4, S. 38–50 (1989).

Kaplan, Justin, (Hg.)
Bartlett's Familiar Quotations, 16. Ausgabe (Boston: Little, Brown, 1992).

Knuth, Donald E.
Literate Programming (Stanford, CA: Center for the Study of Language and Information, 1992).

Lammers, Susan
Programmers at Work (Redmond, WA: Microsoft Press, 1986).

Landauer, Thomas K.
The Trouble with Computers (Cambridge; MA: MIT Press, 1995).

Laurel, Brenda, (Hg.)
The Art of Human-Computer Interface Design
(Reading, MA: Addison-Wesley, 1990).

Lewis, C. und D. A. Norman
„Designing for Error". In D. Norman und S. Draper (Hgg.), *User Centered System Design* (Hillsdale, NJ: Lawrence Erlbaum Associates, 1986).

Lewis, Thomas
The Lives of a Cell (New York: Viking Press, 1974).

Linzmeyer, Owen
Apple Confidential (San Francisco: No Starch Press, 1999).

Loftus, Elizabeth F.
Eyewitness Testimony (Cambridge, MA: Harvard University Press, 1979).

Dies.
Memory (Reading, MA: Addison-Wesley, 1980).

Mackenzie, I. S.
"Movement Time Prediction in Human-Computer Interfaces". In R. M. Baecker, W. A. S. Buxton, J. Grudin und S. Greenberg, (Hgg.). *Readings in Human-Computer Interaction*, 2. Ausgabe, S. 483–493 (Los Altos, CA: Kaufmann, 1995).

Malone, Michael S.
Infinite Loop (Chicago: Doubleday, 1999).

Mayhew, Deborah
Principles and Guidelines in Software User Interface Design (Englewood Cliffs, NJ: Prentice-Hall, 1992).

Microsoft
The Windows Interface Guidelines for Software Design (Redmond, WA: Microsoft Press, 1995).

Miller, George A.
"The Magical Number Seven, Plus or Minus Two: Some Limits on Our Capacity for Processing Information".
In *Psychological Review 63*, S. 81–97 (1956).

Moore, J. S. und R. S. Boyer
"A Fast String Searching Algorithm". In *Communications of the Association for Computing Machinery* 20:10, S. 762–772 (1977).

Norman, Donald A.
"Categorization of Action Slips".
In *Psychology Review* 88:1, S. 1–15 (1981).

Ders.
"Design Rules Based on Analyses of Human Error".
In *Communications of the ACM* 26:4, S. 255 (1983).

Ders.
The Psychology of Everyday Things (New York: Basic Books, 1988).

Ders.
The Invisible Computer (Cambridge, MA: MIT Press, 1998).

Penrose, Roger
The Emperor's New Mind (London: Oxford University Press, 1989).

Raskin, Jef
"Looking for a Humane Interface: Will Computers Ever Become Easy to Use?" In *Communications of the ACM* 40:2, p. 98 (Feb. 1997).

Ders.
The Quick-Draw Graphics System. Diss.
(State College, PA: Pennsylvania State University, 1967).

Ders.

> „FLOW: A Teaching Language for Computer Programming".
> In *Computers and the Humanities* 8:4 (Juli 1974).

Ders.

> „Computers by the Millions". In *SIGPC Newsletter* 5:2 (1982).

Ders.

> „Systemic Implications of an Improved Two-Part Cursor".
> In *Proceedings of CHI 89: Human Factors in Computing Systems*,
> Austin: 30. April 1989, S. 167–170 (New York: ACM Press, 1989).

Ders.

> „Down with GUIs". In *Wired* (Dezember 1993).

Ders.

> „Intuitive Equals Familiar".
> In *Communications of the ACM* 37:9, (September 1994).

Raskin, Jef und James Winter

> U.S. Patent No. 5,019,806, Method and Apparatus for Control of an Electronic Display, 1991.

Reason, James

> *Human Error* (Cambridge: Cambridge University Press, 1990).

Shneiderman, Ben

> *Designing the User Interface* (Reading, MA: Addison-Wesley, 1987, 1998).

Sellen, A., G. Kurtenbach und W. Buxton

> „The Prevention of Mode Errors Through Sensory Feedback".
> In *Human Computer Interaction* 7:2, S. 141–164 (1992).

Shannon, Claude E. und Warren Weaver

> *The Mathematical Theory of Communication*
> (Urbana, CT: University of Illinois Press, 1949, Nachdruck 1963).

Smith, S. F. und D. J. Duell

> *Clinical Nursing Skills*, 3. Ausgabe
> (East Norwalk: Appleton & Lange, 1992).

Stallman, Richard

> *GNU Emacs Manual*, 9. Ausgabe
> (Cambridge, MA: Free Software Foundation, 1993).

Tesler, Larry

> „The Smalltalk Environment," *Byte* (August 1981).

Tesler, Larry und Timothy Mott

> *Report on the Xerox Palo Alto Research Center Gypsy Typescript System*
> (Palo Alto, CA: Xerox, 20. April 1975).

Tognazzini, Bruce
> *Tog on Interface* (Reading: Addison-Wesley, 1992).

Tolkien, J.R.R.
> *The Annotated Hobbit* (Boston, MA: Houghton Mifflin, 1988).

Tufte, Edward
> *The Visual Display of Quantitative Information*
> (Cheshire, CT: Graphics Press, 1983).

Tullis, Thomas S.
> „Predicting the Usability of Alphanumeric Displays".
> Diss., Rice University, 1984.

de Unamuno y Jugo, Miguel
> *The Tragic Sense of Life*, Kapitel 9 (1913).

Weinberg, Gerald M.
> *The Psychology of Computer Programming*
> (New York: Van Nostrand Reinhold, 1971).

Stichwortverzeichnis